글로벌 빈곤과
국제개발협력

GLOBAL POVERTY AND
INTERNATIONAL DEVELOPMENT COOPERATION

한상일 · 정무권 · 이서현
조인영 · 조준화 · 장인철

박영사

UN의 지속가능발전목표(SDGs) 발표 이후 누구도 뒤처지지 않는 발전을 위한 국제사회의 노력과 투자가 계속되었지만, 글로벌 빈곤과 불평등은 획기적으로 개선되지 못하고 있다. 2021년 UNDP의 조사 결과에 따르면 전 세계에서 13억 이상의 인구가 여전히 빈곤하고, 그중 절반이 18세 이하이며 이들 중 대부분은 사하라 이남 아프리카와 남아시아에 살고 있다. 약 10억 명의 인구가 제대로 된 주거환경을 갖지 못하고 불결한 위생환경 속에 살고 있으며, 약 5억 7천만 명은 식수 확보에 어려움을 겪고 있다. 지난 몇 년간의 코로나19 대확산과 국가 간 갈등의 심화는 불평등한 사회의 취약성을 파고들었고 빈곤의 양상을 더욱 다양하고 복잡하게 만들었다. 현재의 빈곤 문제는 경제 분야뿐만 아니라 보건, 환경, 교육 등 여러 영역에서 확인되며, 지역, 인종, 부족, 계급, 성별 등 집단 간 심각한 불평등을 유발한다. 최근에는 기후변화, 자연재해 등 과거에 없던 도전으로 새로운 빈곤층이 나타나고 있다. 이처럼 다양하고 복잡해지는 글로벌 빈곤을 해결하기 위해서는 다차원적인 분석과 체계적인 해결방안의 설계가 필요하다.

이 책은 연세대학교 미래캠퍼스 4단계 BK21 "글로벌 위기 시대의 지역사회 혁신과 새로운 공공거버넌스 교육연구단"에 참여하는 글로벌행정학과 소속 교수들이 공동 집필한 학술서적이다. 모든 저자가 같은 학과에 속해있지만, 다양한 분야 전문성을 갖추고 있으며 이를 조화롭게 융합할 역량을 강점으로 보유한 본 교육연구단의 특징이 이 책을 출판한 중요한 원동력이다. 따라서 저자들은 각자의 시각에서 글로벌 빈곤을 개념화하고 해결방안을 제시하고자 하였다. 분야를 나누어 빈곤 문제에 접근했지만, 통합의 시각에서 협력을 강조할 때 글로벌 위기를 극복하고 새로운 도전에 대응할 수 있다는 생각을 공유하며 책을 집필하였다. 그리고 저자들은 2020년 9월 BK21 교육연구단이 출범한 이후 같은 공간에서 함께 토론하며 연구하고 교육한 결과를 바탕으로 핵심 내용을 중심으로 부드러운 내용을 모아 독자들이 읽기 쉽게 정리하였다. 그런 의미에서 이 책은 글로벌 빈곤과 국제개발협력에 대한 다차원적 연구와 교육의 좋은 시작점이 될 것이다. 이 책을 접하는 독자 여러분이 글로벌 빈곤의 개념과 현황을 이해하고 올바른 국제개발협력의 방향을 성찰하는 소중한 기회를 얻게 되길 기대한다.

2023년 2월
저자 일동

Contents

Chapter 02

Chapter 03

Chapter 04

글로벌 빈곤과 교육 ─────────────────────── 장인철

Chapter 07

국제개발협력과 사회적 경제 ───────────── 정무권

Chapter 01

글로벌 빈곤, 지속가능성, 국제개발협력

한상일

Chapter

01

글로벌 빈곤, 지속가능성, 국제개발협력

한상일

Ⅰ. 빈곤의 개념과 유형

1. 글로벌 빈곤의 중요성과 빈곤의 유형

2021년 10월 국제여론조사업체인 입소스가 28개 국가의 국민을 대상으로 조사한 세계의 걱정거리 조사에서 자신의 '국가에서 가장 걱정되는 주제가 무엇인지'를 묻는 질문을 던졌다. 그 질문에 대해 한국인들은 첫 번째로 실업, 두 번째로 코로나19를 선택하였다. 그런데 같은 조사에서 전 세계인들은 빈곤과 사회적 불평등이 가장 큰 걱정거리라고 답했다. 실업과 일자리가 다음이었고 코로나19가 세 번째 걱정거리였다. 한국과 비교할 때, 다른 나라 사람들은 빈곤과 불평등이 더 심각한 문제라고 인식하고 있다는 의미이다. 이처럼 빈곤 문제는 글로벌 공동체가 실제로 직면한 중요한 문제이고, 많은 사람이 중요한 문제라고 생각하는 주제이기도 하다. 따라서 전 세계가 지속가능한 방식으로 발전하기 위해서는 빈곤 문제를 해결하는 것이 중요한 것이다.

그림 1-1 입소스의 세계의 걱정거리 조사 결과

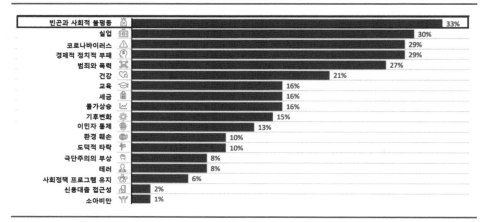

자료: Ipsos (2021). What worries the world, 2021,
https://www.ipsos.com/sites/default/files/ct/news/documents/2021-10/www-october-2021.pdf, 2021년 11월 검색.

일반적으로 빈곤은 '최소한의 인간다운 삶을 영위하는 데 필요한 물적 자원이 부족한 상태'라고 정의한다(한국민족문화대백과사전, 2021). 먹을 것과 안전한 물, 집, 건강과 같은 기본적인 생활을 영위할 수 없는 상태를 말하는 것이다. 그런데 시간이 흐르고 사회가 변화하면서 빈곤의 양상이 달라졌으며 그 개념도 다양하게 정의되고 있다. 빈곤이 무엇인지를 어떻게 정의하는가에 따라서 빈곤 문제 해결을 위한 국제개발협력의 방식도 달라지기 때문에 빈곤의 개념과 정의를 확인하는 것이 중요하다.

OECD(2006)에서는 <표 1-1>과 같이 빈곤을 네 가지 유형으로 나누어 정의하고 측정할 것을 제시하였다. 먼저 투입 요소를 기준으로 경제적 측정기준으로 평가하는 빈곤 유형에는 수입을 기준으로 판단하는 절대적 빈곤과 상대적 빈곤이 해당하고, 응답자가 생각하는 적절한 생활 수준을 기준으로 평가하는 주관적 빈곤이 포함될 수도 있다. 둘째, 산출을 기준으로 경제적 측정기준으로 평가하는 빈곤은 기본적 욕구 결핍으로 측정한다. 셋째, 산출을 기준으로 비경제적 요소로 측정하는 빈곤은 물질적으로 결핍된 정도나 역량을 기준으로 평가한다. 마지막 유형은 투입을 기준으로 비경제적 측정기준으로 판단하는 빈곤으로 고용이나 공공서비스에 대한 접근성이 부족한 정도로 평가한다.

표 1-1 OECD의 빈곤을 위한 유형화

측정 방식	투입기반 방식(간접적 측정)	산출기반 방식(직접적 측정)
경제적 측정	– 수입측정(절대적, 상대적, 주관적 빈곤) – 예산 기준 접근	– 기본적 욕구 측정
비경제적 측정	– 고용, 공공서비스에 대한 접근성	– 물질적 박탈 정도 측정 – 역량지표(기대여명, 문해력 등)

자료: Boarini, R. & d'Ercole, M. M. (2006). Measures of Material Deprivation in OECD Countries. Paris: OECD.

2. 절대적·상대적·주관적 빈곤

1) 절대적·상대적·주관적 빈곤의 개념

절대적 빈곤은 로운트리(Rowntree)라는 학자가 저술한 [빈곤](Poverty)이라는 책에서 정의하였다. 그는 '총수입이 순수하게 육체적 능률을 유지하는 데 필요한 최소한의 필수품을 획득하기에 불충분한 가계'를 일차적 빈곤 상태로 정의하였다(Rowntree, 1901, 86). 로운트리는 일차적 빈곤에 이어서 이차적 빈곤을 음주나 도박 등 평소와 다른 것에 소비하지 않는 한 빈곤선 이상의 생활이 가능한 상태로 정의하였다(Rowntree, 1901, 86-87).

상대적 빈곤은 타운센드(Townsend)라는 학자가 자신의 저서 [영국의 빈곤](Poverty in the United Kingdom)에서 상대적 박탈감의 개념을 활용하여 정의하였다. 그는 빈곤을 "사회에서 일반적이거나 관습적으로 받아들여지는 식단, 편의시설, 서비스, 활동이 없거나 갖추고 있지 못한 상태"로 정의하였다(Townsend, 1979, 915). 이런 이유로 다른 사람들의 생활 수준과 비교해서 느끼는 상대적 박탈감이 크다면 상대적 빈곤 상태에 있는 것으로 평가할 수 있다는 의미이다. 상대적 빈곤은 불평등이나 상대적 박탈감과 깊은 관계가 있기 때문에 경제가 발전해서 전반적인 소득 수준이 높아지더라도 상대적 빈곤율은 나빠지기도 한다.

마지막으로 주관적 빈곤은 필요한 소득수준에 대한 개인의 평가에 근거해서 빈곤을 정의하는 개념이다. 빈곤의 정도를 객관적으로 측정하는 것도 중요하지만 자신이 나름대로 판단하여 필요하다고 생각하는 생활수준을 영위하지 못하는 주관적인 기준도 중요하다는 점에서 주관적 빈곤을 측정할 필요가 있다. 스스로 가난하다고 느끼는 상태인 주관적 빈곤은 사회활동, 건강, 교육과 학습 등에 부정적인 영향을 준다는 점에서 측정과 연구의 대상이 되고 있다.

2) 절대적 빈곤의 측정

빈곤을 설명할 때 중요한 부분이 어떻게 측정할 것인가의 문제이다. 절대적 빈곤은 빈곤선 개념을 활용해서 측정한다. 절대적 빈곤을 정의한 로운트리(Rowntree, 1901)는 1899년 영국 요크 지역의 빈곤 정도를 조사하면서 빈곤의 기준을 물리적인 기본 욕구를 충족시킬 수 없는 정도의 소득을 얻는 가구로 설정했다. 최저 생계에 필요한 필수품의 종류와 양을 먼저 정하고 그것을 화폐가치로 계산해서 구하는 방식이다.

절대적 빈곤을 측정하는 또 다른 방법은 미국의 경제학자이자 통계학자로 미국 연방정부 사회보장국에서 일했던 몰리 오샨스키(Mollie Orshansky)가 개발한 오샨스키 빈곤 임계값(poverty threshold)으로 판단하는 방식이다. 최저 식료품비, 즉 영양학적 기준을 충족시키는 최저 식료품비를 구하고 여기에 식료품비가 전체 소득에서 차지하는 비중인 엥겔계수를 적용해서 빈곤선을 산정한다. 이 방식은 계산이 쉽다는 장점이 있지만, 엥겔계수의 수치 변화에 따라 빈곤 기준선이 크게 달라질 수 있다는 문제가 있다.

절대적 빈곤을 국제 비교하기 위해서 World Bank는 2005년 구매력 평가지수를 기준으로 하루 $1.25 이하로 생활하는 경우를 국제빈곤선 기준으로 설정하였다. 다시 2018년에는 2015년 기준으로 국제빈곤선 기준을 하루 $1.90로 조정하고 이 금액 이하로 생활하는 사람들을 극심한 빈곤상태에 있는 것으로 분류하였다. <그림 1-2>에는 2019년 기준 극심한 빈곤에 처한 사람들의 비율, 즉 하루 $1.90 이하로 생활하는 사람들의 비율이 나타나 있다. 가장 진한색으로 표시된 중앙아프리카 국가 콩고 민주공화국, 중앙아프리카 공화국, 남수단, 앙골라, 잠비아, 말라위, 브룬디, 모잠비크, 마다가스카르와 같은 국가에서 50% 이상의 국민이 극심한 빈곤상태에 있는 것으로 확인된다.

그림 1-2 하루 $1.90 이하로 생활하는 사람들의 비율

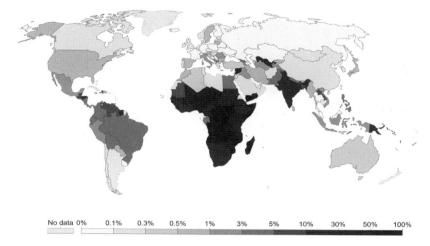

Share of population in extreme poverty, 2019
The share of individuals living below the 'International Poverty Line' of 1.90 international-$ per day.

No data 0%   0.1%   0.3%   0.5%   1%   3%   5%   10%   30%   50%   100%

Source: World Bank PovcalNet

OurWorldInData.org/extreme-poverty • CC BY

Note: Figures relate to household income or consumption per person, measured in international-$ (in 2011 PPP prices) to account for price differences across countries and inflation over time.

자료: Our World in Data (2021). Share of Population in Extreme Poverty, 2021,
https://ourworldindata.org/extreme-poverty, 2021년 11월 검색.

World Bank는 $1.90를 빈곤선으로 정하고 있지만, 더 높은 기준인 하루 $3.25 기준으로도 빈곤을 측정한다. 이 기준을 사용하여 비율기준을 90%로 높여 판단하면, 남수단, 브룬디, 마다가스카르의 전체 국민 대부분이 하루 $3.25 이하로 생활하는 것을 알 수 있다. 이렇게 빈곤선의 기준을 다르게 정하면 다양한 빈곤의 양상을 파악할 수 있다.

그림 1-3 하루 $3.20 이하로 생활하는 사람들의 비율

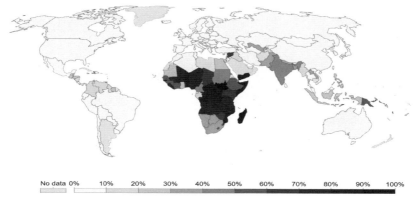

자료: Our World in Data (2021). Share of of people living on less than $3.20 perday, 2019. 2021. https://ourworldindata.org/extreme-poverty, 2021년 11월 검색.

3) 상대적 빈곤의 측정

상대적 빈곤은 다른 사람의 생활 수준과 비교할 때 발생하는 빈곤이기 때문에 일반적으로 국가별로 생각하는 평균적인 소득과 중위소득을 기준으로 판단한다. 일반적으로 평균 소득이나 중위소득의 40%에서 70% 사이를 빈곤선으로 정해서 그 이하의 소득을 가진 사람들을 상대적 빈곤계층으로 분류한다. 이 수치를 전체 인구로 나누면 상대적 빈곤율이 계산된다.

상대적 빈곤은 국가별로 소득수준이 달라서 각기 다른 수치로 측정할 수밖에 없으며 상대적 빈곤의 국제비교에 활용되는 지표는 빈곤격차지수라는 이름으로도 불리는 빈곤의 강도를 측정하는 지표인 빈곤갭이다. 빈곤갭은 빈곤선과 빈곤선 이하에 있는 사람들의 소득과의 차이의 합을 의미한다.

$$\text{총 빈곤갭 계산법: } \sum_{i \in z(y)}^{q} g_i = \sum_{i=1}^{q} (z - y_i),$$

z는 빈곤선, y_i는 빈곤층에 속한 개인 i의 소득,
q는 빈곤선 이하에 있는 사람(또는 가구) 수

그리고 빈곤갭 비율은 총 빈곤갭을 빈곤선 이하에 있는 인구수에 빈곤선을 곱한 액수로 나눈 값을 의미한다.

$$\text{빈곤갭 비율 계산법: } PGR = \frac{\sum_{i=1}^{q}(z - y_i)}{nz}$$

z는 빈곤선, y_i는 빈곤층에 속한 개인 i의 소득,
q는 빈곤선 이하에 있는 사람(또는 가구) 수,
n은 전체 사람(또는 가구) 수

이 계산법은 빈곤선 이하 인구의 소득을 빈곤선까지 증대시키기 위해 국내총생산의 몇 %의 소득이 필요한지 보여준다. 이 지표는 World Bank에서 추계해서 국가별 비교에 활용한다. <그림 1-4>는 2019년 기준 빈곤갭 지표의 분포를 나타낸다. 이 역시 남수단을 비롯한 중앙아프리카 국가들의 빈곤갭 비율이 높은 것을 확인할 수 있다.

그림 1-4 빈곤갭 지표의 분포

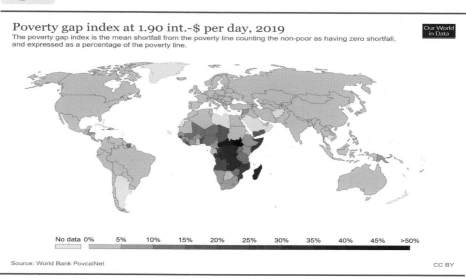

자료: Our World in Data, Poverty Gap Index at $1.90 per day, 2019 (2021). https://ourworldindata.org/extreme-poverty, 2021년 11월 검색

국제빈곤선 이하의 소득으로 생활하는 사람들의 비율과 빈곤갭 비율이 서로 관계가 있는지 파악하기 위해 상관관계 분석을 하면 <그림 1-5>와 같이 서로 긴밀하게 연결되어 있음을 알 수 있다. 그래프는 국제빈곤선을 의미하는 하루 $1.90 이하로 생활하는 사람들의 비율과 빈곤갭 지수를 각각 X-Y축에 표시하였다. 이 결과로 빈곤갭 지수가 높은 국가에서 빈곤선 이하로 생활하는 사람의 비율도 높은 것을 알 수 있다.

그림 1-5 국제빈곤선 이하 소득으로 생활하는 비율과 빈곤갭의 상관관계

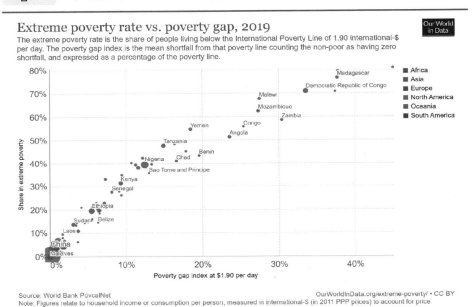

자료: Our World in Data, Extreme Poverty Rate vs. Poverty Gap, 2019 (2021).
https://ourworldindata.org/extreme-poverty, 2021년 11월 검색.

4) 주관적 빈곤의 측정

주관적 빈곤은 적절한 생활 수준을 유지하는 데 필요한 소득 수준을 개인들의 주관적인 판단에 근거해서 정의하고 자신의 실제 소득을 비교해서 평가하는 지표이다. 대표적인 측정 방법으로 Leyden 대학을 중심으로 개발된 라이덴(Leyden)

방식이 있다. 라이덴 방식은 자신이 생각하는 최소소득과 실제 소득을 묻고 둘의 관계를 비교 분석해서 빈곤선을 결정한다. <그림 1-6>은 주관적 빈곤 측정법과 비슷하게 자신의 생활에 불만족한 정도를 직접 묻는 방식으로 조사한 자료가 포함되었다. 이 그래프는 경제발전 정도를 나타내는 일인당 국내총생산을 X축에 두고 자신의 생활 수준에 만족하지 않는다고 답한 사람들의 비율을 Y축에 배치하였다. 소득이 낮은 국가일수록 생활 수준에 만족하지 않는 사람들의 비율이 높은 것이 확인되었다.

그림 1-6　생활수준에 만족하지 못하는 사람의 비율과 일인당 국내총생산

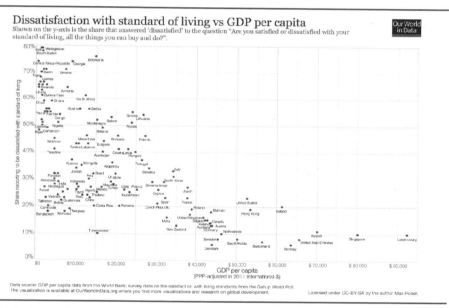

자료: OurWorld in Data, Dissatisfaction with standard of living vs. GDP per capita (2021). https://ourworldindata.org/extreme-poverty, 2021년 11월 검색.

3. 기본적 욕구 결핍으로서의 빈곤

두 번째 빈곤 영역은 기본적인 욕구가 결핍된 빈곤이다. 이 개념은 1991년에 도얄(Doyal)과 고프(Gough)라는 두 학자가 쓴 [인간욕구의 이론](A Theory of Human Need)이라는 책에서 확인된다. 이들의 인간욕구 이론은 빈곤에 대한 설명

뿐 아니라 시민의 권리를 수립하고 정책을 입안하고 평가하는 과정에도 많은 영향을 주었다. 즉 이 개념은 빈곤의 다양한 형태를 제시함과 동시에 국민들의 삶의 질을 보장하기 위한 국가의 역할과 의무를 고려하는 논의로 발전되었다는 점에서 그 의미가 크다. <그림 1-7>은 사회적 조건에서 시작되는 욕구 충족의 요소부터 중간적 욕구, 기본적 필요, 보편적 목적 달성으로 연결되는 욕구 충족의 과정을 보여준다. 이 과정을 통해 인간의 욕구는 어떻게 구성되는지를 보여주며 욕구의 충족으로 달성되는 보편적 목적이 무엇인지를 설명한다.

그림 1-7 도얄과 고프의 인간욕구의 구성

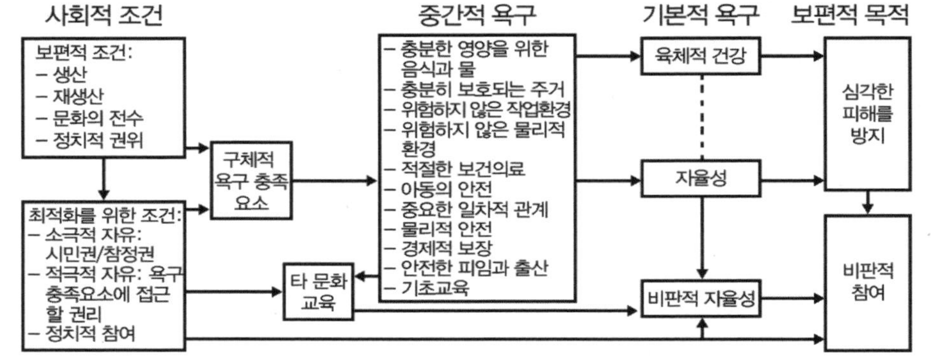

자료: Doyal, L. & Gough, I. (1991). A Theory of Human Need, p. 170.

도얄과 고프는 <그림 1-8>과 같이 건강과 자율성을 기본적 인간 욕구의 두 가지 주된 영역으로 분류하였다. 즉 사회적 존재인 인간이 인간답게 살기 위해서는 건강과 사회적 자율성이 확보되어야 한다는 것이다(신동면, 2010). 그들은 다시 건강을 제약하는 요인을 육체적 질병으로, 사회적 자율성을 제한하는 요인을 정신질환, 인지적 박탈상태, 제한된 기회로 보았다. 따라서 기본적 필요는 크게 육체적 건강과 자율성으로 구성되며 이 두 가지의 결핍은 인간의 사회적 욕망 달성을 제한한다. 질병과 질환으로 건강 문제가 생길 때 장애가 나타나며 이는 비판적 참여를 유발한다. 정신질환, 인지적 박탈 상태, 제한된 기회 등이 인간 자율성의 발휘에 문제를 낳으면 참여가 제한된다는 설명이다.

그림 1-8 기본적 욕구의 결핍과 제한된 참여

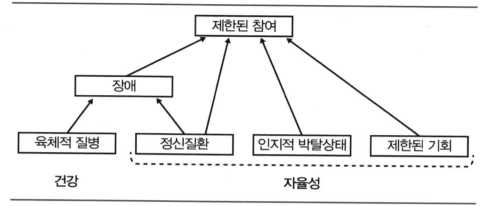

자료: Doyal, L. & Gough, I. (1991). A Theory of Human Need. p. 171.

이들은 기본적 필요 요소의 결핍 여부를 측정하기 위한 지표를 <표 1-2>와 같이 제공하였다. 기대여명이나 영아 사망률부터 실업과 자유시간의 부족까지 다양한 지표를 제시하고 있으며, 측정을 위한 자료 수집의 방식도 제시하였다.

표 1-2 도얄과 고프의 기본적 욕구 요소별 측정 지표

기본적 욕구 요소	제안된 지표
육체적 건강	
생존 기회	α 기대여명 α 연령별 사망률, 영아 사망률
육체적 건강문제	β 장애유병률 β 발달장애아동 유병률 β 심각한 통증을 보유한 사람들의 유병률 β 이환율
자율성	
정신질환	β 우울증 및 정신질환 유병률

인지적 박탈	x 문화적 지식의 부족 α 문맹률 β 수학 및 과학에서의 보편적 기초능력 부족 β 외국어 능력 부족
경제적 활동기회	β 실업과 사회적 배제 β 자유시간의 부족

α 신뢰성 높은 보편적 데이터.
β 명확하게 조작화 할 수 있지만 일부 국가만을 위한 자료
x 지표개발을 위한 추가 제안 필요
자료: Doyal, L. & Gough, I. (1991). A Theory of Human Need. p. 190.

4. 물질적 결핍과 역량의 부족으로서의 빈곤

세 번째 빈곤 영역은 물질적인 결핍과 역량의 부족이다. 먼저 물질적 결핍은 필수적으로 사용되는 재화나 서비스가 부족한 정도로 측정하는 방법이다. 대표적으로 유럽연합에서는 신체적 생존에 중요한 식품, 좋은 삶에 필요한 여가와 사회 행위, 일상생활을 쉽게 만드는 소비재, 주거 조건, 재정적·경제적 어려움에 대한 평가, 사회 환경의 특성과 사회적 네트워크 등을 측정한다. 이러한 조건이 부족한 정도를 측정해서 빈곤을 평가하는 방식이 결핍으로써의 빈곤 측정이다.

비슷한 측정 방식으로 아프로바로미터(Afrobarometer)의 Lived Poverty Index (LPI)를 고려할 수 있다. 아프로바로미터는 1999년부터 아프리카 국가의 지역주민들을 대상으로 주기적인 조사를 진행해 왔고, 2019년에는 서른네 개 아프리카 국가 지역 주민 총 사만오천팔백이십삼 명을 대상으로 다양한 항목을 질문하였다. 이 자료에 수록된 LPI는 생활에 필수적인 음식, 요리에 필요한 연료, 깨끗한 물, 현금 소득, 의료서비스 등이 제공되지 않은 상태로 생활한 기간을 측정해서 작성한 평가지표이다. LPI가 높을수록 필수품이 제공되지 못하는 상황에 있는 것을 의미한다. 아프리카를 크게 다섯 지역 서아프리카, 동아프리카, 남아프리카, 북아프리카, 중앙아프리카로 구분할 때 각각의 LPI는 1.2515(서아프리카), 1.1805(동아프리카), 1.1449(남아프리카), 0.8448(북아프리카), 1.4344(중앙아프리카)이다. 이 수치는 아프리카의 다섯 지역 중 가장 빈곤한 지역이 중앙아프리카임을 보여주며 다음으로 서아프리카, 동아프리카, 남아프리카 순서로 빈곤한 것으로 확인된다.

역량의 관점에서 바라볼 때, 금전적인 소득이 낮은 상태뿐만 아니라 가치 있는 삶을 영위하는 데 필요한 정신적 요소, 법적, 제도적, 정치적, 사회적, 경제적 환경에 접근할 능력이 부족한 상태를 빈곤이라고 정의한다. 역량의 개념을 본격적으로 발전시킨 학자는 경제학자 아마르티아 센(Amartya Sen)이다. 센은 역량을 가치 있는 일을 추구하고 실현할 능력으로 정의한다. 그리고 이러한 능력이 없다면 선택의 자유가 사라지고 빈곤하게 된다고 설명한다. 예를 들어서 자전거라는 자원이 있을 때 자전거를 탈 능력이 있어야 비로소 교통수단 선택의 자유가 생기고, 편리한 이동이라는 높은 삶의 질을 얻을 수 있다. 그는 이런 구성요소를 바탕으로 다섯 가지 역량, 정치적 역량, 경제 여건, 사회적 기회, 투명성, 사회보장 등을 제시하였다.

센의 관점은 국제기구에서도 널리 수용되며 그의 관점을 반영하여 수립된 지표가 바로 인간개발지수(Human Development Index: HDI)이다. HDI는 1990년부터 유엔 개발 계획(United Nations Development Programme: UNDP)에서 제공하고 있다. 이 지표는 주로 소득, 보건, 교육의 영역으로 구성된다. <그림 1−9>는 2021년을 기준으로 HDI가 높은 22개 국가를 수치가 높은 순서대로 나열하고 있다. 이 그래프에 따르면 스위스의 HDI가 가장 높고, 대한민국은 스물세 번째로 높은 것이 확인된다. 한국의 HDI는 1990년에 0.737이었으나 2021년 0.925로 상승하였다. 2021년 현재 HDI가 가장 낮은 30개 국가 중에서 27개 국가가 아프리카 국가들이며, 아프리카 이외의 국가는 아이티, 아프가니스탄, 예멘 등이 포함되어 있다.

그림 1-9   2021년 기준 HDI

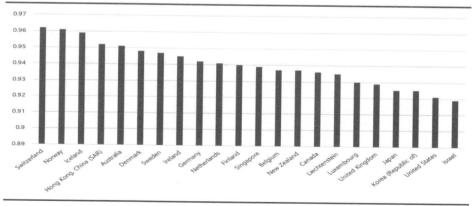

자료: UNDP (2022). https://hdr.undp.org/. 2022년 9월 검색.

5. 실업과 열악한 공공서비스 접근성으로서의 빈곤

마지막 빈곤 영역은 실업과 공공서비스에 대한 접근성이 열악한 경우이다. 한국에서 진행된 연구에 따르면 빈곤하지 않던 가구의 가구주가 실직하면 다음 분기에 빈곤 상태에 놓이는 비율이 33%이며, 저소득 가구일수록 실직 후 곧바로 빈곤 상태에 진입하는 비율은 73%로 전체 평균의 2배 이상에 이른다(이병희, 2018). 따라서 실업은 빈곤을 설명할 수 있는 중요한 지표가 된다. 공공서비스는 중앙정부나 지방자치단체 또는 공공기관이 제공하는 일상생활에서 꼭 필요한 서비스이며, 공공서비스에 접근성이 낮아지면 삶의 질도 낮아진다. 따라서 공공서비스를 제대로 제공받지 못하는 정도도 빈곤의 평가 기준이 될 수 있다.

6. 다차원 빈곤 척도

과거에는 많은 국제기구와 국가에서 빈곤을 한 가지 지표로만 측정했다. 국민총생산이나 국내총생산으로 경제발전 정도를 나타내거나 빈곤선이나 빈곤갭을 활용해서 소득을 기준으로 빈곤 정도를 단순화해서 표현하였다. 그러나 한 국가의 발전 정도를 나타내는 단순한 지표로 빈곤과 삶의 질을 측정하기에는 부족했다. 그런데 센을 비롯한 학자들이 역량접근을 제시한 이후 빈곤의 다양한 측면을 모두 고려하고 총합하는 방식을 모색하였다. 특히 2010년 UNDP와 Oxford 대학교 빈곤 인간개발계획에서 104개 개발도상국가 자료를 근거로 다차원 빈곤 척도(Multidimensional Poverty Index: MPI)를 발표하였다. MPI는 <표 1-3>에 나타난 교육, 삶의 질, 보건 세 가지 영역에서 10가지 항목을 가중치를 고려해서 종합적으로 평가한다. 평가는 가구를 대상으로 이루어지며 국가의 빈곤 정도는 전체 가구 중에서 빈곤 상태에 있는 것으로 평가된 가구의 비율로 제시한다.

표 1-3 MPI의 세부 항목

빈곤 영역	지표	가중치	SDGs 분야
건강	영양	1/6	SDG2: 기아종식
	소아사망률	1/6	SDG3: 건강과 웰빙
교육	교육연수	1/6	SDG4: 양질의 교육
	학교 출석률	1/18	SDG4: 양질의 교육
삶의 질	요리를 위한 연료	1/18	SDG7: 적정 가격의 깨끗한 에너지
	위생	1/18	SDG6: 깨끗한 물과 위생
	식수	1/18	SDG6: 깨끗한 물과 위생
	전기	1/18	SDG7: 적정 가격의 깨끗한 에너지
	주거	1/18	SDG11: 지속가능한 도시와 지역사회
	자산	1/18	SDG1: 빈곤퇴치

자료: Alkire, S., Kanagaratnam, U. and Suppa, N. (2020). The global Multidimensional Poverty Index (MPI): 2020 revision. OPHI MPI Methodological Note 49. Oxford Poverty and Human Development Initiative, University of Oxford.

MPI는 여러 영역에서 다양하게 활용된다. 아동, 노인, 인종, 지역별로 구분해서 분석한 자료를 영역별 정책수립에 중요한 고려대상으로 활용한다. <그림 1-10>은 2014년 기준 MPI로 평가한 빈곤한 상태에 있는 가구의 비율로 표현된 국가별 빈곤 정도이다. 중앙아프리카 지역의 남수단은 91.9%가 빈곤 상태에 있고, 니제르는 89.3%, 차드는 87.1%가 빈곤한 상황임을 보여준다.

그림 1-10 다차원 빈곤 상태에서 생활하는 인구의 비율

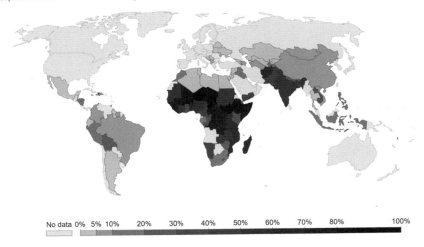

Share of population living in multidimensional poverty, 2014

Proportion of people who are poor according to the Multidimensional Poverty Index (MPI). The MPI weights ten indicators of deprivation in the context of education, health and living standards. Individuals are considered poor if deprived in at least one third of the weighted indicators (see source for more details).

No data 0% 5% 10%   20%   30%   40%   50%   60%   70%   80%   100%

Source: OPHI Multidimensional Poverty Index - Alkire and Robles (2016)   OurWorldInData.org/extreme-poverty/ • CC BY

자료: OurWorld in Data, share of population living in multidimensional poverty, (2014). https://ourworldindata.org/extreme-poverty, 2021년 11월 검색.

　　<그림 1-11>은 국제빈곤선과 MPI를 함께 보여주는 그래프이다. 국제빈곤선과 MPI는 상관관계가 높은 것을 나타낸다. 그런데 에티오피아, 남수단, 시에라리온, 차드와 같은 나라는 빈곤선 이하로 생활하는 사람들의 비율보다 MPI 기준 빈곤한 사람의 비율이 두 배 이상 높은 것으로 확인된다. 이 결과는 MPI를 활용할 때 빈곤선 기준으로는 찾지 못한, 하지만 실제 삶의 질은 대단히 낮은 사람들을 찾을 수 있다는 사실을 보여준다.

그림 1-11 MPI와 국제빈곤선

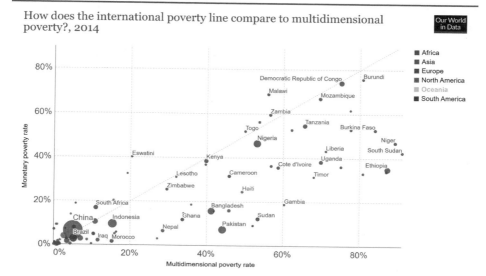

자료: Our World in Data. How does the international poverty line compare to
multidimensional poverty?, 2014, (2021).
https://ourworldindata.org/extreme-poverty, 2021년 11월 검색

II. 지속가능한 미래를 위한 국제개발협력

1. 국제개발협력의 역사적 발전

개발도상국가의 발전을 지원하고 빈곤 문제를 극복하기 위한 국제개발협력은
오래전부터 있어왔지만, 일반적으로 제2차 세계대전이 끝난 후에 본격적으로 시
작되었다고 알려져 있다. 미국이 세계대전을 치른 유럽의 재건과 복구를 지원한
마셜플랜이라고 불리는 유럽부흥계획이 국제개발협력이 본격화된 중요한 계기가
된 것이다. 미국이 서유럽에 제공한 대규모 지원은 세계 경제가 빠르게 회복되는
데 크게 기여했고, 이를 계기로 국제개발협력의 중요성이 널리 알려졌다. 실제로
제2차 세계대전 이후에 새롭게 독립한 아시아, 아프리카, 라틴아메리카의 많은 국
가의 빈곤 문제 해결을 위한 방안들이 국제사회에서 논의되었다. 1945년 UN 헌

장에서 경제, 사회, 문화, 인권과 관련된 문제해결을 위한 국제협력 증진 방안이 선언되고 세계보건기구, 세계식량농업기구와 같은 UN산하 기구들이 설립되면서 개발도상국가를 위한 공적개발원조(Official Development Assistance: ODA)가 본격적으로 진행되었다. 1950년대까지는 미국과 소련이 우방국에게 원조를 지원하면서 경쟁적으로 국제개발협력을 주도하였다.

1960년대부터는 개발도상국가의 기본적 필요를 충족시키고 극심한 빈곤 문제를 극복할 뿐만 아니라 이 국가들의 장기적인 발전을 위한 전략 수립의 필요성이 높아졌다. 따라서 이 시기 이후 체계적인 개발이론이 발전한다. OECD의 개발원조위원회(Development Assistance Committee: DAC)도 이때 설립되었다. 한국도 2009년 DAC에 가입하면서 국제원조를 받은 수원국이었지만 공여국으로 발전한 의미 있는 사례로 알려진다. DAC는 ODA를 주도하는 대표적인 기구가 되면서 국제개발협력관련 통계의 표준화와 주요 이슈의 공론화에 기여한다. 1960년대 이후 개발도상국가의 산업화를 통한 경제발전을 위해 인프라 건설을 중심으로 ODA가 진행되었다. 특히 1970년대에는 빈곤 감소를 위한 ODA가 본격적으로 진행되면서 국제기구 간 분업이 이루어진다. 예를 들어 World Bank는 성장과 재분배 문제에, 세계노동기구(International Labour Organization: ILO)와 유엔 개발 계획은 기본적 필요 충족에 집중하였다. NGO의 참여와 역할도 커졌으며 농업의 비중이 높은 개발도상국가의 상황에 부응하는 농촌개발 프로젝트가 활성화되었다. 그런데 1960년대 이후 미국경제가 침체기로 접어들고, 베트남전쟁, 유럽과 일본의 성장, 석유파동과 같은 큰 사건들로 인해 미국의 국제사회에 대한 영향력이 줄어들었다. 특히 1971년에 미국 닉슨대통령이 금태환 정지선언을 하면서 브레튼우즈체제가 붕괴되었다. 이로써 국제개발협력 분야에서 유럽과 국제기구의 역할이 상대적으로 커졌고 여러 행위자가 참여가 중요해지는 방향으로 발전한다.

1970년대 세계 경제가 석유파동을 겪으면서 많은 나라가 경제위기를 맞이하였다. 특히 개발도상국가의 경제위기가 심해지면서 국제통화기금(International Monetary Fund: IMF)과 World Bank와 같은 국제기구는 구조조정을 조건으로 한 긴급금융지원에 나선다. 이런 정책은 개인의 자유와 시장을 옹호하는 신자유주의 이념에 기반을 두고 있었고 흔히 워싱턴 컨센서스(Washington Consensus)라고 불린다. 많은 개발도상국가가 IMF의 금융지원을 받고 긴축재정, 민영화, 금융과 무역의 자유화, 규제 완화 등을 추진하였다. 반면, ODA에서 중요한 보건이나 교육 분야의 지원은 축소되면서 개발도상국의 상황을 전혀 고려하지 않은 부적절한 처방이라는 비판에도 직면하였다. 무역이 자유화되며 다국적 기업은 제품과 서비스를 개발도상국에서 하청 생산하는 방식을 확대하였다. 이런 글로벌 분업체계 아래에서 개발도상국은 발전을 위한 나름대로의 노력을 진행했지만 결국 20세기 동안 절대 빈곤을 극복하지 못했고 아직도 글로벌 빈곤은 계속되고 있다.

2000년대에 들어서 국제개발협력의 주된 목표는 빈곤의 극복이어야 한다는 사실이 확인되었다. UN에서 발표한 새천년 개발목표인 MDGs로 불리는 Millennium Development Goals에서 절대 빈곤 극복을 첫 번째 목표로 표방하였다. MDGs는 절대 빈곤과 기아 근절, 보편적 초등교육 실현, 양성평등 및 여성 능력의 고양, 아동 사망률 감소, 모성보건 증진, AIDS와 말라리아 등 질병 예방, 지속가능한 환경, 개발을 위한 글로벌 파트너십 구축으로 구성된다. 여덟 가지 목표 가운데 빈곤과 기아 퇴치가 가장 먼저 제시될 정도로 빈곤은 가장 중요한 목표였다. 이 목표들은 다시 8개의 주요 지표와 연결되어 21개 세부 목표를 달성할 수 있도록 체계적으로 구성되었다.

MDGs가 발표되고 목표를 실현해나가는 과정에서 2000년대부터 기후변화를 막고 환경을 보전하기 위한 국제사회의 체계적인 노력이 본격적으로 시작되었다. 또한 사회적 불평등 해소, 지속가능한 에너지의 확보, 혁신과 일자리 창출, 지속가능한 도시 형성과 같은 주제에 주목하면서 UN은 2015년에 지속가능한발전목표인 SDGs(Sustainable Development Goals)를 발표한다. SDGs는 국제사회가 2016년부터 2030년까지 달성할 총 17가지의 다양한 목표로 구성된다. 열일곱 가지 목표는 빈곤퇴치, 기아 종식, 건강과 웰빙, 양질의 교육, 성평등, 깨끗한 물과 위생, 적정 가격의 깨끗한 에너지, 양질의 일자리와 경제성장, 산업, 혁신, 사회기반시설, 불평등 감소, 지속가능한 도시와 지역사회, 책임 있는 소비와 생산, 기후 행동, 해양생태계 보전, 육상생태계 보전, 평화, 정의, 강력한 제도, 목표 달성을 위한 파트너십 등이다. 전 세계의 지속가능한발전을 위한 열일곱 가지 목표를 통해서 많은 사람이 참여하는 포용적 발전, 생태적 회복력, 지속가능성 실현 등의 개념을 강조한다. 이런 가치들이 서로 연결되어 통합적으로 실현될 수 있도록 정책 기조도 변화하고 있다. 이제 개발의 문제가 모두의 문제가 되었고 모든 시민은 책임 있는 세계시민으로서 자신의 역할을 요구받게 되었다.

2. 지속가능발전목표와 글로벌 빈곤에 대한 다차원적 접근

SDGs가 다면적 목표의 포용적·통합적 달성을 강조하게 된 이유는 개발도상 국의 사회문제가 다차원적으로 발생하기 때문이다. 다차원적 사회문제는 다차원 적 빈곤 문제를 유발하고 이에 대한 통합적 대응을 필요로 한다. 개발도상국의 도 시지역이 급속하게 커지면서 슬럼화가 심해지고 있다. 아프리카의 도시와 농촌 모 두 인구가 증가하지만, 도시지역의 인구가 급격히 증가한다. 따라서 도시지역의 빈곤 문제가 심해지고 그 문제를 해결하기 위해서는 교육, 보건, 경제, 환경과 같 이 여러 영역에서의 빈곤 정도를 파악하고 종합적인 대응이 필요하게 된 것이다. 생태환경의 지속가능성 문제는 개발도상국이 직면한 또 다른 중요한 문제이다. 남 아시아와 아프리카의 여러 지역에서 기후변화로 인한 재난이 발생하고 그 결과로 인한 이주가 발생하여 많은 사회변화가 나타난다. 기후변화는 환경 영역뿐만 아니 라 교육과 보건, 경제성장에도 큰 영향을 미치기 때문에 다양한 영역에서의 통합 적인 대응을 필요로 한다.

빈곤 문제의 해결을 위해서는 다양한 영역에서의 대응이 중요하다. 빈곤을 경 제적 영역에서 정해진 기준만으로 분석하지 않고 여러 영역에서 중시하는 기준으 로 다양한 렌즈로 살펴볼 때 비로소 혁신적인 대응 방안을 모색할 수 있다. 따라 서 이 책에서는 국제개발협력, 불평등, 건강, 젠더, 사회적 자본, 사회적 경제와 같은 다양한 주제와 글로벌 빈곤의 관계를 설명한다. 특히 대한민국 경제가 성장 하고 대한민국의 국제적 위상이 높아지는 요즘 한국의 국제개발협력 규모도 커지 게 되었다. 국제개발협력 규모가 커지면 더 다양한 국가에서 다양한 개발협력 사 업을 전개하게 된다. 그리고 대한민국은 원조를 받던 수원국에서 원조를 제공하는 공여국으로 자리잡게 되었다. 따라서 한국의 발전 경험을 개발도상국에서는 소중 하게 받아들이게 마련이며 한국의 ODA는 국제사회에서도 매우 의미 있게 주목 받을 것이다. 따라서 한국의 ODA를 통해 성공적인 결과를 끌어내는 것은 매우 중요한 일이며, 성공적인 ODA를 위해서 글로벌 빈곤의 본질을 꿰뚫어 보고 체계 적이고 현실적인 전략을 수립해야 할 것이다.

‖ 참고문헌 ‖

신동면 (2010). 사회복지의 공공성 측정에 관한 연구, **한국사회정책**. 17(1): 241−265.

이병희 (2018). 근로빈곤 특성과 한국형 실업부조 도입 방향, **월간 노동리뷰**. 165: 35−52.

한국민족문화대백과사전 (2021). https://100.daum.net/encyclopedia/view/14XXE0068856, 2021,11.

Alkire, S., Kanagaratnam, U. and Suppa, N. (2020). The global Multidimensional Poverty Index (MPI): 2020 revision, OPHI MPI Methodological Note 49, Oxford Poverty and Human Development Initiative, University of Oxford.

Boarini, R. & d'Ercole, M.M. (2006). Measures of Material Deprivation in OECD Countries. Paris: OECD.

Doyal, L. & Gough, I. (1991). *A Theory of Human Need*. New York: Guilford.

Rowntree, S. B. (1901). *Poverty: A Study of Town Life*. London: Macmillan.

Townsend, P. (1979). *Poverty in the United Kingdom*. Harmondsworth: Penguin.

Chapter 02

글로벌 빈곤과
불평등의 이해

조인영

| 글로벌 빈곤과 불평등의 이해

조인영

Ⅰ. 들어가며

빈곤과 불평등은 서로 밀접하게 연관되어 있다. 빈곤은 저개발국만의 문제이며, 불평등은 선진국에서나 발생하는 문제라고 단순하게 생각할 수도 있다. 하지만 저개발국의 빈곤만큼이나 불평등 역시 심각한 수준이다. 개인 소득수준이 높은 선진국이라도 국내적으로는 극심한 불평등이 존재할 수 있으며, 결과적으로 이는 심각한 상대적 빈곤의 문제와도 연결될 수 있다. 본 장에서는 빈곤과 불평등의 문제를 함께 생각해보는 것을 목표로 하며, 특히 아프리카 저개발국가의 빈곤과 불평등 문제에 어떻게 접근할 것인지를 주로 기존 이론의 검토를 통해 고찰하고자 한다.

본 장은 다음과 같이 구성된다. 먼저 빈곤과 불평등의 현황을 개괄적으로 살펴보며, 특히 불평등의 개념과 측정에 대해 간략히 검토한다. 다음으로는 기존의 이론적 발견에 근거하여 학자들이 불평등의 원인에 대해 어떻게 파악하고 있는지를 선진국을 중심으로 한 연구와 개발도상국 및 저개발국의 경우를 나누어 확인한다. 마지막으로, 불평등의 해소에 있어 특히 아프리카 저개발 국가들이 다른 나라의 경험으로부터 무엇을 배울 수 있을지에 대해 고찰한다.

II. 빈곤의 현황

현 세계 농업 생산량은 지속적으로 증가해왔으나 세계의 절반은 여전히 굶주리고 있다. 빈곤은 단순히 하루의 식량에 관한 문제가 아니며, 영아사망률, 필수적 백신 공급 문제 등 건강, 보건 및 수명 문제와 맞물려 여러 파급 효과를 낳는다(FSIN 2022). 물론 최빈국의 국민만이 절대적 빈곤에 시달리고 있는 것은 아니다. 정도는 다르지만 선진국과 개발도상국의 국민들도 상대적 빈곤의 문제에 직면하고 있다. 상대적 빈곤이란 곧 불평등의 증가와 동의어로서, 이는 본질적으로 빈곤이 분배의 문제와 연결되어 있다는 점을 잘 암시하고 있다.

세계 최빈국인 아프리카 지역의 빈곤 문제는 여전히 심각한 상황으로, 여러 국제원조기구 및 민간 구호기구들이 아프리카 지역에 많은 재정적 원조 및 실물 지원을 하고 있지만, 여전히 크게 개선되고 있지는 않은 현실이다.

아래 <그림 2-1>은 World Development Indicators에 취합된 세계 빈곤 인구의 비율을 보여주고 있다. 절대 빈곤 인구, 즉 하루에 1.9$ 미만의 돈으로 생활하고 있는 인구의 비율을 측정한 것이다. 아래의 선은 전 세계 평균을 측정한 것이고, 위의 선은 소위 저소득국가들로 분류되는 국가들의 평균 빈곤 인구 비율을 보여주고 있다.

그림 2-1 세계 빈곤 인구(Poverty Headcount Ratio)

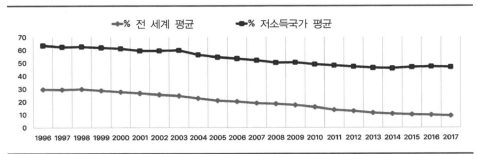

자료: World Development Indicators(WDI)

전반적으로 1996년 이후 전 세계 빈곤 인구의 절대적 비율은 상당히 감소한 것을 볼 수 있다. 약 30%의 인구가 절대 빈곤에 시달리고 있었으나 가장 최근의 데이터인 2017년을 기준으로 보면 그 인구 비중은 약 10% 선까지 하락하였다. 약 20% 가량의 절대 빈곤 인구가 감소한 것을 볼 수 있다.

저소득국가의 경우, 1996년 약 63% 정도의 인구가 절대 빈곤에 시달리고 있었으며, 가장 최근 자료에 따르면 48% 수준으로 감소한 것을 볼 수 있다. 약 15% 정도 감소한 것인데 전 세계 수준에 비해서는 절대 빈곤 인구가 다소 적은 비율로 감소한 것을 확인할 수 있다. 하지만 여전히 거의 50%의 인구가 절대 빈곤에 시달리고 있다는 사실은 상당히 우려되는 지점이다.

다음 그래프는 절대 빈곤 인구 중 최빈국이 많이 몰려있는 사하라 이남 아프리카 지역의 절대 빈곤 인구의 비중을 살펴본 것이다. 2011년 기준 약 45%에서 2018년 기준 40% 정도로 감소한 것을 볼 수 있다. 바로 위 그래프와 비교해 보면, 2011년 저소득국가 절대 빈곤 인구 비율은 약 48.1%에서 2017년 46.8%로 약 1.3% 감소한 것에 비교해보면, 사하라 이남 아프리카 지역의 절대 빈곤 인구의 감소폭이 조금 더 큰 것으로 조사되었다.

그림 2-2   사하라 이남 아프리카 지역의 절대 빈곤 인구의 비중

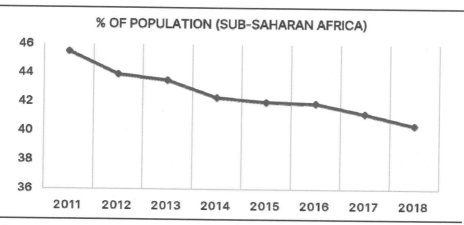

자료: World Development Indicators(WDI)

마지막으로 아래 <그림 2-3>은 빈곤과 이의 파급효과를 단적으로 묘사하는 것으로, 식량공급(1인당 하루 칼로리 공급량)과 기대수명 사이의 관계를 직관적으로 보여주고 있다. 그래프의 왼쪽 최하단에는 주로 아프리카 국가들이 밀집되어 있는데, 하루 식량 섭취가 적을수록 평균수명이 낮은 경향성을 잘 보여준다.

그림 2-3   식량 공급과 기대수명(Food Supply vs Life Expectancy)

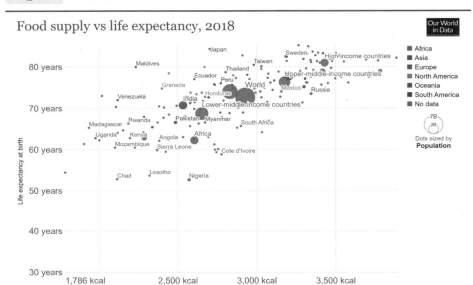

자료: https://ourworldindata.org/grapher/food-supply-vs-life-expectancy

Ⅲ. 불평등의 개념과 측정

다음으로는 빈곤과 밀접한 관련이 있는 불평등의 개념과 측정에 대해 살펴본다. 앞선 장에서 빈곤의 개념과 측정에 대해 다루었기 때문에 여기서는 불평등의 개념과 측정에 대해 간략히 정리한다.

우리가 흔히 불평등이라는 말을 자주 쓰지만, 엄격히 말해 불평등에는 여러 종류가 있다. 특히 이 장에서 초점을 맞추고 있는 경제적 불평등의 경우도 소득불평등, 자산불평등, 노동시장불평등 등 여러 개념으로 분류될 수 있다. 다만 일반적으로 경제적 불평등이라고 하면 소득불평등을 의미하는 경우가 많다. 본 장에서도 소득불평등을 중심으로 설명한다.

1. 소득불평등

소득불평등은 소득의 단위를 개인으로, 혹은 가구 단위로 취합하느냐에 따라 가계소득 불평등과 개인소득 불평등으로 나누어 볼 수 있다.

우선, 소득의 종류에는 근로소득, 사업소득, 재산소득, 이전소득 등이 있다. 근로소득은 보통 사업체에 고용되어 근로를 제공한 대가로 매월 벌어들이는 현금과 현물을 뜻하며, 사업소득은 기업의 주인이 사업체를 운영하며 얻은 소득을 의미한다. 재산소득이란 임대소득, 이자소득, 배당소득, 연금소득 등을 의미한다. 이전소득이란 국가로부터의 사회보험 수혜, 비영리단체나 타 가구로부터의 기부 및 이전받은 소득을 의미한다. 이러한 수입을 모두 합산하면 소득이 되며, 소득불평등은 한 개인이나 가구단위의 소득의 불평등한 정도를 의미하는 개념이 된다. 가계소득이란 한 가구 단위의 소득 전체를 의미하며, 개인소득은 개개인의 소득을 의미하기 때문에, 국가의 산업구조나 고용상황에 따라서는 가계소득 불평등이 개인소득 불평등보다 더 그 국가의 불평등 수준을 잘 나타내는 지표인 경우가 많다. 가령 당장 나의 수입이 전무하더라도, 함께 거주하는 가족의 소득이 충분히 높다면 나의 생활수준은 이의 영향으로 상당히 높을 것이기 때문이다. 특히 대가족 단위로 거주하는 아프리카 국가의 경우에는 개인소득 불평등보다는 가계소득 불평등이 국가수준의 불평등을 확인하기에 더 적절한 지표이다. 또한 개인소득 불평등은 자료 수집상의 문제 때문에 보통 정규직 종사자의 임금을 중심으로 측정하는 경우가 많아, 좋은 일자리가 많지 않은 저개발국의 경우에는 개인소득 불평등 지표는 그다지 큰 의미를 지니지 못할 수 있다.

2. 불평등의 측정

불평등을 측정하는 여러 지표가 있지만, 그중에서도 가장 중요한 지표는 소득 불균형을 계수로 표현한 지니계수이다. 영어로는 Gini index라고 하는데, 이탈리아의 통계학자인 코라도 지니(Corrado Gini)의 연구에서 처음 소개된 개념이다. 인구의 누적비율과 소득의 누적 점유율 간의 상관관계를 그래프로 나타낸다면, 다음

<그림 2-4>에서 보는 것처럼 표현될 수 있다.

그림 2-4　지니계수의 측정

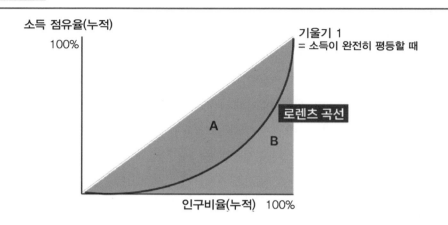

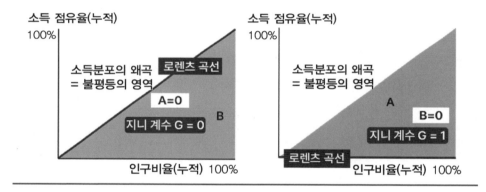

즉 소득분배가 완전히 평등하다면 기울기가 1인 대각선의 지표가 되며, 소득
분배가 왜곡될수록 로렌츠 곡선의 기울기가 x축으로 기울어지게 된다. 노란색 영
역, 즉 A영역은 로렌츠 곡선이 기울어짐에 따라 발생하는 소득 분포의 왜곡이라
는 의미에서 불평등 영역이라고 할 수 있다. 지니계수는 A영역 더하기 B영역(즉,
전체 삼각형 면적)에서 A의 면적(즉, 불평등 영역)의 비율로 계산된다. 즉 지니계수
(G) = A/(A+B)이다.

따라서 로렌츠 곡선이 분배의 완전한 평등 상태인 기울기 1의 대각선에 수렴한다면 A영역은 B영역에 의해 소거되어 0이 된다. 즉 분자가 0이 되기 때문에, 전체 지니 계수는 0으로 완전히 평등한 상태를 의미한다. 완전히 불평등한 상태, 즉, 로렌츠 곡선이 X축에 완전히 수렴하게 되는 경우에는 A영역에 의해 B영역이 모두 없어지기 때문에 B영역은 0이 되고, 분모와 분자는 같은 값이 되어 소거되어 1이 된다. 따라서 지니계수의 분포는 0에서 1사이의 값을 갖게 되며, 소득분포가 불평등할수록 더 높은 값, 1에 가까운 값을 가진다는 것을 알 수 있다.

국제 불평등 비교 데이터의 종류에 따라 지니계수를 0에서 1이 아니라 0에서 100으로 표현하는 경우도 있다. 가령 World Bank의 불평등 데이터 같은 경우는 0에서 100으로 표현한 지니계수를 활용하고 있다(World Bank 2022).

반드시 지니계수뿐만 아니라 조금 다른 방식으로 불평등 수준을 표현하기도 하는데, 가령 P90/P10, 혹은 P80/P20 등의 표현을 사용할 수 있다. 전자는 소득 상위 90%의 소득과 소득 하위 10%의 소득을 비율로 나타낸 것이다. 후자인 P80/P20의 경우는 소득 상위 80%의 소득과 소득 하위 20%의 소득을 비율로 나타낸 것이다. 이 두 지표 역시 많이 활용되는 지표이다. 이 외에도 소득 상위 1%, 혹은 0.1%의 소득집중도를 중심으로 불평등 수준을 확인하는 경우도 있다. 자산 불평등의 경우, 가계와 정부의 순자산을 국민 순소득으로 나누어 산출하는, 소위 피케티 지수라 불리는 방식을 활용하기도 한다(Atkinson, Piketty, and Saez, 2011).

불평등 수준의 국제 비교를 위해서는 다양한 데이터셋을 활용하는데, 가장 오래된 데이터셋의 하나는 LIS(Luxembourg Income Study)로 불리는, 룩셈부르크 인컴 스터디의 데이터가 있다. 이 외에도 World Inequality Dataset, World Bank의 불평등데이터베이스 등 연구 목적에 따라 여러 데이터베이스를 활용할 수 있다.

3. 세전소득불평등과 세후소득불평등 개념의 이해

경제적 불평등 문제에 있어, 정부의 분배 개선에 대한 노력을 확인하기 위해서는 세전 불평등과 세후 불평등이라는 개념이 특히 중요하다. 세전 불평등이란, 정부의 개입 이전, 즉 세금 부과 및 이전소득 지급 이전에, 아무런 개입이 이루어지지 않은 순수한 시장에서의 활동의 결과로 나타난 불평등을 의미한다.

반면 세후 불평등이란 정부에 의한 세금 부과 및 정부의 국민에 대한 사회보험 및 이전소득의 지급 이후에 측정된 불평등 수준을 의미한다. 따라서 세전 불평등의 수준이 높으나 세후 불평등이 많이 줄어들었다면, 이는 국가의 조세 및 분배, 복지정책의 결과 상당한 재분배가 이루어진 것을 의미한다. 세전 불평등과 세후 불평등의 격차가 가장 많이 나는 국가, 즉 재분배가 많이 이루어지는 국가들은 주로 북유럽 노르딕 국가들로 스웨덴, 핀란드, 노르웨이 등의 국가이다. 이 국가들은 높은 소득세율에도 불구하고, 사회적 합의에 기반을 둔 정부의 적극적인 재분배 정책을 유지하고 있다. 쉽게 말해, 정부의 개입으로 인해 시장 불평등이 상당 부분 교정된 국가라고 말할 수 있다. 반면 정부의 개입이 그리 크지 않은 국가들도 있다. 동아시아 국가들의 경우, 일본을 제외한 국가들의 세전 불평등 수준과 세후 불평등 수준은 그리 큰 격차가 없으며, 일본의 경우도 유럽 선진국에 비하면 그 차이는 훨씬 낮은 편이다. 아프리카 국가들의 경우에는 세전 불평등과 세후 불평등 수준은 그 격차가 거의 없거나 실질적으로 제대로 된 측정도 잘 이루어지지 못하고 있다. 즉, 정부 차원의 실질적인 불평등 감축 노력은 아직 기대하기 어려운 것으로 보인다.

4. 세계 최빈국의 불평등 현황

그렇다면 세계 최빈국들의 불평등 수준은 어떠할까? 분석결과에 따르면, 세계에서 가장 불평등한 국가들로 남수단, 마다가스카르, 기니 부룬디, 중앙아프리카 공화국, 콩고 민주공화국, 말라위, 모잠비크, 기니비사우, 소말리아, 베냉, 나이지리아, 토고, 콩고, 르완다, 북한, 차드 등을 꼽고 있다. 주로 사하라 이남 아프리카 국가들이 대다수를 차지하고 있는 것을 알 수 있다.

다음 <표 2-1>은 위에서 언급한 국가들의 불평등 수준을 보여주고 있다. 이는 2010년 이후 수집된 World Bank의 데이터베이스에 기반하여 1에서 100의 수준으로 측정한 지니계수이다.

표 2-1　세계 최빈국의 불평등 수준(Gini): 평균

국가	2010	2011	2012	2013	2014	2015	2016	2017	2018	평균
마다가스카르	42.4	..	42.6	..	..	..	..	..	..	42.5
르완다	47.2	..	..	45.1	..	..	43.7	..	..	45.3
남수단	..	..	..	..	..	..	44.1	..	..	44.1
기니	..	..	33.7	..	..	..	..	..	..	33.7
브룬디	..	..	..	38.6	..	..	..	..	..	38.6
콩고 공화국	..	48.9	..	..	..	..	..	..	..	48.9
콩고 민주공화국	..	..	42.1	..	..	..	..	..	..	42.1
말라위	45.5	..	..	..	..	44.7	..	..	..	45.1
모잠비크	..	..	..	..	54	..	..	..	..	54
기니 비사우	50.7	..	..	..	..	..	..	..	..	50.7
베냉	..	43.4	..	..	..	47.8	..	..	..	45.6
나이지리아	..	..	..	..	..	..	..	..	35.1	35.1
토고	..	46	..	..	..	43.1	..	..	..	44.55
차드	..	43.3	..	..	..	..	..	..	..	43.3

출처: Gini index (World Bank estimate), Poverty and Equity Database. 2021년 9월 30일 검색

　이 지역의 빈번한 내전과 정치적, 행정적 불안정으로 인해 데이터 수집이 쉽지 않아 연속된 연도의 자료를 구하기는 사실 쉽지 않다. 연속으로 불평등 수준이 꾸준히 측정된 국가도 없다시피 하다. 가장 오른쪽 열은 2010년 이후로 지니계수의 평균치를 나타내고 있다. 대략 40이 넘으면 불평등 수준이 극심하게 높다고 볼 수 있는데, 모잠비크의 경우 54, 기니 비사우의 경우는 50.7, 콩고 공화국(Congo Republic)의 경우 48.9로 무척 높은 수준의 불평등 지수를 보여주고 있다. 정치체제가 다른 국가에 비해 비교적 안정되어 있는 편인 기니나 나이지리아의 경우는 불평등 수준이 개중 낮은 편임을 볼 수 있다.

　그렇다면 이들 국가들의 소득 상위 10%의 소득집중도는 어떠할까? 같은 데이

터에 기반한 자료에 따르면 거의 대부분의 국가에서 소득 상위 10%는 전체 소득의 30% 이상을 점유하고 있다. 이는 상당히 높은 수치인데, 특히 모잠비크의 경우 그 수준이 가장 높아 상위 10%가 전체 소득의 45.5%를 점유하고 있는 것으로 나타났으며, 나이지리아나 르완다의 경우는 20%대로 비교적 낮은 것으로 보인다.

표 2-2 세계 최빈국의 불평등 수준: 소득 상위 10%의 소득집중도

국가	2010	2011	2012	2013	2014	2015	2016	2017	2018	평균
마다가스카르	34.3	..	33.5	..	..	..	..	..	..	33.9
르완다	39.8	..	..	37.9	..	..	35.6	..	..	37.77
기니	..	..	26.4	..	..	..	..	..	..	26.4
브룬디	..	..	..	31	..	..	..	..	..	31
콩고 공화국	..	37.9	..	..	..	..	..	..	..	37.9
콩고 민주공화국	..	..	32	..	..	..	..	..	..	32
말라위	36.9	..	..	..	..	..	38.1	..	..	37.5
모잠비크	..	..	..	..	45.5	..	..	..	..	45.5
기니 비사우	42	..	..	..	..	..	..	..	..	42
베냉	..	34.5	..	..	..	37.6	..	..	..	36.05
나이지리아	..	..	..	..	..	..	..	..	26.7	26.7
토고	..	34.5	..	..	..	31.6	..	..	..	33.05
차드	..	32.4	..	..	..	..	..	..	..	32.4

출처: Income shared by top 10% (World Bank estimate), Poverty and Equity Database, 2021년 9월 30일 검색.

그렇다면 반대로 소득 하위 10%의 소득집중도는 어떠할까? 다음 <표 2-3>을 보면 이 경우 거의 모든 국가에서 1~2%대의 매우 낮은 비율을 보여주고 있다. 즉, 최빈곤층 10%는 전체 소득의 약 2% 정도밖에 차지하고 있지 못하여, 극단적인 불평등 상황에 있음을 알 수 있다.

표 2-3 세계 최빈국의 불평등 수준: 소득 하위 10%의 소득집중도

국가	2010	2011	2012	2013	2014	2015	2016	2017	2018	평균
마다가스카르	2.4	..	2.2	..	..	..	..	..	..	2.3
르완다	2.3	..	..	2.4	..	..	2.4	..	..	2.37
기니	..	..	3	..	..	..	..	..	..	3
브룬디	..	..	..	2.8	..	..	..	..	..	2.8
콩고 공화국	..	1.6	..	..	..	..	..	..	..	1.6
콩고 민주공화국	..	..	2.1	..	..	..	..	..	..	2.1
말라위	2.2	..	..	..	..	..	2.6	..	..	2.4
모잠비크	..	..	..	..	1.6	..	..	..	..	1.6
기니 비사우	1.6	..	..	..	..	..	..	..	..	1.6
베냉	..	2.5	..	..	..	1	..	..	..	1.75
나이지리아	..	..	..	..	..	..	..	..	2.9	2.9
토고	..	1.9	..	..	..	1.9	..	..	..	1.9
차드	..	1.8	..	..	..	..	..	..	..	1.8

출처: Income shared by bottom 10% (World Bank estimate), Poverty and Equity Database, 2021년 9월 30일 검색.

Ⅳ. 불평등과 빈곤의 원인

다음으로 불평등과 빈곤의 관계 및 불평등과 빈곤의 원인에 대한 기존 연구들에 대해 간략히 소개한다.

1. 불평등과 빈곤의 관계

우선 불평등과 빈곤의 관계에 대해 생각해 볼 필요가 있다. 빈곤과 불평등은 서로 밀접하게 연관되어 있는 지표이다. 특히 저개발국의 경우, 빈곤과 불평등의 상관관계는 상당히 높다. 국가별로 차이는 있지만, 단순 상관관계만을 살펴보아도 빈곤과 불평등 사이에는 상당한 상관관계가 존재한다. 즉, 빈곤한 국가일수록, 더

높은 불평등을 보이는 경향이 있으며, 이는 아프리카 국가들 전반에 해당한다.

빈곤은 하루 1.9$ 이하로 생활하는 사람들의 비율을 의미하는 절대적 빈곤으로도 정의할 수 있지만, 서로의 생활 수준의 차이에서 나오는 상대적 빈곤의 개념으로도 이해할 필요가 있다. 사실 불평등과 보다 잘 연결되는 것은 상대적 빈곤의 개념이다. 설사 절대적 빈곤율은 그 수치가 높더라도, 국가의 영토가 넓어 인구밀도가 낮고, 사람들의 생활 수준이 비슷하다면 상대적 불평등은 덜 관찰될 수 있다. 반면, 절대 빈곤 인구의 수치가 낮더라도 영토가 좁고 인구밀도가 높아서 다양한 생활 수준의 사람들이 여기저기에서 쉽게 관찰되는 경우라면, 불평등한 삶의 모습이 더욱 잘 관찰되고 체감되는 경향이 있을 수 있다. 가령 한국처럼 영토의 규모가 좁고, 수도권의 인구밀도가 높은 지역을 떠올릴 수 있다. 이런 경우 상대적 불평등은 높게 체감된다.

2. 빈곤과 불평등의 원인: 정치와 경제

전 세계의, 특히 아프리카의 빈곤과 불평등 문제는 개개인의 노력과 의지의 문제가 아니라 정치, 산업, 교육수준 등 한 국가의 구조적 문제와 더욱 밀접하게 연관되어 있다. 개개인이 아무리 노력한다고 해도 월급을 받고 일할 곳이 없다면 빈곤에서 탈출하는 방법을 찾기는 매우 어려울 것이기 때문이다.

자연자원도 없고 기간 산업 또한 없으며, 특정한 특권 계층 역시 존재하지 않아 국민 대다수가 빈곤한 경우라면 높은 빈곤율에도 불구하고 나와 이웃들이 다들 못 산다는 점에서 사실 불평등 수준은 낮을 것이다. 반면 자연자원도 풍부하고 산업 여력도 있으나 정치 엘리트의 부정부패가 심한 경우라면 높은 빈곤율과 높은 불평등으로 이어질 가능성이 대단히 높다. 사실 아프리카의 빈곤과 불평등 문제에 대한 접근에는, 반드시 정치, 경제를 위시한 구조적 문제에 대한 진단과 이해가 필요하다.

단순히 경제성장을 달성하면, 빈곤과 불평등 문제가 해소될까? 사실 아프리카 국가들은 자연자원의 판매를 통해 어느 정도의 경제성장을 기록하기도 했다. 하지만 아쉽게도 경제성장이 자연스럽게 빈곤의 감소와 부의 고른 분배와 연결되는 것은 아니다. 특히 선진국에서도 높은 경제성장이 빈곤 및 불평등의 감소와 이어지지 않은 사례들은 많이 발견된다. 가령 중국은 높은 경제성장으로 인해 절대 빈곤율은 크게 낮아졌으나, 불평등 수준은 여전히 높은 편이다. 특히 내륙과 해안 지역 사이의 소득불평등은 여전히 심각하다고 알려져 있다.

2018년 발간된 세계은행의 보고서에 따르면, 아프리카의 경우, 2010대 이후 3~4% 정도의 경제성장률을 달성한 일부 국가의 경우에도 이러한 성장이 실제로 빈곤 감축이나 불평등 감소로 이어지지 않았다는 점을 지적하고 있다. 보고서는 그 주된 이유로, 몇몇 자연자원의 수출에 기반하여 수입을 얻는 산업구조 및 초기 단계에도 이르지 못한 산업화 수준, 제한적인 기술발전의 정도를 들고 있다. 또한 자원수출의 수익이 누구에게 귀속되느냐의 문제 역시 중요한 지점일 것이다. 만약 부패한 정치인이나 기업가, 외국 자본에 주로 그 이익이 돌아간다면, 일반 국민에게 경제성장의 혜택은 없다고 볼 수 있기 때문이다.

사실 경제성장과 빈곤, 경제성장과 불평등은 경제학이나 정치학, 행정학, 혹은 정치경제학 등 사회과학에서 활발히 다루고 있는 주제이지만, 그 인과관계나 방향성, 실증관계에 대해 학자들간에 합의된 이론으로 잘 설명되는 것은 아니다. 물론 경제성장은 빈곤 탈출 및 불평등 해소에 있어 중요한 조건 중 하나이지만, 성장과 빈곤, 성장과 불평등 사이의 경로에는 여러 다른 변수들이 복합적으로 작용한다. 가령 심각한 정치적 불안정은, 경제성장의 혜택이 온전히 국민들에게 전달되지 않도록 하는 큰 걸림돌이다.

사실 아프리카의 불평등은 식민 시대의 유산 또는 장기간의 비민주주의 체제 및 빈번한 내전으로 인해 국부의 상당수가 독재자 및 정치권력들에 인해 전용된 결과로 해석되기도 한다. 현 콩고 민주공화국은 과거 독재자 모부투 세세 세코 (Mobutu Sese Seko) 시절 자이르(Zaire)라는 이름으로 불렸는데, 연구들에 따르면 모부투 1인의 개인 자산이 국가 전체 외채의 3~40%에 달할 정도로 엄청난 개인 축재와 부패를 일삼았던 것으로 알려져 있다(Ndikumana & Boyce, 1998).

불평등을 빈곤이 해소된 이후에나 생각할 문제 혹은 선진국만의 문제라고 생각하는 경향이 있으나, 이는 나쁜 정치체제와 불평등이 결합하는 경우 개도국과 빈국에서 더욱 더 심각한 문제가 될 수 있다. 다만 가나처럼 선진 민주주의가 어느 정도 자리잡은 아프리카 국가의 경우라고 해도 불평등 수준은 결코 낮지 않다. 이는 정치적 문제의 해소 이후에도 빈곤과 불평등 해소에는 많은 국가적 노력이 필요할 것이라는 점을 암시한다. 즉, 빈곤의 해결책으로서 나쁜 정치체제에 의한 부패나 전용의 문제 등 불평등의 고리를 끊는 것은 무엇보다 중요한 과제라고 할 수 있다.

3. 불평등의 원인과 격차에 대한 선행연구

소득 불평등의 격차를 만들어내는 요인과 관련하여, 최근 20여 년간 정치경제학에서는 주로 선진국을 대상으로 하는 여러 연구를 진행해온 바 있다. 이의 주된 발견들은 다음과 같다.

먼저 노동자의 조직화에 주목한 연구들은 노동자의 조직화된 힘, 다시 말해, 노동자들이 산업 단위로 파편화되어 있어 개별적인 임금협상을 하는 것이 아니라, 중앙 노조를 중심으로 잘 단결해 있어 한목소리를 내며, 임금협상과 노사쟁의에 있어서도 지도부에 협상권을 위임하는 등 잘 조직화되어 있는 경우, 노사의 협의에 의해 노동자에 대한 복지가 보편적으로 제공될 수 있으며 노동자 간 차별적 임금 격차가 줄어드는 임금 압착(Wage Compression) 효과를 낳을 수 있다고 주장한다(Korpi 2000; Pontusson 2005, 2013). 즉, 노동이 잘 조직화되어 있고, 더 노동자 포괄적일수록 중앙단위에서 조합주의적 임금 협상이 이루어지고, 노동자 간 소득격차가 줄어든다는 점에 주목한 이론이라고 볼 수 있다.

또한 정치제도의 차이에 주목한 연구들은 민주주의, 좌파정당의 힘, 유권자들의 조직화, 비례제에 기반한 의원내각제가 더욱 평등한 분배와 관련되어 있음을 보여주고 있다(Bartels, 2009; Iversen, 2005; Pontusson & Rueda, 2010; Scheve & Stasavage, 2007; 2009). 가령 비례제는 다수제보다 사표의 발생이 적고, 따라서 정책의 산출 측면에 있어서도 소수자의 목소리를 조금 더 듣고, 그에 따라 그들의 권리를 조금 더 잘 보장한다는 것이다. 이렇듯 기존 연구들은 노동자의 조직화 정도나 정치제도, 선거제도와 같은 다양한 제도적 변수를 중심으로 불평등의 차이에 대해 연구해 왔다.

하지만 이러한 변수들은 개발도상국가나 저개발국의 불평등 수준을 설명하는 데 있어서는 설명력이 그리 높지 않은 변수라고 할 수 있다. 상당 기간 선진 민주주의 제도를 채택하고 높은 수준의 산업발전을 이룩해 온 선진국의 사례는 저개발과 저발전, 정치적 혼란에 고통받고 있는 아프리카 국가들의 빈곤과 불평등을 설명하는 데 직접적으로 활용되기는 어렵다. 서로의 제도적 차이, 산업적 차이가 너무 크기 때문이다. 노동자의 조직화된 힘이나 선거제도, 행정의 힘은 모두 민주적 제도가 어느 정도 안착한 국가들 내에서나 차이를 보이는 제도들일 것이기 때문이다.

그렇다면 민주적 제도의 수준이 높지 않은 아프리카 국가들의 빈곤과 불평등을 설명하는 데 있어서는 경제 발전 수준의 차이, 혹은 자연자원 보유량이나 종류의 차이, 정치체제의 불안정성 등이 보다 더 높은 설명력을 지닐 수 있다.

앞에서 높은 경제발전이 반드시 빈곤과 불평등 개선으로 이어지지 않을 수 있다는 점을 설명하였지만, 그럼에도 불구하고 어느 정도의 경제발전이 뒷받침되지 않는 경우, 국가의 재정 부족으로 인해 절대 빈곤 인구의 감소를 쉽게 기대하기는 어려울 것이다. 산업이 성장하고 일자리가 증가해 어느 정도 경제성장을 달성하였다면, 적어도 그 발전 산업에 종사하고 있는 노동자들에게 어느 정도의 임금인상이나 혜택이 돌아가게 되며 사회 전반에 걸친 파급효과로 인해 생활수준의 상승으로 이어질 수 있을 것이다.

다음으로 자연자원의 매장량 및 자원의 종류 역시 빈곤과 불평등을 설명하는 데 있어 상당히 흥미로운 변수로 알려져 있다. 일반적으로 생각해보면 풍부한 자연자원 매장량과 이로 인한 수출 수익은 경제성장에 있어 상당히 유용할 것으로 예상할 수 있다. 자원 수출로 인해 얻은 수익을 여러 기간산업에 투자하고, 기타 산업발전 및 교육시설을 확충하는 등 유용하게 쓰일 수 있기 때문이다. 하지만 특히 아프리카 저개발 지역에서는, 풍부한 자연자원의 존재가 오히려 국민의 전반적인 삶에 해로운 영향을 끼쳤다는 지적도 상당하다(Leamer, 1999; Gylfason & Zoega, 2003; Fum & Hodler, 2019). 우선 식민시대의 유산으로 인해 지배층과 피지배층의 경제적 격차가 높아졌으며, 독립 이후로도 원자재 수출을 통한 정치지도자의 단기적이고 일시적인 이윤 추구가 가능했기 때문이다. 정치경제학자인 맨서 올슨(Mancur Olson)이 지적하였듯이 유량형 도적(Rovig Bandits), 즉 전체 국민의 삶에는 그닥 관심이 없는 정치지도자가 자원수출 및 개발이익을 노리는 외국자본으로부터 여러 경제적 이익을 취하기 위해 정권을 노리는 경우를 예로 들 수 있다(Olson, 1993). 풍부한 자연자원의 존재는 쿠데타와 내전을 통해 일단 자원보유지역을 점령하고, 단기적인 이득을 취한 끝에 더 힘이 강한 반대파에 의해 제거되기 전에 도주를 꾀하는 소위 유량형 도적의 빈번한 출현을 자극하는 요소이다. 또한 정부군과 반군에 각각 따로 로비를 벌이며 눈 앞의 자원을 둘러싼 이익에만 몰두하는 외국자본의 영향도 아프리카 국가들의 정치적 불안정에 무시할 수 없는 영향을 미치고 있다. 이는 소위 '자원의 저주(Resource Curse)'라고 불린다(Ross, 1999; 2015). 천연자원이 풍부한 국가는 자원이 부족한 국가에 비해 더 경제성장 수준이 낮고, 민주주의가 뿌리내리기 어렵다는 것이다. 즉, 값진 자연자원의 존재는 많은 아프리카 국가 독재자들과 정치인들의 단기 이익 극대화 유인을 자극하며, 그로 인해 정치적 불안정과 근시안적 정책결정, 자원을 둘러싼 잦은 내전과 쿠데타, 궁극적으로 지역 전반에 걸친 빈곤과 불평등에 영향을 미치는 변수로 알려져 있다. 제프리 삭스 등의 경제학자는 천연자원 보유와 경제성장 간에는 서로 마이너스의 상관관계가 있다는 실증연구 결과를 발표하기도 했다(Sachs & Warner, 2001).

하지만 조금 더 엄밀한 검토 결과, 어떤 상황에서는 천연자원이 민주주의를 이끌어낼 수도 있다는 반론이 제기된 바도 있다. 즉, 천연자원의 정치적 결과가 반드시 비민주주의와 정치적 혼란으로 귀결되는 것은 아니라는 것이다. 가령 버클리 대학의 정치경제학자인 태드 더닝(Thad Dunning)은 그의 2008년 저서 Crude democracy에서 모든 종류의 천연자원이 불안정한 정치적 결과를 낳는 것은 아니라고 주장하며, 1970년대의 베네수엘라를 그 예시로 들고 있다(Dunning, 2008).

이처럼 개도국과 저개발국의 빈곤과 불평등의 원인을 이론적으로 설명하는 작업은 사실 쉽지 않다. 현실적으로는 아프리카 지역의 빈곤과 불평등 문제가 얼마나 심각한지 쉽게 관찰할 수 있으나, 우리가 체감할 수 있는 빈곤과 불평등의 심각성과는 다르게 아프리카의 불평등과 빈곤에 대해 적절하게 잘 수집된 통계 자료는 사실 부족한 실정이다. 높은 수준의 실증연구를 수행하기 어렵다는 것은, 이론적 탐구를 어렵게 하는 주된 장해물이다.

하지만 선진국과 개도국, 빈국을 대상으로 하는 여러 연구들을 종합하는 경우, 어느 정도의 시사점을 정리할 수 있다. 일반적으로 정치 및 법 제도의 측면에서는, 보다 선진적인 정치제도를 가졌을수록, 즉 민주주의의 역사가 길고 공고화되어 있을수록 부패의 통제가 용이할 것이라고 기대할 수 있다. 또한 시장제도의 측면에서 법률제도 및 재산권이 잘 보장되어 있을수록 조금 더 공정하고 형평성을 고려한 배분과 연결될 것이라고 예측한다. 선진적 정치제도를 가졌을수록, 정치에 대한 관심 역시 높을 것이며, 정치인에 대한 감시와 민주적 통제가 보다 잘 이루어질 것으로 생각할 수 있다. 사실 경제성장의 분배적 효과는 정치제도에 의해 크게 영향받을 수 있다. 단순한 예로 독재국가의 경우, 일반적으로 민주주의 국가에 비해 복지정책의 설계나 자원의 분배에 있어 훨씬 덜 적극적일 것으로 예상되기 때문이다. 빈곤이나 불평등의 문제에 있어 정치제도, 행정제도, 법률제도 등의 근본적인 제도의 질과 제도적 배열에 대해 고민하지 않을 수 없는 이유이다.

경제 제도의 경우 수출과 수입, 즉 무역이 활발할수록 더 나은 분배적 결과로 이어지는가에 대해서는 특히 저개발국의 맥락에서 상당한 논쟁이 있다. 활발한 무역과 경제성장의 관계는 여러 연구를 통해 알려져 있다(Yanikkaya, 2003; Awokuse, 2008). 개방경제를 채택한 경우에는 자원분배의 효율성을 달성할 수 있고, 정부의 임의적 경제개입으로 인한 왜곡의 발생을 상당 부분 방지할 수 있다고 보는 것이 정설이다. 하지만, 산업적 여력이 없는 저개발국의 경우 무역자유화의 심화는 오히려 내부자원의 유출과 기술개발 유인을 낮추고, 무역수지 악화로 인해 자원 판매만을 가속화한다는 우려 역시 존재한다(e.g., Menyah et al., 2014; Hye & Lau, 2015; Keho, 2017).

마지막으로 노동시장의 경우, 아프리카 국가의 대부분은 산업 발전 수준 자체가 높지 않기 때문에 정규직과 비정규직의 차별이나 노동시장의 이중구조와 같은 문제들이 불평등과 빈곤에 심각한 영향을 끼친다고 보기는 다소 어렵다. 그보다는 적은 일자리 수로 인해 국민 대다수가 초저임금의 단순노동이나 농업생산에 종사해야 하며, 교육 기회가 보편적이며 평등하지 않으며 기본적 의료시설이나 식수 공급의 문제로 생존의 어려움에서 벗어나기 어렵다. 또한 아동노동 및 극심한 성차별로 인한 문제 역시 심각한 것으로 알려져 있다. 이러한 문제를 해결하기 위한 정부의 노력은 체계적이지 않으며, 정치인의 지대추구 행위와 잦은 내전의 결과 발생하는 뿌리깊은 불균형한 배분의 문제는 빈곤과 불평등을 악화시키는 중요한 요인으로 지적될 필요가 있다.

Ⅴ. 저개발국가의 불평등과 빈곤 해결을 위한 제도적, 역사적 시사점

1. 저개발국가의 불평등과 빈곤 해결을 위한 제도적 시사점

마지막으로 저개발국가의 불평등과 빈곤 해결을 위한 제도적 시사점과 타국의 역사적 경험이 어떤 도움을 줄 수 있을까에 대해 부연하고자 한다. 사실 불평등과 빈곤의 해결은 쉽지 않은 문제이다. 많은 선진국과 국제기구가 아프리카 국가들에 지속적으로 상당한 원조를 하고 있음에도 불구하고, 불평등과 빈곤 문제의 근본적 개선은 요원하다.

빈곤과 불평등은 정치제도, 경제제도, 행위자, 기존 제도적 질서가 모두 개입된, 복합적인 문제이다. 심지어 일부 선진국, 특히 미국 같은 초강대국의 경우도 노숙자와 빈곤가정 문제에 골머리를 앓고 있다. 다른 복지 선진국들도 증가하는 상대적 불평등이라는 도전에 직면해 있다. 저개발국의 빈곤 문제가 개도국과 선진국에서는 불평등이라는 문제로 다소 바뀌어 나타나는 경향이 있다고도 볼 수 있을 것이다.

저개발국의 복지제도를 어떻게 설계하느냐는 빈곤과 불평등의 문제를 해결하는 데 있어 가장 직접적인 과제 중의 하나이다. 왜냐하면 복지정책 및 분배 개선을 위한 제도는 기존의 정치제도와 행정제도, 경제제도의 틀 안에서 설계되며, 기존의 제도적 맥락과 역량을 무시하고 설계된 제도는 효율성과 효과성을 발휘하는 데 상당한 제약을 받고 결국 유명무실해질 수 있기 때문이다. 이는 선진국, 개도국, 빈국을 막론하고 모두에게 적용될 수 있는 조언이다. 또한, 특수 이익집단의 활동 혹은 재화의 고른 분배를 가로막는 지대추구(rent-seeking) 행위를 방조하는 메커니즘에 대해서도 고찰할 필요가 있다. 이는 특히 아프리카 지역의 불안정한 정치상황과 면밀하게 연결되는 주제이다.

그렇다면 일단 빈곤과 불평등 문제에 대한 선진국의 접근은 어떠한가? 보통 대부분의 국가는 절대적 빈곤층에 이전소득을 지급함으로써 생활을 보조한다. 다만 그 규모와 지급 수준에는 국가 간에 상당한 격차가 있다. 최소생계비에도 못 미치는 보조금만을 지급하는 국가부터 중위소득에 가까운 수준의 지원을 하는 나라까지, 그 수준에는 다양한 스펙트럼이 존재한다. 앞에서도 설명했듯이 빈곤이나 불평등에 대한 정부의 적극적 개입 수준이 높지 않은 국가로는 주로 자유주의적 국가들인 미국이나 뉴질랜드, 영국 등을 꼽을 수 있으며, 한국, 대만 등 동아시아 국가 중 상당수도 그러한 경향이 있다. 반면 불평등에 대한 정부의 적극적 개입 수준이 높은 국가는 스웨덴이나 핀란드를 위시한 노르딕 국가들이다.

국가마다 이러한 정책적 노력에 있어 차이가 존재하는 근본적인 이유는 이 국가들이 기반해 있는 국가의 정치경제적 제도의 차이 때문이다. 다시 말해 각 국가들의 복지제도는 상당히 오랜기간의 역사를 거쳐 확립된 것이며, 이는 산업구조, 경제제도, 정치제도의 복합적 산물이다. 정치학자인 홀(Hall)과 소스키스(Soskice)로 대표되는 자본주의의 다양성(Varieties of Capitalism) 학파의 표현을 빌자면, 생산체제, 정치체제, 복지체제 간에는 체계적인 제도적 상보성이 존재한다(Hall & Soskice, 2001; Amable, 2016). 예를 들면, 개별 기업들과 투자자들에 의해 조정이 이루어지는 자유주의적 생산레짐과 최소 복지체제, 그리고 대통령제 및 다수제 간에는 서로를 보완하고 지지하는 제도적 상보성(Institutional Complementarities)이 존재한다. 반면 합의에 기반한 조합주의적 생산체제, 보편적 복지, 의원내각제 및 비례대표제 간에도 서로를 뒷받침하는 제도적 상보성이 존재한다.

하지만 저개발국가의 경우 특정한 생산체계, 복지체제가 확고하게 자리잡고 있다고 보기는 어려울 것이다. 우선 이들 국가의 정치제도는 상당수의 경우 매우 불안정한 형태의 권위주의 체제이며, 이 체제 하에서 분배에 대한 사회적 합의와 제도 수립, 이를 실행하고 추진할 수 있는 행정능력이 발달했다고 보기는 어렵다. 식민지 시기의 제도적 유산은 존재하지만 개발과 발전 수준이 고르지 못하고 지방으로 갈수록 기초적인 사회간접자본 역시 형성되어 있지 못한 경우가 많기 때문에, 빈곤과 불평등을 해결한다는 것 자체가 저개발 국가에게는 국가 체계를 다시금 새롭게 수립하는 것과 같은, 아주 높은 수준의 도전을 의미한다고도 볼 수 있다.

일단, 국제사회 및 원조기구, 그리고 국가 자체적으로 많은 노력을 기울인 결과 완벽한 민주국가는 아니더라도 어느 정도의 민주성과 합리성, 책임성을 갖춘 정부가 출현했다고 가정하자. 그렇더라도 저개발국가의 빈곤과 불평등 문제의 개선에는 사실 많은 어려움이 예상된다. 가령, 우선 국가 행정 자체의 기반이 미비하며, 빈곤 관련 정책을 수립하더라도 실행과 전달까지는 상당한 시간이 걸릴 것을 예상할 수 있다. 가령 소득분위에 따라 이전소득을 지급하려 한다고 할지라도,

국민들이 실제로 복지혜택을 받기까지는 상당한 시간이 소요될 것이다. 실제 정책의 집행에는 교육받은 공무원 인력, 중앙과 지방 관청의 설치, 지역까지 복지서비스를 제공하기 위한 전달체계 등 등 높은 행정역량이 필요하다는 점을 고려할 때, 이러한 제도적 정비를 마치는 것 자체가 저개발국에게는 큰 도전이라고 할 수 있다. 또한 국가 조세체계가 미비하여 실질적인 조세 징수가 어렵고, 또한 부패와 카르텔에 익숙해 있을 정치적, 경제적 엘리트 계층의 경우 조세포탈이나 탈루, 조세회피가 높을 것으로 예상된다. 국가의 조세수입이 전제되어야 빈곤과 불평등을 감소시킬 수 있는 정책을 추진할 수 있다. 타 국가나 국제기구의 원조금이 존재한다 하더라도 이 역시 어느 정도는 양날의 검이라 볼 수 있다. 원조자금으로부터의 경제적 이권을 취득하기 위한 여러 정치세력과 경제엘리트들의 이익집단적인 움직임은 상존하고 있으며, 이를 국가가 효과적으로 통제하지 못하거나 오히려 정치적 이득을 위해 원조금을 전용하려 하는 경우에는 더 큰 문제가 발생할 수 있다. 1960년대 이승만 정권의 원조자금 전용문제가 미국 정부에게는 상당한 골칫거리였던 것과 같은 상황이라고 볼 수 있다. 또한 세율과 분배에 대한 국민적 합의가 없는 상황에서는 상당 기간의 혼란이 있을 것이다. 한국의 경우, 이승만 정권 시기 미국 정부에 의한 조세제도 개편 및 증세, 시장제도 선진화에 대한 압력이 있었으나, 지지율 하락을 우려한 여당의 반발로 인해 무산된 적이 있다. 세제개편이나 분배 문제는 정치적으로도 민감한 이슈인 만큼 그 접근이 쉽지는 않다.

마지막으로, 빈곤과 불평등 해결에의 역량과 의지를 지닌 정치인을 확보할 수 있는가의 문제가 있다. 오랜 시간 내전과 쿠데타의 정치적 혼란을 겪어온 아프리카 국민들은 도덕적이고 민주적인 지도자의 선출을 원하고 있을 것이다. 하지만 장기 독재 이후 간신히 민주적으로 선출된 지도자인 알파 콩데(Alpha Condé) 역시 2020년 3선 개헌을 통해 장기 집권을 꾀하려 했고, 그 결과 군부 쿠데타의 빌미를 제공하였다. 민주적으로 선출된 지도자 역시 독재자로 변모한 기니의 사례에서 볼 수 있듯이, 좋은 정치지도자를 갖고, 유지하는 것은 결코 쉬운 문제가 아니다. 이는 결국 가장 중요하게는, 국민의 정치에 대한 높은 관심과 열망을 필요로 할 것이다.

즉, 문제의 해결을 위한 기존 접근의 한계는 빈곤과 불평등의 본질적 해소는 단순히 물질적, 경제적 원조를 넘어서는 그 이상의 제도를 구축하고 설계하는 어려운 문제라는 점, 그리고 현실적으로는 국제사회나 원조기구가 보다 근본적이고 적극적인 개선 노력과 개입을 하는 것이 쉽지 않다는 어려움 때문으로 볼 수 있다.

근본적으로 빈곤과 분배 문제 개선을 위해서는 단순한 경제성장을 넘어, 정치적 안정과 행정제도의 뒷받침이 필요한다. 물론 다양한 선진국들이 제공한 ODA 프로그램들은 경제적 조력뿐만 아니라 선진적 제도의 이식을 진행해왔으나, 빈국의 기존 제도와 역사적 배경에 대한 이해 없이 불안정한 정치적 상황에서 단순히 선진 제도를 이식하려는 시도는 많은 부분 실패할 수밖에 없었다. 새 제도가 깊이 뿌리내리는 데 까지는 상당히 오랜 시간과 노력이 필요하기에, 다소 어렵더라도 개별 국가의 제도적, 역사적 맥락을 확인하고, 역사적·환경적 맥락에 적합한, 보다 더 적실한 제도를 권고하고 이식하려는 어렵지만 근본적인 노력이 필요할 것으로 판단된다. 즉, 선진국으로부터의 ODA는 단순히 경제적 지원을 넘어 아프리카 국가들의 기존 제도에 대한 이해와 근본적인 정치, 제도혁신과 연계될 필요가 있다. 이는 또한 정치인들에 의한 원조금 전용의 시도 및 부정부패의 시도를 효과적으로 차단하는 인센티브 구조의 설계와도 관련된다. 가령, 지역의 정치인에게 단기적 이득이 아닌 국가발전에 따른 장기적 시계의 이득을 설득하고 보여주는 시도도 하나의 노력이 될 수 있을 것이다. 유능한 정부가 부재하다면, 지역 주민들 스스로 운영하고 꾸려나가는 공동체의 설계도 좋은 해결책 중의 하나가 될 수 있을 것이다.

2. 저개발국가의 불평등과 빈곤 해결을 위한 역사적 시사점: 한국 및 라틴아메리카

또한, 세계 최빈국 중의 하나였으나 낮은 불평등과 높은 경제성장을 동시에 이룩한 드문 사례로 알려져 있는 한국의 사례가 아프리카에 주는 구체적인 함의는 무엇일까? 동아시아의 사례를 바탕으로 아프리카가 얻을 수 있는 함의에 대해서도 생각해볼 수 있다.

한국은 냉전 시기였던 당시의 지정학적 여건의 혜택을 보아 미국 및 국제기구로부터 많은 경제적 원조를 받았다. 가장 높은 수준의 경제성장을 이룩했던 시기는 주로 비민주, 권위주의 시기였다. 한국, 대만, 그리고 싱가포르의 경우 수출지향경제로의 노선을 택하여 경공업부터 산업을 육성하였고, 이를 바탕으로 성장을 유지하고 고용을 끌어올려 결국 일반 국민의 소득수준을 전반적으로 높이는 데 기여하였다. 지금의 아프리카처럼 정치적으로는 비민주적 정치체제였으나, 독재자들은 중앙집권화된 권력 통제로 안정적으로 정권을 유지했다. 또 다른 점이 있다면 동아시아의 정치지도자들은 경제성장에 대한 높은 열망을 보였다는 점일 것이다. 아프리카와는 달리 좁은 영토, 자연자원의 부재가 오히려 독재자의 단기적인 이윤추구를 어렵게 하였고, 그 결과 장기적인 성장을 추진할 수밖에 없었다는 점이 핵심일 수 있다(Olson, 1993). 이는 즉, 정치지도자의 인센티브 구조의 차이를 기반으로 한 설명이다.

이는 또한 ODA, 원조 기금, 자원판매 소득 등에서 발생하는 경제적 이득이 정치지도자, 군부 등에 의해 사적으로 전용되는 것을 어느 정도 제한하는 제도적 장치의 설계 문제와도 연결된다. 한국의 경우에도 1960년대 이승만 정권 하에서는 원조금의 전용 문제가 심각하였으나, 이후 정권에서는 미국의 원조금이 줄어들면서 정치인에 의한 자금 전용이 그리 쉽지 않게 되었는데, 오히려 이러한 정치자금의 부족이 경제성장의 필요성을 더욱 자극했다는 해석도 가능하다. 즉, 원조자금이 실제 필요한 곳에 바로 쓰일 수 있도록 하는 전달의 문제와 부패 통제의 문제는 저개발국에서 무엇보다 중요한 과제라고 할 수 있을 것이다.

또한 라틴아메리카의 사례를 바탕으로도 아프리카가 얻을 수 있는 함의에 대해서도 생각해볼 수 있을 것이다. 라틴아메리카 국가들, 특히 브라질, 아르헨티나, 멕시코 등은 개발도상국 중 가장 먼저 높은 수준의 경제성장을 달성한 국가들이었다. 그러나 2차 세계대전 이후, 추후 보호무역적 접근 및 수입대체 산업구조로 인해 상당한 시장 왜곡과 높은 불평등을 경험한 사례라 할 수 있다. 현재도 라틴아메리카의 불평등은 아프리카만큼 높은 편이며, 이는 쉽게 개선되지 못하고 있다.

라틴아메리카 국가들은 지리적으로 외세의 침입에서 비교적 안정적이었으며, 식민경험이 있는 경우에도 넓은 토지를 바탕으로 한 농업의 발달 등 상당히 좋은 경제적 여건을 유지하고 있었다. 하지만 독립 이후, 30년 이상 보호무역에 기반한 산업화 전략을 추구한 결과 상당한 어려움을 겪었다. 보호무역적 조치가 향후 노동시장과 무역구조의 왜곡을 낳아 상당한 비효율을 유발했기 때문이다. 이는 개발초기 어느 정도의 보호무역적 조치는 필수불가결한 측면이 있다고 하더라도, 장기적으로 세계 시장에 적응할 수 있도록 준비할 필요가 있다는 중요한 메시지를 전달한다. 또한 라틴아메리카 국가들 역시 긴 시간 동안 혼란스러운 정치체제를 경험하였기 때문에, 이는 정치적 안정이 발전과 안정에 있어 무엇보다 중요하다는 점을 보여주는 사례라고도 할 수 있다. 아프리카의 경험에서도, 정치적 안정의 중요성은 다른 무엇보다 강조될 수 있을 것이다.

VI. 결론

이상의 검토로 볼 때, 아프리카의 빈곤과 불평등의 문제는 매우 심각하며 장기적인 발전을 위해 무엇보다 시급한 개선 노력이 필요하다고 말할 수 있다. 하지만 불안정한 정치상황으로 인해 시시각각 변화하는 환경은 아프리카의 빈곤문제 해결을 위한 장기적이고 체계적인 접근을 어렵게 하고 있다. 타국의 정치상황에 개입하는 것에도 한계가 있기 때문에, 국제사회가 당장 내전에 개입하거나 독재자를 축출한다는 것은 사실 비현실적인 상상이다. 또한 이러한 외력에 의한 개입이 장기적으로 안정적인 결과를 낳았던 사례 역시 매우 드물다.

하지만 우선 순차적인 접근으로서, 비교적 정치적 안정성이 있는 국가부터 원조 및 국제기구를 통해 조력하면서 제도적 개선을 시도하는 방안을 생각해볼 수 있다. 궁극적으로는 저개발국이 자생할 수 있는 기간산업 발전 및 이로 인한 일자리 창출이 목표가 될 것이다. 어느 정도의 산업 기틀 마련 및 경제성장은 추후 자생적인 성장의 경로를 형성할 수 있는 힘이 될 것이다. 초기 산업보호를 위한 다소간의 보호무역적 접근은 불가피하더라도, 추후 산업 역량은 개방경제에 적응할 수 있도록 향상되어야 할 필요가 있다. 이는 장기적인 보호무역적 정책으로 인해 긴 어려움을 겪고, 현재도 고전하고 있는 라틴아메리카의 경험에서도 볼 수 있듯이 필수적인 요건 중 하나이다.

또한 국가가 세금을 징수하고, 예산을 가지고 정책을 추진하고 전달하는 능력을 갖춘 행정제도의 전수는 적극적인 빈곤 및 불평을 해소를 위해 무엇보다 중요한 내용이라고 할 수 있다. 그러나 앞서도 강조했듯이 선진제도의 단순한 이식만으로 제도가 뿌리내릴 수는 없다는 점은 반드시 기억할 필요가 있다. 기존의 역사적·제도적 여건을 고려하되, 새로운 제도가 뿌리내릴 수 있도록 주요 행위자의 인센티브를 설계하는 등의 진지한 유인책이 필요할 것이다.

‖ 참고문헌 ‖

Ajide, K. B., & Alimi, O. Y. (2022). Natural resource rents, inequality, and terrorism in Africa. *Defence and Peace Economics*, 33(6): 712−730.

Alvaredo, F., Atkinson, A. B., Blanchet, T., Chancel, L., Bauluz, L., Fisher−Post, M., ... & Zucman, G. (2020). Distributional national accounts guidelines, methods and concepts used in the world inequality database (Doctoral dissertation, PSE (Paris School of economics)).

Amable, B. (2016). Institutional complementarities in the dynamic comparative analysis of capitalism. *Journal of Institutional Economics*, 12(1): 79−103.

Atkinson, A. B., Piketty, T., & Saez, E. (2011). Top incomes in the long run of history. Journal of economic literature, 49(1): 3−71.

Awokuse, T. O. (2008). Trade openness and economic growth: is growth export−led or import−led?. *Applied economics*, 40(2): 161−173.

Bartels, L. M. (2009). Economic inequality and political representation. *The unsustainable American state*, 167−196.

Dunning, T. (2008). Crude democracy: Natural resource wealth and political regimes.

Fum, R. M., & Hodler, R. (2010). Natural resources and income inequality: The role of ethnic divisions. Economics Letters, 107(3): 360−363.

Gylfason, T., & Zoega, G. (2003). Inequality and economic growth: Do natural resources matter?. Inequality and growth: Theory and policy implications, 1, 255.

Hall, P. A., & Soskice, D. (2001). *Varieties of Capitalism: The Institutional Foundations of Comparative Advantage*. Oxford University Press

Hye, Q. M. A., & Lau, W. Y. (2015). Trade openness and economic growth: empirical evidence from India. *Journal of Business Economics and Management*, 16(1): 188−205.

Keho, Y. (2017). The impact of trade openness on economic growth: The case of Cote d'Ivoire. *Cogent Economics & Finance*, 5(1): 1332820.

Korpi, W. (2000). Faces of inequality: Gender, class, and patterns of inequalities in different types of welfare states. *Social Politics: international studies in gender, state & society*, 7(2): 127－191.

Korpi, W. (2022). *The working class in welfare capitalism: Work, unions and politics in Sweden*. Taylor & Francis.

Leamer, E. E., Maul, H., Rodriguez, S., & Schott, P. K. (1999). Does natural resource abundance increase Latin American income inequality? *Journal of development Economics*, 59(1): 3－42.

Menyah, K., Nazlioglu, S., & Wolde－Rufael, Y. (2014). Financial development, trade openness and economic growth in African countries: New insights from a panel causality approach. *Economic Modelling*, 37: 386－394.

Ndikumana, L., & Boyce, J. (1998). Congo's odious debt: external borrowing and capital flight in Zaire. *Development and Change*, 29(2): 195－217.

Olson, M. (1993). Dictatorship, democracy, and development. *American political science review*, 87(3): 567－576.

Pontusson, J. (2005). *Inequality and prosperity: Social Europe vs. liberal America*. Cornell University Press.

Pontusson, J., & Rueda, D. (2010). The politics of inequality: Voter mobilization and left parties in advanced industrial states. *Comparative Political Studies*, 43(6): 675－705.

Pontusson, J. (2013). Unionization, inequality and redistribution. *British Journal of Industrial Relations*, 51(4): 797－825.

Ross, M. L. (1999). The political economy of the resource curse. *World politics*, 51(2): 297－322.

Ross, M. L. (2015). What have we learned about the resource curse?. *Annual review of political science*, 18: 239－259.

Sachs, J. D., & Warner, A. M. (2001). The curse of natural resources. *European economic review*, 45(4－6): 827－838.

Scheve, K., & Stasavage, D. (2007, May). Political institutions, partisanship, and inequality in the long run. In Comparative Politics of Inequality and Redistribution Seminar, Princeton.

Scheve, K., & Stasavage, D. (2009). Institutions, partisanship, and inequality in the long run. *World Politics*, 61(2): 215－253.

Yanikkaya, H. (2003). Trade openness and economic growth: a cross-country empirical investigation. *Journal of Development economics*, 72(1): 57-89.

<데이터>

Food supply vs life expectancy (https://ourworldindata.org/grapher/food supply-vs-life-expectancy) (접속일: 2022년 11월 3일)

FSIN(Food Security Information Network). 2022 Global Report on Food Crises: Joint Analysis for Better Decisions. (https://www.wfp.org/publications/global-report-food-crises 2022) (접속일: 2022년 5월 31일)

Gini index, World Bank Estimate, Poverty and Equity Database. (접속일: 2021년 9월 30일)

Gini Index, World Bank Indicators (https://data.worldbank.org/indicator/SI.POV.GINI? (접속일: 2022년 9월 15일)

Poverty headcount ratio, World Development Indicators(WDI). (접속일: 2021년 9월 30일)

World Inequality Database: Home - WIDhttps://wid.world (접속일: 2022년 5월 31일)

Chapter 03

글로벌 빈곤과 건강

이서현

| 글로벌 빈곤과 건강

이서현

Ⅰ. 건강과 질병, 그리고 빈곤

1. 건강을 정의하기

우리가 일상적인 활동을 하고, 또 미래를 계획하며 다양한 목표들을 성취해나가는 과정에서 반드시 필요한 것들 중 하나를 꼽자면 건강을 빼놓을 수 없을 것이다. 그렇다면 건강이라는 것은 무엇을 의미할까? 이 책을 읽는 독자들이 각자 정의하는 건강은 어느 정도 공통적인 특징을 갖기는 하겠지만 완전히 똑같은 말로 건강을 정의하는 경우는 거의 없을 것이다. 예를 들면 몸이 아프지 않고, 활기찬 상태, 스트레스나 불편함으로부터 자유로운 상태 등등 건강이라는 개념은 포괄적인 의미를 지닌다. 사실상 모두가 합의할 수 있는 건강에 대한 정의를 내리기란 쉽지 않다. 그 이유를 설명하자면 두 가지 정도를 들 수 있다. 첫 번째 이유는 건강이 연속적인 현상이며 한 사람에게서도 지속적으로 그 상태가 변하는 특징을 가지고 있기 때문이다. 건강이 아예 부재한 상태, 즉 죽음이라는 것은 상대적으로 정의내리기 쉬울 수 있지만 그에 반대되는 완전한 건강이라는 상태는 정의하기가 어렵다. 한 사회 안에서 대다수의 사람들은 죽음과 완전한 건강 그 사이 어딘가의 상태에 존재하고, 또 매일 조금씩 그 상태는 변하고 있다. 건강을 정의하기 어려운 두 번째 이유는 건강이 여러 가지 구성 요소를 포함한다는 점에서 찾을 수 있다. 다리가 아프지 않아서 잘 걷고, 뛸 수 있는 상태 한 가지만으로 건강을 정의할 수 없다는 것은 쉽게 이해할 수 있을 것이다.

이렇게 한 마디로 정의하기 어려운 건강에 대해 설명해보려는 시도들은 꾸준히 있었다. 먼저 세계보건기구가 설립된 1948년에 내놓은 건강의 정의는 여전히 자주 인용되곤 한다. 세계보건기구에 따르면 건강이란 질병이나 신체적 쇠약으로부터 자유로운 상태뿐만 아니라 신체적, 정신적, 사회적으로 완전한 웰빙(well-being)의 상태이다(WHO, 2020). 이러한 정의를 비판한 학자도 있는데, 후버(Huber)는 두 가지 측면에서 세계보건기구의 건강에 대한 정의는 문제가 있다고 지적한다. 첫째, "완전한"이라는 단어는 우리 대대수가 거의 모든 순간 건강하지 못하다고 정의하며, 이에 따라 과도하게 우리 사회를 의료화(medicalization)하려는 경향이 생기게 된다(Huber et al., 2011). 예를 들면 새로운 진단검사 기술은 이전에는 질병으로 정의되지 않았던 상태를 비정상이라고 정의하며, 의학에 대한 높은 의존도와 과잉의 위험을 양산할 수 있다는 것이다. 둘째, 영양, 식수, 위생이 많이 개선됨으로써 실제 질병부담의 양상이 만성질환으로 상당 부분 이전되었지만 1948년 세계보건기구의 이러한 정의는 만성질환이나 장애를 가지고 살아가는 사람들을 무조건 건강하지 못한 것으로 정의한다. 이러한 논점을 근거로 후버는 건강이란 신체적·정신적·사회적으로 적응하고 스스로 관리할 수 있는 능력이라고 정의할 것을 제안했다.

건강을 정의하고자 시도한 또 다른 학자인 시드하우스(Seedhouse)는 건강이 바람직한 상태, 사회적 활동을 가능하게 하는 기능적인 측면, 구매나 수여가 가능한 상품으로서의 가치, 그리고 개인의 신체적 혹은 정신적 능력의 의미가 있다고 설명했다(Seedhouse, 2001, 41; 김창엽, 2019, 230). 또한 생의학적(Biomedical) 시각에서 건강을 설명하려는 학자들은 한 개인의 신체가 생물학적으로 정상의 범위에서 벗어난 상태를 질병으로 정의하며 의학, 기술적 개입을 통해 해결해야 할 문제로 정의한다(Birn et al., 2017, 90; 김창엽, 2019, 231). 이 역시 정상의 범위가 어떤 것인지 정해야 하는 어려운 과제가 여전히 해결되지 않긴 하지만 생의학적 시각은 의학 분야에서 주류 이론으로 논의되어 왔다.

생의학적 시각과 대조되는 규범주의는 건강을 객관적으로 측정하거나 관찰해야 할 것이 아니라, 달성해야 할 여러 목표들 중 하나로 정의한다. 이 시각에서는 개인에 따라 달성해야 할 목표가 다르다는 것을 인정하고, 건강의 양상이 다양할 수 있음을 설명한다. 노덴펠트(Nordenfelt)는 이러한 규범주의적 시각을 '총체적 건강이론'이라 정의하고 생존뿐만 아니라 삶의 질이나 복지도 건강의 영역에 포함된다고 주장했다(Nordenfelt, 2007; 김창엽, 2019, 231). 규범주의에 속하는 또 다른 시각으로 '환경론적 건강관'을 설명한 브레슬로(Breslow)와 푄(Pörn)은 신체적 능력뿐만 아니라 정신적, 사회적 삶의 능력을 건강의 범위로 보았다(Breslow, 1989; Pörn, 1993; 김창엽, 2019, 233). 또한 주위환경에 적응하고, 삶의 목적을 달성하기 위한 능력까지도 건강에 포함되어야 한다고 설명하였다.

그러나 지금까지 논의한 세계보건기구의 정의 및 그 대안들은 비슷한 맥락의 한계를 지닌다. 즉, 이들 정의에 따르면 건강이라는 것은 결국 개인이 가지는 특성으로 귀결되는 것처럼 보이기도 한다. 그렇기는 하지만 사회적 차원에서 건강을 논의하고, 그 대안을 모색하는 것이 필요없다고 하는 사람은 거의 없을 것이다. 예를 들면, 빈곤율이 매우 높고, 영양부족에 시달리는 사람의 비율이 높은 국가에서 영아사망률이 유독 매우 높은 현상을 설명하는 데 있어 개인적 차원을 넘어선 논의가 필요한 것처럼 말이다. 따라서 건강을 정의하기 위해서는 보다 총체적이며 넓은 시각이 요구되는데 이러한 시도가 이루어지기도 하였다. 맥카트니(McCartney)와 동료들은 건강과 건강 불평등(Inequalities)을 정의하기 위해 기존의 문헌들을 고찰하여 <표 3-1>과 같이 정리하였다(McCartney et al., 2019).

표 3-1 건강과 건강 불평등의 정의

여러 특성에 따른 건강에 대한 정의	여러 특성에 따른 건강 불평등의 정의
건강은 공통의 기준을 달성하는 것이다.	주 관심사는 건강의 차이이다.
건강은 이상적인 성과를 달성하는 것이다.	건강의 차이가 무작위(random)로 나타나는 것이 아닌, 조직적(systematic)으로 나타난다.
건강은 경험적인 것이다.	건강의 차이는 막을 수 있으며, 불필요하다.

건강은 기능하고, 참여할 수 있도록 하는 능력이다.	건강의 차이가 불공평하고 부당하다.
건강은 여러 결정요인들에 의해서 정의된다.	건강의 차이가 각 사회적 집단 간의 차이로 관찰된다.
건강은 개인적이며 인구집단 수준의 현상이다.	건강의 차이가 사회적 집단의 여러 범주들로 나뉘거나 혹은 전체 인구집단 내에서 점진적으로 나타난다.
건강은 다차원적인 현상이다.	건강의 차이는 사회적 구조와 제도에 의해 형성된 취약성에서 기인한다.
건강은 인간이 스스로의 삶에 대해 가지는 통제력으로 정의된다.	
건강은 지속가능해야 한다.	

결국, 한 집단의 건강상태는 그 집단 안에 속한 개인의 건강상태를 반영하게 될 것이다. 그리고 각 개인은 자신의 삶에서 중요한 몇 가지 가치들을 꼽을 때 건강을 우선순위에 두는 경우가 많은데, 사실 사회 전체적으로도 건강은 꽤나 높은 가치가 부여되는 경향이 있다. 왜 그럴까? 이에 대해 아마르티아 센(Amartya Sen)은 개인이 가치를 부여한 여러가지 기능(Functioning)들 중 중요한 한 가지가 건강이라고 보았다(Sen, 1999, 75). 여기서 여러 기능들을 추구할 수 있는 자유, 즉 역량이 부족한 상태는 빈곤이라고 정의되고, 건강은 하나의 기능이자 동시에 그 기능을 통해 다른 역량과 연결된다고 아마르티아 센은 설명한다(Tengland, 2020).

이처럼 건강을 정의하는 것이 복잡하고 어렵기 때문에 건강수준을 측정하는 접근법 또한 완벽한 합의에 도달하기 어렵다. 그렇지만 건강수준을 측정하는 것은 꼭 필요하고, 또 실제로 이와 관련된 다양한 시도들이 계속해서 이루어지고 있다. 그 이유는 무엇일까? 여러 이유가 있겠지만, 가장 중요한 것은 현재 수준을 파악해야 문제를 인식할 수 있게 되고, 또 사회적 개입의 필요성을 판단하여 정책적 방향을 설정하게 되기 때문일 것이다. 나아가서 정책을 이행하며, 평가하고 피드백을 환류하는 전 과정에서 건강수준에 대한 측정이 필요하게 된다. 건강수준을 측정하기 위해선 앞서 우리가 시도했던 건강에 대한 명확한 정의내리기가 필요하다. 이를 위해 먼저 두 가지 정도 질문을 해볼 수 있겠다. 첫째로는 어떤 속성이 건강을 정의하는 데 포함되어야 할 것인가의 문제이다. 통증, 걷기, 뛰기, 먹기 등의 기능, 주관적으로 본인이 느끼는 건강상태, 특정한 질병의 유무, 인지능력, 정서적 안정감, 피로감, 수면의 질 등 건강을 구성하는 속성들은 굉장히 다양할 수 있다. 두 번째 질문은 어떤 지표 혹은 점수로 건강상태를 나타낼 것인가 하는 문제이다. 예를 들면 죽음은 0점, 완전한 건강은 1점으로 두고, 그 사이 값들을 건강의 상태로 볼 수도 있을 것이다. 이 두 가지 질문에 대한 결정은 여러 합리적인 토대 아래에서 이루어지게 되겠지만 상당 부분 임의의 판단이 개입하게 된다는 것은 부정하기 어려울 것이다.

2. 국제질병부담(Global Burden of Disease) 현황

이처럼 건강을 정의하고, 그 수준을 측정하는 것은 매우 어려운 일이지만, 아주 불가능한 것만은 아니다. 예를 들면 지난 1년 간 우리나라에서 코로나19로 인한 사망률은 어느 정도나 되고, 코로나19에 감염된 사람의 수, 즉 발병률은 어느 정도인지, 혹은 현재 코로나19에 걸려있는 환자의 수, 즉 유병률은 어느 정도인지 등을 파악할 수 있는 것처럼 특정 질병에 대한 지표를 계산하는 것은 상당히 일반적이다. 그러나 이러한 건강수준 측정 방식에도 한계는 존재한다. 우선, 질병이나 상해가 하나의 병인이나 사건에 의해서만 발생하는 것으로 이해하는 것은 지나치게 단순한 관점이다. 코로나19의 예를 들면, 물론 코로나19바이러스가 가장 중요한 병인이긴 하지만, 이 질병으로 인해 만약 우울감이 지속되면 다른 건강의 문제를 겪게 될 가능성도 있을 수 있고, 특히 코로나19로 인한 사망률, 유병률 혹은 발병률과 같은 지표는 이 질병을 앓고 난 뒤의 상태를 반영하기 어렵다는 문제점이 있다. 따라서 이를 반영하기 위한 시도로 장애보정생존년수, 즉 DALY (Disability-Adjusted Life Years)라는 지표가 개발되어 널리 사용되기도 하였다. DALY는 YLL(Years of Life Lost)과 YLD(Years Lived with Disability)의 합으로 이루어지는데 여기서 YLL이란 조기사망으로 인해 손실된 연수를 말하고, YLD란 장애로 인해 손실된 연수를 가리킨다. 예를 들어 임의로 정해지는 기대수명이 70세인 경우, 특정 질병으로 인해 평균적으로 60세에 사망한다면, YLL은 70 빼기 60, 즉 10이 되고, YLD는 이 질병이 가져오는 장애의 종류나 심한 정도에 따라 가중치를 주어 계산하게 된다. 이 가중치를 산출하는 방식에 대해서는 여기서 자세히 설명하지는 않겠지만 어쨌든 장애의 종류나 그에 따른 중증도라는 것을 명확히 정해야 하는 어려움이 있다는 것 정도를 이야기할 수 있을 것이다.

지금까지 설명한 DALY는 각 질병에 따른 부담의 정도를 나타내는 지표로 세계보건기구 등이 활용해 왔다. 아래 <그림 3-1>에서는 여러 질병의 범주를 세 가지로 구분한 뒤, 각 질병부담을 DALY로 측정하여 그 순위를 1위부터 10위까지 표시한 것을 볼 수 있다. 전 세계 남녀 모두를 기준으로 1990년도 순위와 2019년도 순위에서 감염성, 모성, 신생아, 영양 관련 질병은 그 비중이 줄어든 것을 확인할 수 있다. 이와는 대조적으로 소득이나 교육수준 등 인구사회학적 지표가 낮은 국가들의 경우에는 2019년도에도 여전히 감염성, 모성, 신생아, 영양 관련 질병에 대한 부담이 높은 순위를 차지하고 있음을 확인할 수 있다.

그림 3-1 DALY로 바라본 국제질병부담

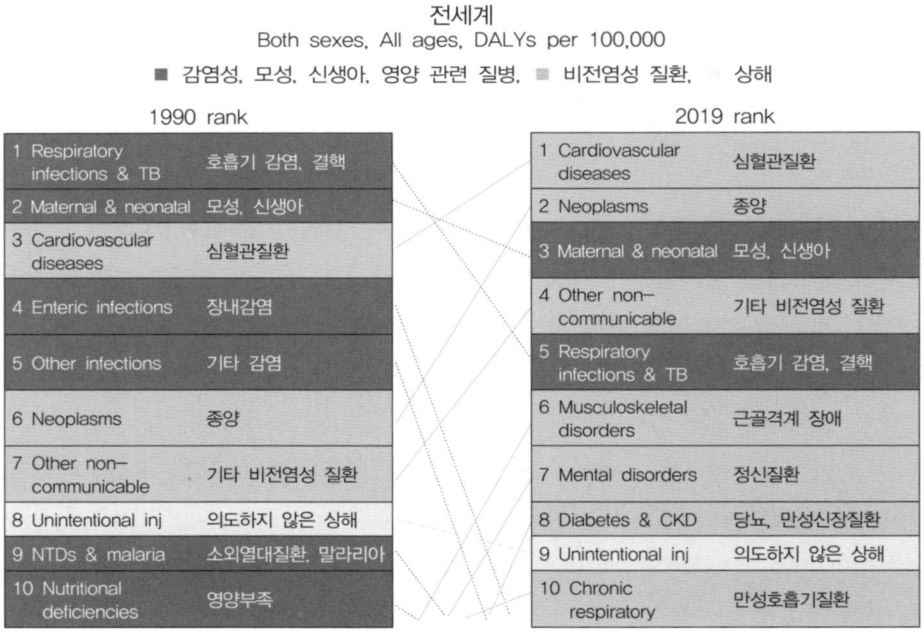

전세계
Both sexes, All ages, DALYs per 100,000
■ 감염성, 모성, 신생아, 영양 관련 질병, ■ 비전염성 질환,   상해

1990 rank		2019 rank	
1 Respiratory infections & TB	호흡기 감염, 결핵	1 Cardiovascular diseases	심혈관질환
2 Maternal & neonatal	모성, 신생아	2 Neoplasms	종양
3 Cardiovascular diseases	심혈관질환	3 Maternal & neonatal	모성, 신생아
4 Enteric infections	장내감염	4 Other non-communicable	기타 비전염성 질환
5 Other infections	기타 감염	5 Respiratory infections & TB	호흡기 감염, 결핵
6 Neoplasms	종양	6 Musculoskeletal disorders	근골격계 장애
7 Other non-communicable	기타 비전염성 질환	7 Mental disorders	정신질환
8 Unintentional inj	의도하지 않은 상해	8 Diabetes & CKD	당뇨, 만성신장질환
9 NTDs & malaria	소외열대질환, 말라리아	9 Unintentional inj	의도하지 않은 상해
10 Nutritional deficiencies	영양부족	10 Chronic respiratory	만성호흡기질환

소득, 교육수준 등 인구사회학적 지표가 낮은 국가들
Both sexes, All ages, DALYs per 100,000

1990 rank

1 Respiratory infections & TB	호흡기 감염, 결핵
2 Enteric infections	장내감염
3 Maternal & neonatal	모성, 신생아
4 Other infections	기타 감염
5 NTDs & malaria	소외열대질환, 말라리아
6 Nutritional deficiencies	영양부족
7 Other non-communicable	기타 비전염성 질환
8 Cardiovascular diseases	심혈관질환
9 HIV/AIDS & STIs	HIV/AIDS, 성매개감염병
10 Unintentional inj	의도하지 않은 상해

2019 rank

1 Maternal & neonatal	모성, 신생아
2 Respiratory infections & TB	호흡기 감염, 결핵
3 Enteric infections	장내감염
4 NTDs & malaria	소외열대질환, 말라리아
5 Other non-communicable	기타 비전염성 질환
6 Cardiovascular diseases	심혈관질환
7 Other infections	기타 감염
8 HIV/AIDS & STIs	HIV/AIDS, 성매개감염병
9 Nutritional deficiencies	영양부족
10 Neoplasms	종양

소득, 교육수준 등 인구사회학적 지표가 높은 국가들
Both sexes, All ages, DALYs per 100,000

1990 rank

1 Cardiovascular diseases	심혈관질환
2 Neoplasms	종양
3 Musculoskeletal disorders	근골격계 장애
4 Other non-communicable	기타 비전염성 질환
5 Mental disorders	정신질환
6 Unintentional inj	의도하지 않은 상해
7 Neurological disorders	신경질환
8 Chronic respiratory	만성호흡기질환
9 Transport injuries	교통사고 상해
10 Digestive diseases	소화기 질환

2019 rank

1 Neoplasms	종양
2 Cardiovascular diseases	심혈관질환
3 Musculoskeletal disorders	근골격계 장애
4 Mental disorders	정신질환
5 Neurological disorders	신경질환
6 Other non-communicable	기타 비전염성 질환
7 Diabetes & CKD	당뇨, 만성신장질환
8 Unintentional inj	의도하지 않은 상해
9 Chronic respiratory	만성호흡기질환
10 Substance use	약물남용

출처: IHME, GBD Compare, 2022, https://vizhub.healthdata.org/gbd-compare/를 바탕으로 저자 재구성

놀라운 것은 소득이나 교육수준 등 인구사회학적 지표가 높은 국가들만을 모아놓고 질병부담의 비중이 높은 질병들을 1위부터 10위까지 순위를 매기게 되면, 감염성, 모성, 신생아, 영양 관련 질병은 전혀 포함되어 있지 않았음을 알 수 있다. 1990년이나 2019년 모두 마찬가지다. 국제질병부담의 현황을 우리는 어떻게 바라볼 수 있을까? 왜 감염성, 모성, 신생아, 영양 관련 질병 부담이 특정 국가들에서만 큰 비중을 차지할까? 이 장에서 이에 대한 답을 찾아가는 시간이 되길 바란다.

3. 빈곤의 질병

우리는 코로나19라는 신종감염병의 위기를 맞닥뜨리고 난 뒤 많은 변화를 겪게 되었다. 다행히도 코로나19 대유행이 시작된 이후로 약 1년여 만에 예방 백신이 개발되어 많은 나라에서 예방접종이 시작되었다. 보통 백신 개발과 보급의 전 과정이 평균적으로 10년 정도 걸린다고 보고되고 있으니 굉장히 이례적인 일이라고 할 수 있다. 사안의 시급성과 파급효과 등을 고려할 때 마땅히 그럴만한 결과라고 생각하는 사람들도 있을 것이다. 그런데 열대 지역, 중저소득국가에 거주하는 사람들이 많이 걸리고 1년에 약 63만 명 정도의 목숨을 앗아가는 것으로 알려진 말라리아의 경우, 백신 개발에 얼마나 오랜 시간이 걸렸을까(WHO, 2022)? 놀랍게도 100년이 넘는 시간 동안 세계보건기구에서 승인한 말라리아 백신은 없었다. 말라리아와의 긴 전쟁 끝에 2021년 10월, 세계보건기구는 말라리아 예방 효과가 있다고 판단한 백신을 최초로 승인하게 되었다. 전 세계를 두려움에 떨게 한 코로나19와 달리 말라리아로 인한 사망의 절반 정도는 아프리카의 중저소득국가에서 발생하고 있다는 것을 고려할 때, 말라리아 백신 개발이 조금 더 앞당겨질 수는 없었을까 생각해보게 된다.

그렇다면, 빈곤한 상태의 사람들이 더 많이 걸리는 질병도 있을까? 사실 전 세계에서 가장 가난한 사람들에게 주로 발병하는 감염병들을 한데 모아 부르는 질병의 명칭도 있다. 바로 소외열대질환이라는 것인데 영어로는 NTD(Neglected Tropical Disease)라고 부른다. 여기서 소외라는 말은 무시해도 될 정도로 적은 빈도로 발생한다는 의미라기보다는, 국제사회로부터 상대적으로 관심을 덜 받았다는 의미에서 쓰이게 된 표현이다. 특히 소외열대질환에 속하는 여러 감염병들을 예방하고, 치료하기 위한 효과적인 방법들은 대부분 이미 개발되어 있다는 점을 주목해볼 필요가 있다. 특히 많은 경우, 깨끗한 물과 위생시설을 갖춘 환경에서는 상당 부분 피할 수 있는 질병들이라서 소위 고소득국가에서는 보기 힘든 질병들이다.

그림 3-2   방글라데시의 림프사상충증 환자

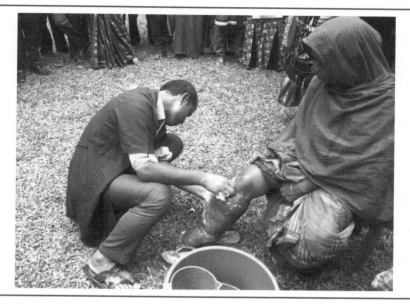

출처: CDC Global, Lymphatic filariasis in Bangladesh, US CDC, 2014.06.22., https://www.flickr.com/photos/cdcglobal/34559500105

<그림 3-2>는 일명 코끼리피부병이라고 불리는 질병인 림프사상충증 치료를 받고 있는 환자의 모습이다. 모기에 의해 기생충에 감염된 사람의 림프관이 막혀서 다리가 붓고 피부가 딱딱해지는 증상을 겪게 되는 무시무시한 질병이다. 이 질병을 예방하기 위한 약물치료도 개발되어 있고, 무엇보다 모기 서식지를 통제하여 안전한 환경을 조성할 경우 상당 부분 예방이 가능한 질병임에도 불구하고, 여전히 많은 사람들이 이 질병으로 고통을 받고 있다.

앞서 논의한 말라리아 백신과 소외열대질환이라는 주제를 잘 설명한 표현이 있다. 바로 10/90 격차라는 말이다. 이는 전 세계 90% 인구에 영향을 미치는 질

병들에 대해 국제보건 연구 재원 전체의 10%만 투입되고 있다는 것을 설명하는 개념이다(Vidyasagar, 2006). 이 개념이 논의되던 2005년경에 비해 상황이 많이 달라지긴 했지만 여전히 이러한 격차를 줄이기 위해 나아가야 할 길이 멀다고 할 수 있다. 또 빈곤의 감염병(Diseases of Poverty)이라는 명칭의 학술지가 등장하기도 하였는데, 이 학술지는 소외열대질환이나 말라리아 등 빈곤층이 주로 겪는 감염병들에 대한 연구 결과를 보급하고자 하였다(Wang et al., 2017). 이는 감염병의 발생 역학을 빈곤이라는 사회적 현상과 연결하여 설명하려는 시도라고 볼 수 있다.

지금까지 우리는, '건강과 질병, 그리고 빈곤'을 주제로 건강을 정의하기 위한 논의, 국제사회의 질병부담 현황 비교, 그리고 빈곤의 질병에 대한 이야기를 해보았다. 요약하자면 건강을 한 마디로 정의하기란 쉽지 않기 때문에 그 측정도 어렵다는 것, 그럼에도 불구하고 특정 질병들의 부담 수준을 측정하고 국가별로 비교해 보려는 시도가 있었으며 질병은 빈곤과 연결되기도 한다는 것을 생각해볼 수 있다.

Ⅱ. 질병을 이해하는 세 가지 접근법

이 절에서는 '질병을 이해하는 세 가지 접근법'에 대해 다뤄보고자 한다. 질병의 원인을 탐색하는 여러 시각들 중 생의학적 접근, 행동 혹은 생활방식 접근, 건강의 사회적 결정요인을 중심으로 자세히 살펴볼 것이다.

1. 생의학적(Biomedical) 접근

질병의 주요한 원인을 찾는 것은 분명 의학적 전문성과 지식을 요구할 것이다. 물론 질병의 종류에 따라 주된 발병 원인은 제각각이겠지만 코로나19를 한 번 예로 들어 생각해보도록 하자. 먼저 우리 몸이 바이러스에 감염되는 것이 주요 원인이라는 데서 생각을 시작해볼 수도 있고, 아니면 코로나19가 유행하는 상황에서 마스크를 제대로 착용하지 않거나 백신접종을 거부하는 등 개인의 부주의한 행동이 주요 원인이라고 생각하는 사람도 있을 것이다. 또는 거리두기를 하기 어려운 근로 환경이나 생활방식, 사회경제적인 여건 등을 생각하는 입장도 있다. 이러한 세 가지 입장 중에 첫 번째 시각, 그러니까 바이러스에 감염된 우리 몸에 집중하는 시각이 바로 생의학적(Biomedical) 접근이다. 생의학적 접근은 우리 몸을 마치 미세한 부품들로 이루어진 기계와 같다고 인식한다(Birn et al., 2017, 90). 기계가 정해진 방식에 따라 작동되는 과정에서 오류가 나는 것, 이것을 질병이 발생하는 기전이라고 보는 것이다. 특히 부스(Boorse)라는 학자는 질병이란 정상적 기능이 훼손된 상태라고 인식하였고, 건강이란 즉 질병이 없는 상태를 가리킨다고 주장한다(Boorse, 1997, 8; 김창엽, 2019, 231). 따라서 생의학적 접근에 따르면 질병이라는 오류를 해결하기 위해서 기술적인 조정 과정이 개입되어야 한다는 것이다. 의학기술이 발전되는 과정에서 생의학적 접근에 더 많은 힘이 실리게 되었다는 것은 쉽게 이해할 수 있을 것이다.

생의학적 접근은 우리 몸의 병리적 변화를 발견하고, 그것의 해결 방안을 모색함으로써 질병을 고치려는 꽤나 과학적으로 보이는 시도이기는 하지만 한계도 분명 존재한다. 먼저, 사람의 정서적·심리적·정신적 변화의 복잡한 양상을 충분히 설명하기는 어렵다는 점을 들 수 있다. 또한 질병의 경험이 반드시 생의학적 변화와 일치하지는 않는다는 점도 생의학적 접근의 한계다. 예를 들면 우리 몸에서는 분명히 세포나 조직의 병리학적 변화가 관찰되었는데, 질병이라고 할 정도의 뚜렷한 증상이나 불편감을 느끼지 못한다면 이것을 과연 질병이라고 할 수 있을 것인가 하는 문제이다(김창엽, 2019). 혹은 뚜렷한 증상이나 불편감을 느끼고 있음에도 불구하고, 명확한 의학적 진단이 어려운 경우도 있을 수 있다는 것을 생각해볼 수 있다.

콜레라라는 질병은 어떤 경로로 감염되는 질병일까? 생의학적 관점에서 설명하자면 우리 몸이 오염된 물이나 음식 등을 통해 콜레라균에 감염되어 발생하는 질병이라고 볼 수 있다. 그런데 아주 오래전에는 콜레라가 미아즈마(Miasma)라고 불리는 아주 나쁜 공기를 통해서 전염된다고 믿었던 사람들도 있었다(Farmer et al., 2013, 50). 이는 고대 그리스에서 오염의 의미를 지닌 미아즈마라는 개념에서부터 출발했는데, 이 학설은 물론 모두 틀린 것으로 규명되긴 했다. 이 주장은 꽤나 오랫동안 많은 전염병의 원인이 된다는 정설로 받아들여졌다는 것이 참 재미있다. 미아즈마 이론이 잘못되었다는 것에 대한 결정적인 근거를 제시한 학자는 바로 존 스노우(John Snow)라는 사람이다. 그는 마취과 의사이자 역학조사관으로서 1854년 당시 런던 콜레라 대유행의 원인을 찾고자 하였다. 미아즈마 이론에 대해 의심을 갖고 있던 스노우는 그 지역에 사는 사람들과 이야기하면서 콜레라의 근원지가 지역사회의 많은 사람들이 이용하는 공공수도시설이라는 것을 밝혀냈다. 그는 <그림 3-3>에서 보는 것과 같은 콜레라 발생 지도를 손수 그려서 콜레라가 공공수도시설을 중심으로 퍼져나간다는 것을 보여주었다.

그림 3-3 John Snow의 콜레라 발생 역학조사

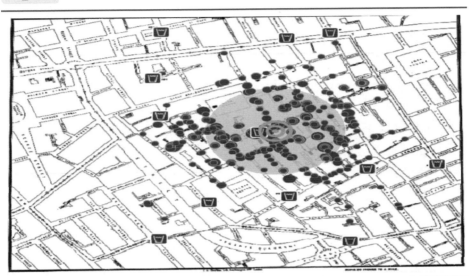

출처: John Snow's Map, https://www.arcgis.com/apps/PublicInformation/index.html?appid
=d7deb67f810d46dfacb80ff80ac224e9

그의 주장 덕분에 공공수도시설은 바로 폐쇄가 되었고, 콜레라의 유행은 그 기세가 꺾이게 되었다. 흥미롭게도 스노우 본인은 수도시설이 폐쇄되기 이전부터 이미 콜레라가 감소하는 추세에 접어들었다고 주장하기도 하였다. 스노우의 이러한 일화는 생의학적 접근의 중요성 그 자체뿐만 아니라 우리가 일상생활에서 하는 행동이나 마주하는 환경도 중요한 질병의 근원으로서 주목해야 한다는 것을 일깨워준다.

2. 행동/생활방식(Lifestyle) 접근

앞서 논의한 것처럼, 질병의 근원을 찾아가는 과정에서 우리는 일상적으로 하

는 행동이나 선택도 건강에 중요한 영향을 끼친다는 것을 알 수 있다. 이러한 시각이 바로 행동 혹은 생활방식 접근이다. 이 접근은 건강하거나 건강하지 못한 상태는 개인이나 그가 속한 가정의 행동 처신, 신념에서 비롯된다고 주장한다(Birn et al., 2017, 91). 바람직한 건강상태가 무엇인지 합의하는 것은 앞 절에서 살펴본 것처럼 쉽지 않은 일이지만 어찌되었든 각자 이상적인 건강 목표를 달성하기 위해서 개인이 노력해야 한다는 것이다. 이러한 시각에서는 정상적, 혹은 바람직하다고 여겨지는 행동과 그렇지 못한 행동을 구분하고, 바람직한 행동의 실천을 강조한다. 쉽게 말해서 일상 생활 중에 열심히 운동하는 것을 바람직한 것으로, 흡연하는 것을 건강에 해로운 것으로, 또 건강한 식단을 지키는 것과 패스트푸드를 즐기는 것을 이분법적으로 설명하면서 이런 습관은 철저히 개인의 선택과 실천에 달려있다고 보는 것이다.

행동 혹은 생활방식 접근은 분명 한계도 존재한다. 먼저 질병을 다루는 데 있어서 보건의료전문가의 관리나 통제와 대비되는 무기력한 개인을 부각한다는 점을 생각해볼 수 있다. 또한 개인이 경험하는 일상 생활들의 맥락을 깊이 있게 고려하지 못하는 탈맥락화의 가능성이 있다는 것, 그리고 사회문제로서의 건강 문제에 대한 관심이 탈정치화될 수 있는 근거를 마련한다는 점에서 한계를 찾아볼 수 있다. 다시 말해 건강의 문제를 개인의 잘못으로 귀결시키는 일종의 희생자 탓하기를 위해 이 접근법이 활용될 수 있다는 것이다. 한 가지 더 덧붙인다면 행동이나 생활방식만으로는 설명되지 않는 다양한 질병의 양상들을 빼놓을 수 없을 것이다. 예를 들면 '일생 동안 흡연을 단 한 번도 하지 않았고, 간접흡연에도 거의 노출 되지 않은 사람은 폐암에 걸릴 확률이 전혀 없는 것인가'라는 질문에 행동 혹은 생활방식 접근은 쉽게 답을 할 수 없다는 것이다.

실제로 여러 빈곤국의 건강문제를 해결하기 위한 시도로 행동 혹은 생활방식 접근이 활용되어 왔다. 그 대표적인 예가 가족계획 프로그램이다. 높은 출산율, 어린 나이에 경험하는 출산, 지나치게 짧은 출산 간격 등은 여성의 건강에 무리가 될 뿐만 아니라 다양한 사회경제적 파급효과를 가져온다. 따라서 원하는 시기, 적정한 출산 간격과 횟수를 잘 결정하도록 해서 개인의 행동 변화를 이끌어내기 위한 가족계획 프로그램은 행동 혹은 생활방식 접근에 주목한 전략이라고 할 수 있다. 행동 변화를 위해서 <그림 3-4>에 보이는 것과 같이 상담이나 교육, 메시지 전달과 같은 다양한 채널을 활용하는 것이다. 행동 혹은 생활방식 접근에 주목한 전략은 개인의 지식과 태도, 궁극적으로는 실천의 영역에서 변화를 유도함으로써 바람직한 건강상태를 달성하는 것을 목표로 한다.

그림 3-4   캄보디아에서의 가족계획 상담

출처: ILO Asia-Pacific, Family planning counseling in Cambodia,
       https://www.flickr.com/photos/iloasiapacific/7683065936

3. 건강의 사회적 결정요인

지금까지 우리는 질병의 근원을 찾아가는 여러 접근법들 중 우리 몸의 병리학적 변화에 주목하는 생의학적 접근과 우리의 행동이나 생활방식에 주목하는 접근, 두 가지를 살펴보았다. 이번에는 조금 더 거시적인 차원에서 생각을 해보고자 한다. 세계보건기구는 건강에 영향을 미치는 조건들을 설명하는 데 있어 개인이 가진 특성 그 자체 뿐만 아니라 전 생애에 걸쳐 우리가 살아가는 환경에 주목하였다. 이른바 건강의 사회적 결정요인(Social Determinants of Health, SDoH)이라는 개념으로 이러한 시각을 설명한 것이다. 인간이 태어나서, 성장하고, 노동하며 생활하고, 노화되는 전 과정에서 주어진 조건들이 건강의 사회적 결정요인이라고 보는 것이다(WHO).

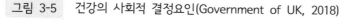
그림 3-5   건강의 사회적 결정요인(Government of UK, 2018)

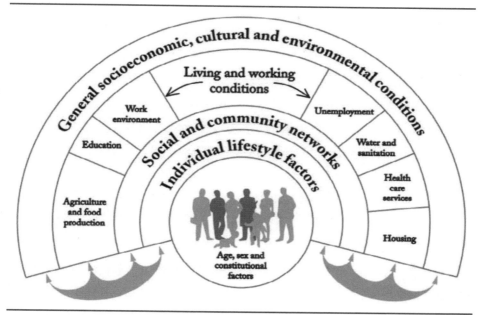

출처: Government of UK. https://www.gov.uk/government/publications/health-profile-for-england-2018/chapter-6-wider-determinants-of-health

<그림 3-5>는 건강의 사회적 결정요인을 도식화한 것이다. 가장 중심에 있는 부분은 개인 고유의 특성, 예를 들면 나이나 성별, 체질과 같은 요인을 나타내고 있다. 중심 원에 바로 인접해 있는 부분은 앞서 다룬 행동이나 일상 생활 방식이고, 그 바로 위에는 사회적 네트워크, 쉽게 말해 우리가 살아가면서 타인과 상호작용하고, 관계 맺는 전 과정에서 형성되는 네트워크다. 한 단계 위에 설명되어 있는 부분은 삶과 노동의 조건들을 보여주고 있다. 왼쪽 하단부터 살펴보면 농업과 식량의 생산, 교육, 근로 환경, 실직 또는 고용, 물과 위생, 보건의료서비스, 주거 환경 등이 설명되어 있다. 이러한 삶의 조건들은 다시 사회경제적, 문화적, 환경적 조건 하에 형성되는 것이라고 설명할 수 있다. 흡연의 예를 다시 생각해보면, 앞서 이야기를 나눴던 행동 또는 생활방식 접근에 따라 개인이 흡연이라는 행

동을 하는 행위 그 자체가 건강에 영향을 미치는 중요한 요소라고 볼 수도 있다. 하지만 건강의 사회적 결정요인에 따르면, 흡연을 부추기는 환경에의 노출, 예를 들면 빈곤이나 주변 사람들과의 관계, 특정 근로 환경이나 문화 등 사회경제적인 맥락까지도 고려해야 한다는 것이다. 여기서 한 단계 더 나아가 최근에는 생활습관이 주요 원인이 되는 여러 만성질환이 높은 질병부담을 차지하는 맥락에서 건강의 상업적 결정요인(Commercial determinants of Health, CDoH)이라는 개념도 대두되었다. 이는 사회적으로 구성된 개인의 선택이 상업적 이익과 맞물려 건강에 영향을 미치는 현상을 가리키며, 대표적으로 담배, 음주, 식습관 등으로 인한 건강문제를 예로 들 수 있다(de Lacy-Vawdon & Livingstone, 2020).

건강의 사회적 결정요인은 질병을 개인의 탓으로만 귀결시키기보다는 이상적이지 않은 건강상태에 대한 근원을 좀 더 다방면으로 찾고자 한다는 점에서 장점이 있긴 하지만 한계도 물론 있다. 건강의 사회적 결정요인이라는 접근법은 생물학적 결정요인에 주목하는 접근법에 비해 지식과 정보가 부족한 편이다(김창엽, 2019). 쉽게 말해 코로나19라는 질병을 생의학적 관점에서 설명하기 위해서는 보건의료 기관에 진단검사를 의뢰하고 결과를 받기까지 이제 하루, 더 간단하게는 자가키트를 통해 단 몇 분 정도면 가능해졌지만, 사회적 결정요인과 코로나19의 관련성을 밝히기는 것은 그 정도로 간단하지 않다는 것이다. 사회적 결정요인과 코로나19의 관련성을 설명하기 위해서는 개개인의 생애 또는 일상의 경험을 개념적, 총체적으로 종합하여 지식으로 정리하는 작업이 필요하다.

또한 개인이나 주변인들의 질병 경험이 생물학적 요인으로 더 잘 설명되는 경향이 있기 때문에 우리는 이러한 생물학적 요인에서 질병의 근원을 찾는 것에 더 익숙하다. 예를 들면, 비슷한 연령대, 성별, 환경의 두 사람이 비슷한 빈도와 양의 흡연을 하였을 때, 한 사람은 폐암에 걸리게 된 반면, 나머지 한 사람은 비교적 건강한 노년기를 보내게 된 가상의 사례를 생각해보도록 하자. 이 경우에는 개인이 흡연을 부추기는 환경에 노출된 맥락, 그래서 흡연이라는 행동을 습관으로 삼게 된 개인의 결정보다는 유전이나 체질적인 요인, 저항력과 같은 생물학적인 요인이 폐암이라는 질병의 원인으로서 더 잘 부합되는 것으로 생각할 수 있다(김창엽, 2019, 242).

건강의 사회적 결정요인은 이처럼 생의학적 접근에서 강조하는 생물학적 요인

이외에도 개인을 둘러싼 일상생활이나 사회적 관계, 또 삶의 환경 등을 두루두루 살펴보고 질병의 원인과 그 대응전략을 탐색하고자 한다. 코로나19의 예방을 위한 백신이 개발되기 이전에, 그리고 물론 그 이후에도 우리가 경험한 감염병 확산 방지 전략을 생각하면 쉽게 이해해볼 수 있다. 증상이 있거나 감염자와 접촉이 의심될 경우 자가격리하며 일상생활을 관리하고, 마스크를 착용하도록 하거나 국경을 통제하는 것, 집회나 모임을 자제하고 대중교통 운영시간을 조정하거나 학교 또는 직장 내에서 새로운 규칙을 준수하도록 하는 것은 우리의 일상생활에 많은 변화를 가져온다. 한편 이러한 일상생활에 도입된 새로운 규칙을 실천하는 개인의 행동변화 그 자체도 중요하고, 나아가 빈곤이나 직업적 특성, 문화 등 다양한 이유로 이러한 행동변화가 어려운 개인과 특정 집단의 사정을 살피는 것도 코로나19 대응전략의 중요한 부분을 차지한다.

그렇다고 해서 바이러스에 감염된 우리 몸의 병리학적 기전에 대해 연구하고, 그 원인을 찾아 의학적 치료나 예방을 위해 개입하는 것을 소홀히 해도 된다는 것은 아니다. 코로나19 백신접종, 약물 그리고 입원치료 역시 건강의 사회적 결정요인을 고려한 전략들과 함께 코로나19 대응전략에서 상당히 큰 비중을 차지한다. 중요한 것은 이러한 의학적 개입도 건강의 사회적 결정요인을 고려하지 않을 수 없다는 것이다. 백신을 거부하는 집단의 행동을 설명하는 건강의 사회적 결정요인을 탐색하거나, 아무리 백신접종을 하고 싶어도 백신에 대한 접근성이 현저히 낮은 최빈국에 대한 해결책을 마련하고자 할 때 생의학적 접근이나 개인의 행동 혹은 생활방식만으로는 해결되지 않는 부분이 있다는 것을 잘 알 수 있을 것이다.

여기에 덧붙여 한 국가의 보건의료체계가 잘 작동해야 하며, 또한 보건당국뿐만 아니라 사회 전 분야에 걸친 협력이 반드시 뒷받침 되어야 앞에서 말한 코로나19 대응전략이 그 목표를 잘 달성할 수 있다는 것을 기억해야 할 것이다. 마치 코로나19 대응전략으로 학생들의 교육을 비대면 수업으로 조정하는 과정에서 보건당국이 교육당국과 협의를 거치고, 사회적 합의를 이루어야 하는 것처럼 말이다.

지금까지의 논의를 종합해보면, 질병을 이해하는 세 가지 접근법 모두 어느 한 가지만으로는 완벽할 수 없고, 서로 보완적이라는 것이다. 유전과 같이 생물학적 요인을 강조하는 생의학적 접근만으로는 세상의 모든 질병을 설명할 수 없고, 마찬가지로 생의학적 접근을 완전히 배제한 채 개인의 행동이나 건강의 사회적 결정요인만으로 모든 질병을 설명할 수는 없는 것이다. 또한 어떠한 접근을 강조하느냐에 따라 질병이나 건강 문제에 대한 전략의 방향성이 상당 부분 영향을 받는 다는 것을 알 수 있다.

이어지는 다음 절에서는 '빈곤국의 건강문제, 그 대안 찾기'라는 주제로 이 절에서 다룬 세 가지 접근을 적용하여 빈곤국의 건강문제를 해결하고자 하는 전략들을 살펴볼 것이다.

Ⅲ. 빈곤국의 건강문제, 그 대안 찾기

이 절에서는 앞서 다뤘던 질병을 이해하는 세 가지 접근법에 기반하여 '빈곤국의 건강문제, 그 대안 찾기'에 대해 논의하고자 한다. 세 가지 접근법, 즉 생의학적 접근, 행동 혹은 생활방식 접근, 건강의 사회적 결정요인을 중심으로 빈곤국의 건강문제 중 한 가지 주제에 대한 대안들을 찾아가보도록 할 것이다.

1. 모자보건 사례

빈곤국의 여러 가지 건강문제들 중 우리는 모자보건이라는 이슈를 생각해보려고 한다. 실제로 모자보건은 빈곤퇴치와 개발에 있어서 굉장히 중요한 것으로 알려져 있다. 어떠한 맥락에서 모자보건 이슈가 주목을 받게 되었는지 살펴보도록 하자. 지난 2000년에 국제사회는 전 세계의 절대적 빈곤을 퇴치하고, 개발의 여러 목표들을 달성하기 위해 몇 가지 의제들을 설정하였는데, 최종적으로는 이 목표들을 유엔 새천년정상회의에서 채택하였다. 이것이 일명 새천년 개발목표 혹은 Millennium Development Goals라고 불리는 8가지 목표다.

| 그림 3-6 | 새천년개발목표 8가지(UN, 2015) |

출처: UN, Millennium Development Goals, https://www.un.org/millenniumgoals/ 바탕으로
저자 재구성

　<그림 3-6>과 같이 8개의 목표 중 1번은 빈곤퇴치, 2번은 보편적인 초등
교육 달성, 3번은 성평등과 여성의 권한 강화, 4, 5, 6번은 모두 건강과 관련된
목표다. 여기에 7번 환경, 8번 개발을 위한 국제적 파트너십이 더해진 것이 새천
년개발목표의 골자다. 8개 중에 3개가 건강이라는 한 가지 이슈를 집중적으로 다
룬다는 것을 보면, 건강이 빈곤퇴치와 국제개발에 있어서 정말 중요한 부분을 차
지한다는 것을 알 수 있을 것이다. 구체적으로 어떤 건강의 목표를 다루는지를 살
펴보면, 4번은 아동사망률의 감소, 5번은 모성사망의 감소, 6번은 HIV/AIDS, 말
라리아 등과 같은 주요 감염병들의 퇴치를 목표로 한다. 이러한 목표들의 내용을
보면, 여러 건강 문제 혹은 질병들 중에서도 빈곤국이 가장 시급하게 해결해야 할
목표들이 무엇인지를 알 수 있을 것이다. 아동사망률과 모성사망률, HIV/AIDS,
말라리아 등의 감염병으로 인한 질병 부담은 개발도상국에서 특징적으로 더 많은

비중을 차지하는 건강문제이기도 하다. 이처럼 새천년개발목표는 주로 개발도상국의 개발의제를 다루는 목표로서 논의가 된 것이고, 2015년까지 달성한다는 기한을 두었던 것인데 현재는 그 기한이 종료되었다.

새천년개발목표가 종료된 이후에는 지속가능발전목표라는 이름으로 17개의 새로운 목표들이 채택되었고, 이 목표들은 개발도상국에 국한된 개발목표에서 나아가 전 세계가 직면한 여러 문제들을 골고루 다룬다. 물론 지속가능발전목표에서도 건강은 빠지지 않고 포함된 목표이긴 하다. 그러나 지속가능발전목표 3번에서 제시한 건강에 대한 목표는 새천년개발목표처럼 아동사망이나 모성사망과 같이 개발도상국에서 주로 큰 질병부담을 가진 건강 이슈에 한정한 목표뿐만 아니라 다양한 건강 이슈에 관심을 가지고자 했다는 것이 차이라고 볼 수 있다.

새천년개발목표에서 빈곤국의 중요한 건강이슈로 꼽았던 3가지 중 한 가지인 모성사망률에 대한 이야기를 해보려고 한다. 남수단에 거주하는 23세 여성 사라의 사례를 생각해보도록 하자. 사라는 3번째 아이를 임신하였고, 이제 곧 출산을 앞두고 있다. 사라와 같이 남수단에 거주하는 여성들의 경우, 출산으로 인해 2017년 기준 약 10만 명 출생 당 1,150명이나 사망하는 것으로 알려져 있다(WHO, 2019). 저소득국가로 분류된 남수단과는 대조적으로 고소득국가에서는 약 10만 명 출생 당 평균 11명의 산모가 사망한다는 사실을 볼 때, 그 격차가 엄청나다. 실제로 전 세계 약 94%의 모성사망이 중저소득국가에서 발생한다는 통계가 있을 정도이니 모성사망의 격차가 어마어마하다는 것을 알 수 있다. 우리나라의 경우에는 출산으로 인해 사망하는 비율이 점차 낮아져서 최근에는 출생아 10만 명 당 10명 내외의 모성사망이 발생하며, 2021년 기준 약 8.8명이었다(통계청, 2022). 남수단에서는 1,150명인데 말이다.

2. 생의학적 접근에 따른 대안

앞서 살펴본 것과 같이 고소득국가 여성들은 임신과 관련된 요인으로 인해 사망하는 경우가 거의 없지만 사라와 같은 국가에서 거주하는 여성들의 경우에는 상황이 다르다. 임신과 출산 그 자체는 생명에 큰 위협이 되고, 따라서 아기를 낳다가 사망할 수도 있겠다는 두려움이 굉장히 클 것이다. 고소득국가의 산모들은 상대적으로 그러한 두려움이 덜한 편일 것이다. 그렇다면 한 국가의 모성사망 비율은 무엇을 나타낼 수 있을까? 그 자체로 국가의 경제적 수준이나 빈곤을 나타내는 하나의 지표가 될 수 있는 것은 아닐까? 특히 빈곤국에서 더 많이, 집중적으로 발생하는 모성사망을 줄이기 위해서는 어떤 대안들을 생각해볼 수 있을까? 이에 대한 답을 찾아가기 위해 앞 절에서 다루었던 세 가지 접근, 즉 생의학적 접근, 행동 혹은 생활방식 접근, 그리고 건강의 사회적 결정요인을 기반으로 이야기를 이어나가도록 하겠다.

생의학적 접근을 복습해보자면, 몸을 일련의 과정과 부품들로 구성된 하나의 기계로 인식하는 사고 방식, 질병이라는 것은 기술적인 조정 과정을 통해 고칠 수 있다는 인식이라는 것을 기억할 것이다. 이러한 관점은 인간의 몸을 고치기 위한 의학 기술의 눈부신 발전을 가능하게 했다는 것을 생각해볼 수 있다. 또 여전히 주류 의학 이론으로서 널리 받아들여지고 있기도 하다. 생의학적 관점을 모성사망률 감소 전략과 연결지어 생각하자면, 산부인과 기술의 발전, 피임기술의 발전, 최소 4회 이상의 산전관리를 통해 몸의 상태를 점검하는 것이 자연스럽게 따라올 수 있을 것이다.

실제로 모성사망률을 낮추기 위한 모자보건의 필수적인 조치들을 다룬 한 연구 논문에서는 산전관리에 필요한 각종 의학적 처치와 진단검사에 주목하기도 한다. 모계 유전병은 없는지 검사하고, 또 산모가 임신중에 겪을 수 있는 고혈압이나 빈혈에 대한 조기 진단과 예방, 그리고 치료를 받도록 하는 것, 또 태아가 잘 성장하고 있는지 의학적으로 검사하고 필요시에는 조치를 취하는 것 등은 모두 생의학적 관점에서 비롯된 전략들일 것이다(Lassi et al., 2014). 산모에게 파상풍 모성예방접종을 받도록 하거나 향후 가족계획, 응급 상황에 대해 숙지하도록 하는 것, 태아와 산모 모두에게 위험할 수 있는 HIV나 말라리아 같은 다른 전염병이나 흡연, 전자간증 관리, 역아회전술 처치 등은 모두 신체적 위험에 주목하는 접근이다(Lassi et al., 2014). 또한 모성사망률을 줄이기 위해 현재의 의학기술로는 밝혀지지 않은 다양한 신체의 변화나 증상의 원인들을 찾아나가고, 또 그것을 해결하기 위한 의학기술을 도입하는 것은 생의학적 접근법에 기반한 방향성이라고 볼 수 있다.

3. 행동/생활방식 접근에 따른 대안

이어서 모성사망률 감소라는 주제에 대해 행동 혹은 생활방식 접근을 적용하여 어떤 건강전략 또는 대안들을 도출해볼 수 있을지, 이야기를 계속해보도록 한다. 행동 혹은 생활방식 접근을 요약하자면, 건강하거나 건강하지 못한 상태 모두 개인 혹은 가정의 행동처신이나 신념에서 비롯된다는 시각이다. 이러한 관점은 바람직한 건강 목표를 달성하기 위한 개인의 노력을 강조한다. 건강한 사람은 평소 생활습관이나 자기관리를 잘해서 응당 그러한 결과를 얻은 것이고, 그렇지 못한 사람은 개인의 책임감이 부족하여 자신의 건강을 잘 돌보지 못한 결과로 질병을 얻게 되었다고 보는 시각인 것이다. 이러한 시각을 모자보건 이슈에 적용하자면, 산전관리를 제때에 잘 받고, 안전한 임신과 출산을 위해 교육을 받아서 건강하게 출산할 수 있도록 스스로 노력하는 것이 중요한 전략이 된다.

실제로 우리나라를 비롯한 대부분의 국가에서 산모들을 대상으로 다양한 교육 프로그램을 실시하고 있다. 빈곤국에서도 산모를 대상으로 한 교육 프로그램을 운영하기 위해 국제 원조가 굉장히 활발하게 이루어져 왔다.

그림 3-7   임신, 출산기 부모교육 프로그램 안내서(부모용)(여성가족부, 2017)

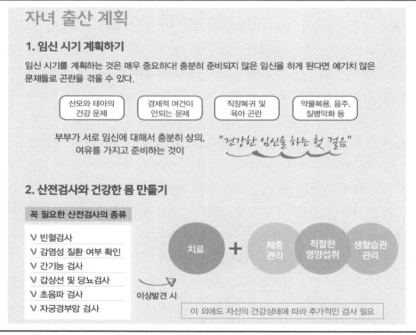

출처: 여성가족부, 임신, 출산기 부모교육 프로그램 교육 안내서(부모용)
　　　http://www.mogef.go.kr/oe/olb/oe_olb_s001d.do;jsessionid=KSXo-jML7bUGaXnVD
　　　zlHTRs+.mogef20?mid=mda710&bbtSn=704940, 8쪽

<그림 3-7>은 우리나라 여성가족부에서 발간한 임신, 출산기 부모교육 프로그램 안내서의 한 페이지를 보여준다. 내용을 자세히 살펴보면, 임신 시기를 계획하고, 준비하기 위해 개인이 숙지해야 할 내용들을 명시하고 있다는 것을 알 수 있다. 임신을 하게 되면, 약물복용, 음주, 기존에 있던 질병이 악화될 가능성 등 여러 가지 변화를 겪을 수 있다는 점, 이뿐만 아니라 노동이나 경제적 여건 등에 대한 상황을 예비 부모가 스스로 점검하도록 설명하고 있다. 그리고 건강한 임신을 위해서 산전검사와 체중관리, 영양섭취, 생활습관 관리 등이 필요하다고 이야기하고 있는데, 이 모든 것들은 개인이 상당 부분 책임감을 가지고 이행해야 하는 전략들로 묘사되고 있다. 물론, 이런 바람직한 행동의 실천이 가능할 수 있도록 하는 사회경제적·문화적 조건 또는 맥락도 고려해야 하지 않을까?

4. 건강의 사회적 결정요인에 따른 대안

이제 마지막으로 건강의 사회적 결정요인에 기반하여 빈곤국의 모성사망률 감소를 위한 전략을 탐색해보고자 한다. 앞서 살펴본 두 가지 접근법, 그러니까 생의학적 접근과 행동 혹은 생활방식 접근은 개인의 특성에 주로 집중한 것이라면, 이제부터 살펴보고자 하는 건강의 사회적 결정요인은 이보다 조금 더 넓은 맥락에서 건강을 이해하려는 시도라고 볼 수 있다. 사회적 결정요인으로 상당 부분 설명할 수 있는 다양한 질병과 건강 문제들이 있기는 하지만 모성사망률의 경우가 가장 대표적인 사례라고 볼 수 있다. 특히 앞서 살펴봤던 것과 같이 고소득국가와 중저소득국가 간의 격차가 매우 극명하기 때문에 더욱 그렇다고 할 수 있다. 건강의 사회적 결정요인에 대해 다시 한 번 설명하자면, 한 사람의 출생, 성장, 생활, 노동, 노화의 전 과정에서 발생하는 다양한 상호작용이 건강에 영향을 미치는 중요한 요소임을 인식하는 데서 출발하는 개념이라고 할 수 있다. 이러한 관점에서는 건강 수준의 격차가 사회경제적 격차로 상당 부분 설명될 수 있으며, 권력과 자원의 불평등한 배분이 건강에 영향을 미치는 중요한 요소라고 평가한다.

전 세계 모성사망의 94%가 중저소득국가에서 발생한다는 것은 무엇을 의미하는 것일까? 다시 말하면, 산모가 젊은 나이에 출산으로 인해 조기사망하는 것을 막을 수 있는 의학적 기술이 이미 상당부분 개발되어 있는데, 그러한 자원에 대한 접근성의 격차가 국가의 소득 수준에 따라 매우 크다는 것을 보여주는 것이 아닐까? 모성사망이라는 사건에 대해 중저소득국가와 고소득국가라는 각기 다른 두 집단에서 발생할 가능성을 확률적으로 가늠해 본다고 할 때, 94%에 육박하는 모성사망이 한 집단에서만 발생한다는 것은 시사하는 바가 많을 것이다.

또한 여러 나라 맥락의 실증적 연구에서 실제로 다양한 사회적 결정요인과 모성건강 간의 관계를 밝히기도 하였다. 특히 빈곤국의 모성사망과 관련이 있는 요인들이 무엇인지 그 근원을 살펴보면 상당 부분 사회적 결정요인으로 설명되는 경우가 많았다.

예방 가능한 모성사망을 줄이기 위한 전략을 도출해내는 데 있어서 건강의 사회적 결정요인의 시각을 적용한다면 어떤 접근이 가능할까? 다시 말해, 건강의 사회적 결정요인의 시각에서는 예방 가능한 모성사망을 줄이기 위해 어떤 것들을 고려해야 한다고 제시할까? 여기서는 두 국가에서 수행된 실증연구를 바탕으로 논의해보고자 한다. 먼저 베트남에서 수행된 한 연구에서는 모자보건 관련 서비스 이용행태, 그리고 아동 사망과 관련된 요인을 분석하였다. 이 두 가지 이슈와 관련이 있는 요인들은 산모의 교육수준, 안전한 식수, 위생, 조리 시설 등에의 접근성과 같이 사회적·환경적인 것이라고 설명하였다. 또한 소수민족 출신이거나 경제적 수준이 낮을 경우, 거주지가 시골지역일 경우 교육 수준이나 안전한 주거 환경에 대한 접근성에 제약을 상대적으로 더 많이 경험하고 있었다는 것을 밝혔다 (Van Minh et al., 2016). 이와 같이 의학기술의 발전이나 개인의 책임만으로는 설명할 수 없는 여러 요인들로 인해 빈곤국의 모성사망률이 상대적으로 높은 것이라고 볼 수 있다.

비슷한 연구가 인도에서도 수행되었다. 이 연구에서는 모자보건 관련 서비스 이용행태, 그리고 모성사망과 관련된 요인들을 파악하고자 하였다. 연구 결과, 인도 맥락에서 경제적 수준, 카스트 및 인종, 교육 수준, 종교, 여성의 자율적인 의사결정 권한, 문화적 요소 등이 중요한 구조적 요인이라는 것을 밝혔다(Hamal et al., 2020). 또 이러한 구조적 요인과도 관련이 되는 거주지, 출산시 산모의 연령, 산모의 대중매체 노출 여부 등도 모자보건 서비스 이용이나 모성사망과 관련성이 있음을 설명하였다. 종합적으로 말하자면, 첫째, 모성사망을 줄일 수 있는 의학기술이 널리 개발되어 있다는 것, 그러나 그러한 의학기술과 관련된 자원의 분배는 평등하지 않은 양상을 보인다는 것을 알 수 있다. 그리고 둘째, 모성사망률을 줄이기 위해서는 생의학적 관점에 입각한 의학적 처치 그 자체도 중요하지만 개인의 행동과 선택, 나아가 그러한 행동과 선택을 가능하게 하는 또는 불가능하게 하는 사회·경제·문화적 맥락을 함께 고려해야 한다.

이 절에서는 질병을 이해하는 세 가지 관점, 즉 생의학적 관점, 행동 혹은 생활방식 접근, 그리고 건강의 사회적 결정요인에 기반해서 빈곤국의 건강 문제 중 하나인 모성사망률을 줄이기 위한 대안들을 찾아보았다. 같은 건강 문제를 두고도 이처럼 다양한 관점에서 원인을 찾고, 또 해결책을 모색하려는 여러 시도들이 있었다는 것을 살펴보았다. 이 장을 통해 건강과 질병의 의미를 되짚어 보고, 국제적 차원의 질병부담 현황과 빈곤의 연결고리를 살펴보고자 하였다. 또 질병을 이해하는 세 가지 시각들, 즉 생의학적 관점, 행동 혹은 생활방식 접근, 그리고 건강의 사회적 결정요인에 대해 짚어보았다. 이를 바탕으로 빈곤국과 고소득국가 간의 건강 격차를 가장 극명하게 보여주는 이슈 중 하나인 모성사망률을 줄이기 위한 다양한 대안들을 살펴보았다. 이 책을 읽는 독자들도 건강이란 것이 무엇인지, 그리고 건강은 어떻게 빈곤과 연결되는지, 나아가서 질병의 원인과 해결 방안을 모색하는 데에는 어떤 시각들이 있을 수 있는지 생각해 보는 계기가 되었길 바란다.

‖ 참고문헌 ‖

김창엽. (2019). **건강의 공공성과 공공보건의료**. 한울 아카데미, 230－233, 242.

여성가족부. (2017). 임신·출산기 부모교육 프로그램 교육 안내서(부모용).
http://www.mogef.go.kr/oe/olb/oe_olb_s001d.do;jsessionid＝KSXo－jML7bUG
aXnVDzlHTRs＋.mogef20?mid＝mda710&bbtSn＝704940

통계청. (2022). 2021년 사망원인통계.
https://www.korea.kr/news/policyNewsView.do?newsId＝156527816

Birn, A.－E., Pillay, Y., & Holtz, T. H. (2017). *Textbook of Global Health*.
Oxford University Press, 90－91.

Boorse, C. (1997). A Rebuttal on Health. In J. M. Humber & R. F. Almeder
(Eds.), *What Is Disease?* (pp. 1－134). Humana Press, 8.

Breslow, L. (1989). Health status measurement in the evaluation of health
promotion. *Medical Care*, *27*, S205－S216.

de Lacy－Vawdon, C., & Livingstone, C. (2020). Defining the commercial
determinants of health: a systematic review. *BMC Public Health*, 20(1): 1022.

Farmer, P., Kleinman, A., Kim, J., & Basilico, M. (2013). *Reimagining Global
Health: An Introduction*. University of California Press, 50.

Hamal, M., Dieleman, M., De Brouwere, V., & de Cock Buning, T. (2020).
Social determinants of maternal health: a scoping review of factors
influencing maternal mortality and maternal health service use in India.
Public Health Reviews, 41(1): 13.

Huber, M., Knottnerus, J. A., Green, L., van der Horst, H., Jadad, A. R.,
Kromhout, D., Leonard, B., Lorig, K., Loureiro, M. I., van der Meer, J. W.,
Schnabel, P., Smith, R., van Weel, C., & Smid, H. (2011). How should we
define health? *Bmj*, *343*, d4163.

Lassi, Z. S., Salam, R. A., Das, J. K., & Bhutta, Z. A. (2014). Essential
interventions for maternal, newborn and child health: background and
methodology. *Reprod Health*, *11 Suppl 1*(Suppl 1), S1.

McCartney, G., Popham, F., McMaster, R., & Cumbers, A. (2019). Defining health and health inequalities. *Public Health*, 172: 22－30.

Nordenfelt, L. (2007). The concepts of health and illness revisited. *Med Health Care Philos*, 10(1), 5－10.

Pörn, I. (1993). Health and adaptedness. *Theor Med*, 14(4): 295－303.

Seedhouse, D. (2001). *Health: The Foundations for Achievement*. Wiley, 41.

Sen, A. (1999). *Development as Freedom*. Oxford University Press, 75.

Tengland, P.－A. (2020). Health and capabilities: a conceptual clarification. *Medicine, Health Care and Philosophy*, 23(1): 25－33.

Government of UK. (2018). *Chapter 6: wider determinants of health*.
https://www.gov.uk/government/publications/health－profile－for－england－2018/chapter－6－wider－determinants－of－health

United Nations. (2015). *Millennium Development Goals*.
https://www.un.org/millenniumgoals/

Van Minh, H., Giang, K. B., Hoat, L. N., Chung le, H., Huong, T. T., Phuong, N. T., & Valentine, N. B. (2016). Analysis of selected social determinants of health and their relationships with maternal health service coverage and child mortality in Vietnam. *Glob Health Action*, 9, 28836.

Vidyasagar, D. (2006). Global notes: the 10/90 gap disparities in global health research. *J Perinatol*, 26(1): 55－56.

Wang, W., Chen, J., Sheng, H. F., Wang, N. N., Yang, P., Zhou, X. N., & Bergquist, R. (2017). Infectious Diseases of Poverty, the first five years. *Infect Dis Poverty*, 6(1): 96.

WHO. *Social Determinants of Health*.
https://www.who.int/health－topics/social－determinants－of－health#tab＝tab_1

WHO. (2019). *Maternal mortality*.
https://www.who.int/news－room/fact－sheets/detail/maternal－mortality

WHO. (2020). *Basic documents: forty－ninth edition (including amendments adopted up to 31 May 2019)*.

WHO. (2022). *Fact Sheets－Malaria*.
https://www.who.int/news－room/fact－sheets/detail/malaria

Chapter 04

글로벌 빈곤과 교육

장인철

글로벌 빈곤과 교육

장인철

Ⅰ. 글로벌 빈곤과 교육격차의 상관관계

1. 교육을 통한 글로벌 빈곤퇴치

전 세계가 다양한 분야에서 글로벌 빈곤의 퇴치를 위한 노력을 하고 있지만, 교육은 이를 위한 가장 기본적인 수단으로 논의된다. 국제사회는 교육 분야 공동의 목표 설정을 위해 1990년 태국 좀티엔 선언, 2000년 세네갈 다카르 실행계획 등 모두를 위한 교육(Education for All)을 기반으로 글로벌 빈곤을 퇴치하고자 노력해왔다. 현재는 새천년개발목표(MDGs)을 넘어서 지속가능발전목표(SDGs)의 4번 목표 '양질의 교육'을 통해 인류 공동체가 같이 노력해야 할 교육의 방향성을 설정하였다. 하지만 2020년 초부터 전 세계는 코로나19의 확산을 예방하기 위해 학교를 폐쇄해야만 했다. 그 결과 학생들의 교육 접근성은 낮아졌고, 학습 격차(learning gap)는 지속적으로 확대되었다. UNESCO(2020b)는 2020년 3월 23일 기준으로 코로나19로 인한 학교 폐쇄로 전 세계의 약 14억 명의 학생들이 교육을 받지 못했을 것이라는 조사 결과를 공유했다. 다행히 선진국들은 정보통신기술 활용으로 빠른 대처를 할 수 있었지만, 기술에 대한 접근성조차 취약한 개발도상국에서는 이미 벌어진 학습 격차를 감소시키는 데 상당한 시간이 소요될 것으로 파악된다.

학습 격차는 단기적으로 같은 학습 연령에 속해 있는 개인 간의 단순한 지식 습득의 격차만으로 이해될 수도 있지만, 장기적 관점에서는 빈곤 악순환의 고리(Vicious Cycle of Poverty)에 빠지게 되는 시작점이다. Lutz et al.(2008)은 '더 나은 교육은 단순히 개인의 소득을 증가시키는 것뿐만 아니라 장기적인 경제성장의 필수적인 전제조건이다.'라고 주장하며 교육이 글로벌 빈곤에 대응하는 선순환의 고리(Virtuous Cycle)를 형성하는 데 큰 기여를 할 수 있다고 평가한다. UNESCO의 가정에 따르면 저소득국가의 모든 학생들이 기본적인 읽기 능력만 갖추어도 1억 7100만 명이 절대 빈곤에서 벗어날 수 있고 모든 성인들이 중/고등교육을 이수한다면 전 세계의 빈곤율을 절반 이상 감소시킬 수 있다고 예상한다. 이처럼 교육은 글로벌 빈곤퇴치를 위한 가장 기본적이면서 효율적인 수단임을 확인할 수 있다.

2. 교육격차 측정의 세 가지 유형

글로벌 빈곤 문제 해결에 있어 필수전제조건인 교육은 국가와 지역별 격차를 객관적으로 비교할 수 있도록 세 가지 유형으로 나누어 측정할 수 있다. 첫 번째 유형은 각 연령별로 구분된 교육 기관에 접근할 수 있는 정도를 기준으로 판단하는 교육기회 제공의 측면이다. 두 번째 유형은 학습한 내용의 습득정도를 기준으로 측정하는 교육내용 이해도의 유형이다. 세 번째는 교육을 제공하는 교사나 교육 환경을 기준으로 측정하는 교육의 질에 대한 내용이다. 다양한 연령대별 교육기관이 있지만 이 장에서는 국제사회가 중점을 두고 있는 초등교육에 집중하여 세 가지 유형을 살펴보려 한다.

1) 교육기회 제공

국민들에게 교육의 기회를 학교라는 교육기관을 통해 제공하는 것은 국가의 주요한 역할이다. 국제사회는 새천년개발목표(MDGs)에서 '보편적 초등교육의 제공'을 두 번째 대표 목표로 설정하였고 이를 통해서 많은 국가들이 초등학교 취학률을 향상시킬 수 있었다. 초등교육을 통해 습득하는 기초학력은 상위교육과정을 위한 학업적 밑바탕이 되기도 하지만 개인의 기본적인 삶을 영위하는데 역시 필수적이다. <그림 4-1>은 2016년 기준 초등교육 총 취학률(Gross Enrollment Rate: GER)을 나타내는 자료로 연령에 관계없이 초등학교에 취학한 모든 연령의 학생 수를 공식 취학 연령의 총 학생 수로 나눈 값을 나타낸다. 이 자료에서는 사하라 이남지역의 몇몇 국가를 제외하면 초등교육이 보편적으로 제공되고 있는 것으로 이해될 수 있다. 하지만, 이 지표는 초등학교를 공식 취학 연령보다 빠르거나 늦게 들어온 학생 또는 특정 학년을 다시 다니는 학생 등을 포함하고 있기 때문에 지도에서 나타나듯이 다차원적인 빈곤을 겪고 있는 저소득국가도 100%가 넘는 취학률을 보이기도 한다.

이와 다르게 공식 취학 연령의 학생 수만을 취합하여 취학 연령의 총 학생 수로 나누어 측정하는 지표인 순 취학률(Net Enrollment Rate: NER)이 있다. 따라서 순 취학률의 값은 총 취학률의 값보다 낮을 수밖에 없고 100%를 넘길 수 없다. <그림 4-2>에서 볼 수 있듯이 순 취학률이 낮은 국가들은 국제개발에서 주로

그림 4-1   초등교육 총 취학률

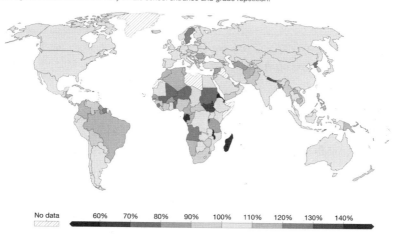

자료: Our World in Data (2022). Gross enrollment ratio in primary education, 2016. https://ourworldindata.org/primary-and-secondary-education, 2022년 10월 검색.

연구되는 사하라이남 지방에 위치하며 대표적으로 남수단과 에리트리아가 각각 41.73%와 41.63%로 가장 낮은 순 취학률을 보여준다.

그림 4-2　초등교육 순 취학률

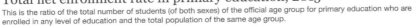

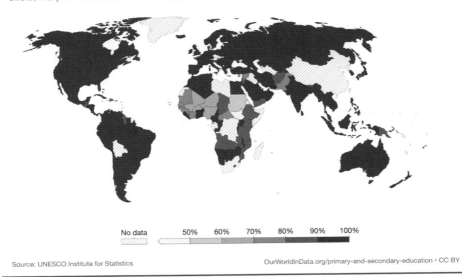

자료: Our World in Data (2022). Total net enrollment rate in primary education, 2015. https://ourworldindata.org/primary-and-secondary-education, 2022년 10월 검색.

2) 교육내용 이해도

국가에 의해 교육기회를 보장받더라도 개인이 다음 교육 단계로 진학하거나 삶에서 활용할 수 있는 기초학습능력은 교육받은 내용을 얼마나 이해했는지에 따라 결정된다. 교육내용의 이해도는 일반적으로 글자를 읽고 쓸 수 있는 문자해독능력을 나타내는 문해율을 통해 측정한다. UNESCO(2004)는 문해율을 다양한 맥락과 연관한 인쇄 및 필기 자료를 활용하여 정보를 찾아내고, 이해하고, 해석하고, 만들어 내고, 소통하고 계산하는 능력으로 정의한다. 문해율은 작은 의미로 문자해독능력을 지칭하지만 큰 의미로는 숫자를 세고 계산하는 기본적인 계산능력(Numeracy)과도 깊은 연관이 있다. <그림 4-3>은 2015년 기준 문해율 지표의 전 세계 분포를 보여준다. 이 자료는 초등교육을 받았다고 가정할 수 있는 14세 이상의 인구를 대상으로 조사한 자료이다. 전 세계의 문해율 평균은 86%이지만 취학률과 같이 사하라이남 아프리카지역의 문해율은 현저히 낮은 수치를 나타낸다. 대표적으로 니제르는 2015년 기준 15%의 인구만 읽고 쓸 줄 아는 능력을 가졌고 남수단의 경우에는 32%의 낮은 문해율이 측정되었다. 이 수치는 초등교육의 보편화의 혜택을 받지 못한 고령의 인구도 포함하지만 초등교육을 받은 인구 중에서 교육의 내용을 이해하지 못한 채 초등교육을 마치거나 중퇴한 인원도 포함한다. 따라서 단순한 교육기회의 제공뿐만이 아닌 교육내용의 이해도 역시 집중해야 학습을 하거나 추후 노동시장에서 경쟁력을 가질 수 있는 최소한의 기초능력을 가지고 있는지 판단할 수 있다.

그림 4-3　문해율 지표의 세계 분포

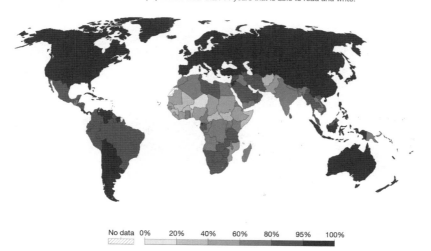

Literacy rate, 2015

Estimates correspond to the share of the population older than 14 years that is able to read and write.

No data　0%　20%　40%　60%　80%　95%　100%

Source: WDI, CIA World Factbook, & other sources　　　　　OurWorldInData.org/literacy · CC BY
Note: Specific definitions and measurement methodologies vary across countries and time. See the 'Sources'-tab for more details.

자료: Our World in Data (2022), Literacy rate, 2015. https://ourworldindata.org/literacy, 2022년 10월 검색.

3) 교육의 질 측정

지속가능개발목표의 4번 목표 '양질의 교육'에서 강조하듯이 지금까지 교육기회를 평등하게 제공하는 부분에 집중해왔던 국제사회의 목표가 이제는 교육의 질 향상에 더욱 집중하고 있다. 교육의 질은 학습 성과(시험성적)를 활용하여 측정하기도 하지만 국가의 소득수준과 학습 성과는 뚜렷한 상관관계를 보이기 때문에 (Altinok et al., 2018) 이 장에서는 교육의 질을 간접적으로 측정하는 두 가지 방법을 알아보려 한다.

첫 번째는 교사와 학생의 비율을 참고하여 교육의 질을 측정하는 방법이다. 이 비율에 집중하는 이유는 학생−교사 비율이 높을수록 수업의 진도나, 학생의 학업 성취도 또는 행동에 부정적인 영향을 미칠 수 있기 때문이다(Fleck, 2022). 예를 들어, 교사는 학생 개개인의 필요를 채우기 어렵고 수업 외적인 방해 요소를 다루는데 상대적으로 더 많은 시간을 소비하게 된다(OECD, 2022). 교육의 질이 높다고 평가되는 북유럽 국가 노르웨이나 스웨덴의 경우에는 평균적으로 1:9의 비율을 보이지만 <그림 4−4>에서 확인할 수 있듯이 아프리카 차드는 1:62.43의 비율로 교사들이 수업을 진행하는데 더 많은 노력이 요구되며 이것은 교육의 질을 낮추는 데 커다란 영향을 끼친다.

그림 4-4　초등교육 학생-교사 비율

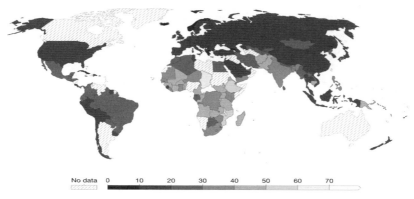

자료: Our World in Data (2022), Pupil-teacher ratio for primary education, 2016.
　　　https://ourworldindata.org/teachers-and-professors, 2022년 10월 검색.

두 번째는 교사의 질과 행동을 통해 측정하는 방법이다. 교육의 질을 직접적으로 측정하는 것이 어려운 것처럼 교사의 질 또한 직접적으로 측정하는 것 또한 어렵다. 그래서 최소한의 교사연수(교수법)를 받았는지, 최소한의 학력을 갖추고 있는지를 측정하여 간접적으로 교사의 질을 평가한다. <그림 4-5>는 학생을 가르치기 위한 최소한의 연수를 받은 초등교사의 비율을 나타낸다. 서아프리카의 많은 국가들은 50% 전후의 교사들이 연수를 받았지만 마다카스카르의 경우 15.07%의 교사만 학생을 가르치기 위한 연수를 받은 것을 확인할 수 있다. 다시 말해 10명 중 8명에 가까운 교사가 최소한의 연수를 받지 않은 채 학생을 가르치고 있는 것이다. 다음은 <그림 4-6>처럼 최소 학력을 충족한 교사의 비율을 통해 교사의 질을 평가한다. 학생을 가르치는 교수법 연수 비율과 함께 모두 낮은 수치를 보여주는 국가들이 대부분이지만 두 비율 사이에 큰 차이를 보이는 국가

그림 4-5 교사연수를 받은 초등교육 교사의 비율

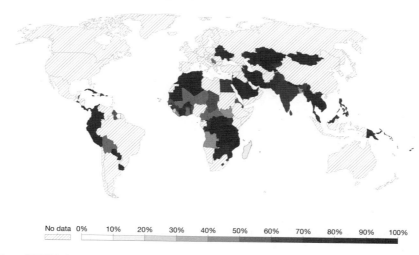

Share of teachers in primary education who are trained, 2016
Share of teachers who have received the minimum organized teacher training (pre-service or in-service) required for teaching at the primary level in the given country.

No data 0%　10%　20%　30%　40%　50%　60%　70%　80%　90%　100%

Source: UNESCO Institute for Statistics　　　　OurWorldInData.org/teachers-and-professors/ • CC BY

자료: Our World in Data (2022), Share of teachers in primary education who are trained, 2016. https://ourworldindata.org/teachers-and-professors, 2022년 10월 검색.

들도 찾을 수 있다. 에티오피아의 경우 교수법과 관련된 교사연수를 받은 교사의 비율은 약 90%였지만 직접적인 과목의 지식습득을 위한 최소한의 학력은 54.36%의 교사만 충족한 상태이다. 반대로 니제르의 경우 2014년 기준 모든 교사가 최소한의 학력은 갖추었으나 55.52%의 교사만이 교수법과 관련된 연수를 받은 것으로 나타났다. 이처럼 교사연수와 최소 학력에 따라 변화하는 교사의 질은 국가의 정책적·사회문화적 맥락에 따라 다르게 나타난다. 하지만 양질의 교육을 제공하기 위해 국제사회는 이 두 비율의 측정하고 비교하며 교사의 질 개선을 위한 다양한 연구를 진행하고 있다.

그림 4-6 최소 학력을 충족한 초등교육 교사의 비율

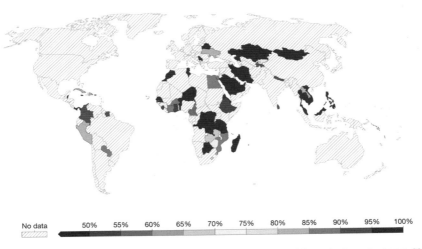

자료: Our World in Data (2022), Share of teachers in primary education who are qualified, 2015. https://ourworldindata.org/teachers-and-professors, 2022년 10월 검색.

  마지막으로 교사의 행동을 통해 교육의 질을 측정하기도 한다. 교사의 행동은 예고 없이 학교나 교실을 방문했을 때 자리에 위치하고 있지 않은 교사의 결근 비율을 통해 측정한다. 결근이라 함은 단순히 학교에 대한 출근만을 지칭하는 것

이 아니라 학교에 출근을 하였다 하더라도 본인의 수업 시간에 교실에서 수업을 진행하는지에 대한 여부까지도 세부적인 결근의 개념으로 포함한다. 결근은 학생들의 최소수업시수와 직접적인 연관이 있기 때문에 교육기회 제공이라는 측면에서도 해석될 수 있다. 하지만, 교사의 결근은 직업을 대하는 직업윤리와 더욱 밀접한 연관이 있기 때문에 질적인 측면으로 해석한다. <그림 4-7>에서 볼 수 있듯이 모잠비크의 경우 예고 없이 학교를 방문했을 때 45%의 교사가 학교를 결근하였고 56%의 교사는 교실에 위치하고 있지 않음을 보여준다. 이를 <그림 4-8>의 수업시수와 연결을 하여 살펴보면 모잠비크의 경우 할당된 수업 대비 약 40% 정도의 수업만 실질적으로 진행되었음을 보여준다. 이러한 교사의 결근과 직업윤리는 결과적으로 낮은 질의 교육이 전달되고 있다는 것으로 해석될 수 있다.

그림 4-7　교사의 결근 비율(학교/교실)

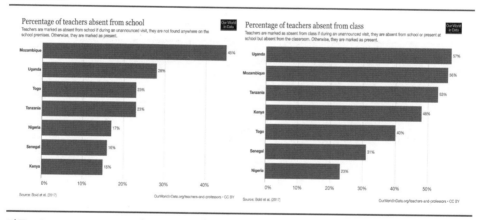

자료: Our World in Data (2022), Percentage of teachers absent from school & class. https://ourworldindata.org/teachers-and-professors. 2022년 10월 검색.

그림 4-8 할당된 수업 대비 실질 수업 비율

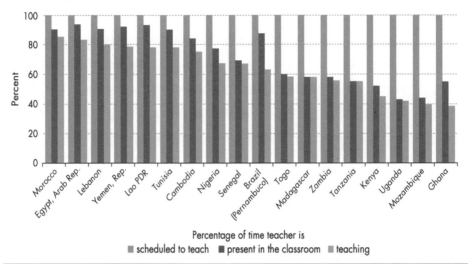

Percentage of time officially allocated to schooling that a teacher is scheduled to teach, is present in the classroom, and is actually teaching

Percentage of time teacher is
■ scheduled to teach ■ present in the classroom ■ teaching

자료: World Bank (2018), World Development Report, p. 81.
https://www.worldbank.org/en/publication/wdr2018, 2022년 10월 검색.

Ⅱ. 단 한 사람도 소외되지 않는 교육

1. 인간의 기본권으로서의 교육

교육의 정도와 개인의 소득간의 상관관계를 조사한 연구가 보여주듯 교육을 받은 개인은 교육을 받지 않은 개인과 비교했을 때 경제적으로 윤택한 삶을 영위할 가능성이 높다(Patrinos and Psacharopoulos, 2018). 이처럼 교육은 개인이 본인 삶의 사회경제적인 발전과 개선을 위해 가장 먼저 선택하기도 하지만 선택 이전에 인간이 기본적으로 가지고 태어나는 권리이다. 따라서 이 기본적인 권리의 보장을 위해 모든 사람은 교육을 받는 혜택에서 소외되어선 안 된다.

교육에 대한 기본권은 1948년 제 3차 국제연합총회에서 채택된 세계 인권 선언(Universal Declaration of Human Rights) 중 제26조에 명시되어 있다. 세부적으로 살펴보자면 교육에 대한 권리, 교육의 방향성 그리고 부모의 자녀교육 선택에 대한 세 가지의 하위 조항으로 이루어져 있다. 첫째, 교육에 대한 권리의 측면에서는 최소한 기본적이고 기초적인 단계의 초등교육은 무상으로 의무적으로 실시되어야 한다고 설명한다. 또한 기술과 직업교육은 일반적으로 어려움 없이 받을 수 있어야 하고 고등교육은 학업 능력으로만 판단하여 누구나 받을 수 있어야 한다고 명시되어 있다. 둘째, 교육의 방향성 측면에서 교육은 인격을 온전히 발달시키고 인권과 기본적 자유에 대한 존중을 강화시킬 수 있는 방향으로 실시해야 한다고 강조한다. 또한 교육은 모든 국가, 인종, 종교집단 간 상호이해, 관용을 증진시켜야 하며 평화 유지를 위한 UN의 활동을 촉진시켜야 한다고 설명한다. 셋째, 부모의 자녀교육 선택의 측면에서는 부모는 자녀에게 제공되는 교육의 종류를 선택할 수 있는 우선적 권리가 있다고 명시하고 있다.

세계 인권 선언 제 26조와 함께 토마셰브스키(Tomaševski, 2001)는 교육에 대한 권리를 네 가지의 'A'로 구분하여 다양한 측면에서의 중요성을 강조한다. 이 네 가지의 구분은 '4A Framework'로 불리며 교육에 대한 권리를 교육 현장에 적용하는데 지속적으로 활용되고 있다. 첫째, Availability(이용가능성)는 교육은 무상으로 제공되어야 하고 정부가 지원해야 하며 적절한 기반시설과 훈련된 교사가 교육의 전달을 도울 수 있어야 함을 의미한다. 둘째, Accessibility(접근가능성)는 교육 시스템은 단 한 사람도 차별하지 않고 모두 접근 가능해야 하며 이 조치가 가장 소외된 사람들을 포함해야 함을 의미한다. 셋째, Acceptability(용인가능성)는 교육의 내용은 적절하고 차별이 없어야 하며 문화적으로 적절해야 하고 교육의 질적인 측면은 학교 자체로써 안전하고 교사는 전문성을 가져야 함을 의미한다. 넷째, Adaptability(적응성)는 교육은 사회의 변화하는 요구에 따라 진화할 수도 있고 성차별과 같은 불평등에 대해 도전하는 것에 기여할 수 있으며 특정 상황과 환경에 맞게 지역적으로 조정될 수 있음을 의미한다.

교육에 대한 기본권과 다양한 측면에서의 권리가 보장되는 것이 중요한 이유는 교육은 그 자체로써 기본적인 권리임과 동시에 다른 권리를 성취하기 위한 중요 수단이기 때문이다. 교육은 받는 이가 앞으로 부모가 되는 것과 정치적인 참여를 하는 것에 대한 준비이며, 사회적인 단결을 강화시키고 무엇보다 젊은이들에게 그들을 포함한 모든 인간은 권리를 주장할 수 있음을 습득하도록 한다(Tomaševski, 2003).

하지만 국제사회에서 교육에 대한 기본권의 보장을 다양한 측면에서 강조하고 있음에도 불구하고 <그림 4-9>에서 볼 수 있듯이 약 5800만 명의 아동은 여전히 읽고 쓸 수 있는 기본적 문해능력을 갖출 수 있는 초등교육의 기회를 제공받지 못하고 있다(Roser, 2021). 앞에서 취학률을 통해 교육기회 제공의 낮은 수치를 보여준 사하라이남지역 아프리카 국가처럼 교육의 기회를 보장받지 못하면서 빈곤 악순환의 고리에 빠지는 것은 앞으로의 사회경제적 활동에 치명적인 영향을 미친다.

그림 4-9   초등교육을 받지 못하는 지역별 아동의 수

자료: Our World in Data (2022), Where are the 58 million primary school age children who are not in school. https://ourworldindata.org/children-not-in-school, 2022년 10월 검색.

대표적으로 초등교육 부재의 결과로 나타나는 성인 문맹률과 일자리의 상관관계를 연구한 논문들은 성인의 문맹률이 높을수록 일자리의 질은 낮아지고 실업기간은 길어진다고 주장한다(Arendt et al., 2005; Rocha and Ponczek, 2011). 이는 기본권으로서의 교육 부재가 초래하는 개인 삶의 어려움을 보여주는 것으로 이를 해소하기 위한 근본적인 방법은 단순한 교육의 제공이 아닌 교육에 대한 권리를 이해하고 이 권리를 통해 개인의 삶에 주인의식을 가질 수 있는 교육을 제공하는 것이다.

2. 사회적 약자를 위한 교육

SDG 4번 목표 '양질의 교육'의 다섯 번째 세부목표는 교육에서의 성불평등을 해소하고, 장애인, 토착민 그리고 취약한 상황에 처한 아동을 포함한 취약 계층이 모든 수준의 교육과 직업훈련에 평등하게 접근할 수 있도록 한다는 사회적 약자를 위한 교육의 형평성의 부분에 집중하고 있다. 소외된 사회적 약자를 위한 교육의 중요성에 대한 주의를 환기시키기 위해 UNESCO는 2020년 '세계 교육 현황 보고서'에서 '포용과 교육'이라는 특정주제에 집중한 보고서를 발간하였다. 전 세계에는 다양한 사회적 약자가 있지만 이 장에서는 교육 분야에서 여성과 장애인이 겪는 불평등한 현실과 이들에 대한 평등한 교육 제공의 중요성을 중점적으로 살펴볼 것이다.

첫째, 저소득국가의 여학생들은 영유아 교육부터 고등교육까지 남학생들에 비해서 평등하지 않은 교육을 받고 있다. <그림 4-10>은 2012-2018년 기준 초등교육에 대한 성평등지수(Gender Parity Index)를 보여준다. 성평등지수는 1에 가까울수록 남성과 여성이 평등함을 보여주는 지표로써 사하라이남 아프리카에 위치한 국가의 여학생들은 남학생들에 비해 초등교육의 혜택을 받지 못하는 것을 파악할 수 있다. 여성의 교육적 불평등은 아프리카뿐만 아니라 저소득국가로 확장시켜 살펴보더라도 비슷한 양상을 보인다. <그림 4-11>에서는 저소득국가의 소득별/교육수준별 성평등지수를 확인할 수 있다. 고소득층과 저소득층의 교육수준별 성평등지수 자체는 큰 차이를 보이지만 초등교육에서 고등교육으로 교육수준이 높아질수록 여학생들은 교육적인 혜택을 평등하게 받고 있지 못함을 그래프의 전반적인 추세를 통해 알 수 있다.

그림 4-10 초등교육에 대한 성평등지수(2012-2018)

Gender parity index for primary enrolment, 2012-2018

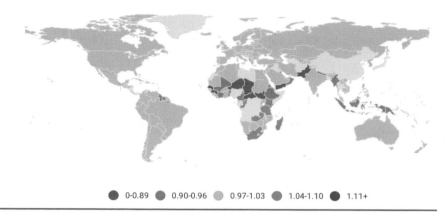

● 0-0.89　　● 0.90-0.96　　● 0.97-1.03　　● 1.04-1.10　　● 1.11+

자료: UNESCO (2022). Gender parity index for primary enrolment, 2012-2018,
　　　https://data.unicef.org/topic/gender/gender-disparities-in-education/, 2022년 10월 검색.

그림 4-11　　저소득국가의 소득별/교육수준별 성평등지수

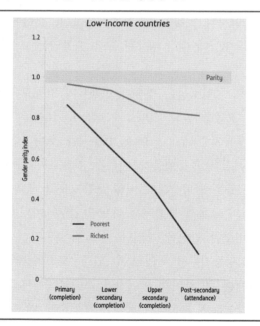

자료: UNESCO (2020). Global Education Monitoring Report, p. 257.
　　　https://gem-report-2020.unesco.org/, 2022년 10월 검색.

교육에서 성평등이 중요한 이유는 교육에 대한 기본권의 측면에서도 중요하지만 여성이 교육을 받은 정도에 따라 다양한 빈곤의 지표가 달라지기 때문이다. <그림 4-12>는 전 세계 15-44세 여성의 평균 교육연수(교육 수준)에 따른 유아사망률, 산모사망률, 그리고 출산율의 변화를 보여준다. 글로벌 보건 격차를 조사하는데 기본적으로 다루는 세 가지 지표는 대부분의 저소득국가에서 높은 비율을 나타내지만 여성의 교육 수준이 높은 선진국일수록 이 지표들의 비율이 낮아지는 경향을 보인다. <그림 4-12>에 나타나는 원의 크기는 각 국가의 인구수를 의미하고 X축은 15-44세의 여성의 평균 교육연수를 Y축은 그림의 순서대로 각각 유아사망률, 산모사망률, 출산율을 나타낸다. 각각이 가지고 있는 세부적인 차이는 존재하지만 모든 수치가 전체적으로 우하향하는 것은 여성의 교육수준과 세 지표가 모두 밀접한 연관이 있음을 확인시켜준다. 특별히, 유아사망률과 산모사망률의 감소는

그림 4-12　여성의 교육수준 대비 유아사망률/산모사망률/출산율

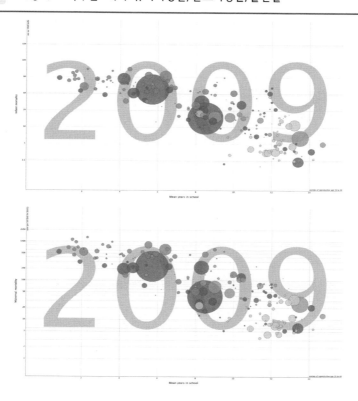

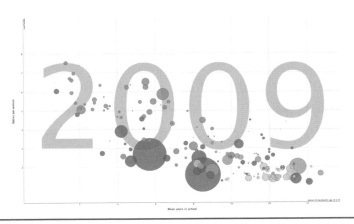

자료: Gapminder (2022). http://gapminder.org/tools/ 2022년 10월 검색.

여성이 교육을 통해 읽고 쓸 수 있는 능력을 습득하여 간단하고 필수적인 보건 지식을 이해할 수 있게 되었기 때문으로 해석된다. 또한 여성들이 교육을 통해 배우게 되는 자기성결정권에 대한 인식 개선은 출산율의 감소에 기여하는 것으로 이해할 수 있다.

전 세계적으로는 지난 25년간 1억 8000만 명의 여학생들이 초등교육과 중등교육에 취학하면서 남학생들의 취학률과의 차이를 많이 좁혀나갔으며 초등교육 졸업률 또한 약 20% 이상 증가하여 총 87%의 여학생이 초등교육을 이수한 것으로 나타났다(UNESCO, 2021a). 하지만 교육수준이 중고등교육으로 높아질수록 낮아지는 여성의 교육 참여율은 성별 교육 불평등을 넘어서 글로벌 빈곤의 중요 분야인 보건의 측면과 함께 다차원적인 빈곤의 원인이 될 수 있기 때문에 국제사회가 우선적인 대응을 할 필요가 있다.

둘째, 장애인의 교육권 또는 장애로 인한 교육 차별을 금지하는 등 교육의 기본적인 권리를 위한 국제사회의 노력에도 불구하고 장애인들은 그들을 포용하는 교육 현장을 경험하지 못한 경우가 많다. 세계은행의 통계에 따르면 전 세계 인구의 15%인 10억 명은 크고 작은 형태의 장애를 가지고 있으며 이들은 비장애인들에 비해서 열악한 사회경제적 결과에 직면할 가능성이 높다고 보고한다(World Bank, 2022). 이처럼 전 세계의 많은 장애 인구가 겪고 있는 기본적인 교육권 보장의 어려움은 문화적·사회적·재정적 장벽 때문에 전 세계에 공통적으로 나타난다. 이와 같은 장벽을 제거하려는 노력의 첫 걸음으로 UN은 2018년 장애인과 더

불어 SDGs의 목표를 달성하기 위한 장애와 개발에 관한 보고서(Disability and Development Report)를 발간하였다. 이 보고서는 장애인의 교육 받을 권리를 그들이 현재 겪고 있는 사회경제적 빈곤과 소외로부터 벗어날 수 있는 필수조건으로 강조한다. 그러나 2020 글로벌교육 모니터링 보고서이 따르면 장애를 가진 아동은 학교를 다니지 않는 총 아동의 15%를 차지하고 감각적·신체적·지적 장애가 있는 장애가 있는 사람들은 장애가 없는 또래에 비해 학교에 다닌 적이 없을 가능성이 2.5배가 더 높은 것으로 나타났다(UNESCO, 2020a). <그림 4-13>은 2010년 기준 35개국을 대상으로 하여 장애 유무와 성별에 따라 조사한 15세 이상 인구의 문해율로 장애가 있는 사람들은 비장애인에 비해, 여성은 남성에 비해 낮은 문해율을 가지고 있는 것을 확인할 수 있다. 모잠비크의 경우 장애를 가진 남성은 약 2명 중 1명 정도(49%) 글을 읽고 쓸 수 있는 반면 여성은 오직 6명 중 1명 정도(17%)만 글을 읽고 쓸 수 있었다. 브라질, 코스타리카, 도미니카 공화국, 그리고 우루과이 이렇게 4개국만 장애를 가진 여성의 문해율이 남성보다 약 1-7% 정도 높은 것으로 나타난다. 교육권을 보장받지 못하여 낮은 문해율을 가지고 있는 장애인들이 사회에 진출하여 겪는 직접적인 결과는 노동시장에서 제한된 선택을 할 수 밖에 없어지고 경쟁력을 잃게 된다는 것이다. <그림 4-14>는 전 세계를 7개의 지역으로 구분했을 때 장애의 유무와 성별에 따라 조사한 15세 이상 인구의 취업률이다. 문해율 자료와 비슷하게 장애를 가진 여성의 취업률이 장애를 가진 남성 그리고 장애를 가지고 있지 않은 사람들에 비해서 낮음을 확인할 수 있다. 북아프리카와 서아시아의 비장애인 남성은 같은 지역의 장애를 가진 여성에 비해 약 5배정도 높은 취업률을 보이고 유럽도 약 2배 정도 차이를 보이는 것으로 확인된다.

35개국 대상 장애와 성별에 따른 15세 이상 인구의 문해율

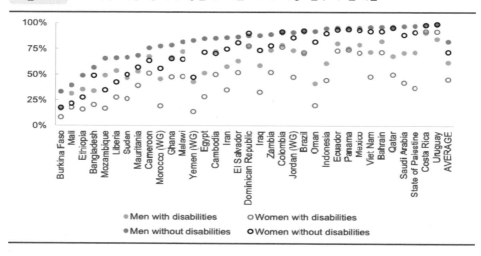

그림 4-14 7개 지역별 장애와 성별에 따른 15세 이상 인구의 취업률

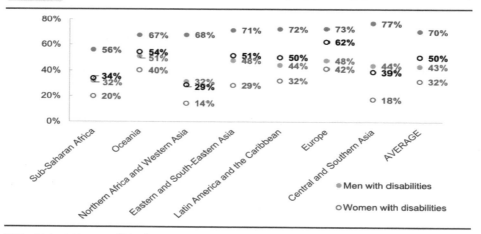

자료: United Nations (2019). Disability and Development Report, p.108–109.
https://www.un.org/development/desa/dspd/2019/04/un-disability-and-developm
ent-report-realizing-the-sdgs-by-for-and-with-persons-with-disabilities/, 2022년
10월 검색.

따라서 많은 국가들이 장애인을 더욱 포용하는 방향으로 교육제도를 변화시키
고 있다. 2017년 기준 유네스코에 따르면 장애인의 교육권을 정부 정책이나 법률

에 명시에 둔 국가는 88%이고 65%의 국가는 장애인 학생을 포용할 수 있는 커리큘럼, 교사 그리고 행정 시스템을 제공하는 등의 노력하고 있다(UN, 2019). 하지만, 실질적으로 장애인에 대한 교육 제공과 내용전달에 직접적인 영향을 주는 학습 도구 지원과 이들을 돕는 인적 자원 및 교육시설의 확충을 하고 있는 국가는 각각 41%와 33%로 절반에 미치지 못한다. 이러한 상황 속에서 장애인들을 위한 교육시설과 인적 자원의 확충은 특수학교나 특수학급 운영으로 특별 분리하여 지원하고 있지만 궁극적으로는 한 장소에서 차별 없는 교육을 받을 때 진정한 포용적인 교육이 제공될 수 있음을 인식하고 이를 위한 노력이 중요하다.

3. 디지털 격차 해소를 위한 교육

이 장의 도입부에서 간략히 소개된 것처럼 코로나19로 인해 2020년 초 전 세계 14억 명에 달하는 학생들이 교육을 받을 수 없는 상황에 놓였다. 지금까지는 국가별 정치, 경제, 사회, 문화의 특성으로 인한 교육 격차가 생겼다면 코로나19는 선진국과 저소득국가의 구분 없이 '평등하게' 교육 격차를 확대시켰다. 코로나19 바이러스의 영향은 평등하더라도 선진국은 발전된 정보통신기술(Information Communication Technology: ICT)을 활용하여 물리적으로 폐쇄된 학교 교육을 가상의 공간에서 원격으로 제공하는 등 학습 격차를 최소화할 수 있도록 빠르게 대처하였다. 하지만, 저소득국가는 이미 다차원적인 빈곤을 겪고 있는 중에 코로나19라는 추가적인 재난으로 인해 교육 분야를 포함한 전반적인 불평등이 심화되었다. UNESCO(2021b)에 따르면 2020년 고소득국가는 평균적으로 53일간 학교 폐쇄로 인한 수업 손실이 있었고 중/저소득국가는 115일의 수업 손실이 있었다. 이러한 상황 속에서 고소득국가의 98%는 온라인 플랫폼을 통해 원격수업을 진행할 수 있었지만 중/저소득국가는 58%만 간헐적으로 원격수업을 진행하였고 실질적인 수업 진행은 25%만 가능했다고 한다. 이처럼 기술 발전과 기술습득 정도 그리고 낯선 원격교육에 적응하는 속도에 따라 학습격차는 더욱 벌어졌다.

ICT의 잠재력과 중요성은 코로나19를 경험하기 이전부터 인류 삶의 근본적인 진전을 이룩하기 위한 국제개발 분야의 공통 이슈로 다뤄져왔다. 하지만 정보를 가진 사람과 가지지 못한 사람의 차이를 의미하는 개념에서 시작된 디지털 격차(Digital Divide)를 통해 소외된 사람들이 새로운 기술에 접근할 능력을 보유한 사람과 보유하지 못한 사람으로 구분되며 사회경제적 격차를 겪게 되었다(Hoffman et al., 2000). 이러한 부분의 개인적인 소외가 국가로 확장되어 보편화된 디지털 기술을 확산시키고 제대로 활용할 줄 아는 국가와 그렇지 못한 국가 간의 발전, 지식, 정보의 차이가 나아가서는 국제사회 속 권력의 차이로까지 심화되는 양상을 보이기도 한다. 따라서 코로나19로 인해 더욱 급격하게 벌어진 개인별/국가별 디지털 격차를 교육을 통해 해결하고자 하는 노력이 계속되고 있다.

<그림 4-15>는 국가별로 인터넷 사용하는 인구의 비율을 통해 전 세계가 겪고 있는 디지털 격차를 보여준다. ITU(2022)에 따르면 전 세계의 63%가 평균적으로 인터넷을 사용하지만 저소득국가들은 이 평균에 미치지 못하는 상황이다. 예를 들어, 아프리카 대륙은 총 인구의 88%가 인터넷을 사용할 수 있는 환경을 갖추고 있지만 단지 33%만 인터넷을 사용하고 있으며 55%의 사용간극이 존재하는 것으로 나타났다. <그림 4-16>은 국가 간의 개인, 기업, 정부의 ICT 발전 정도와 경쟁력을 측정하여 ICT 활용 준비의 정도를 보여주는 네트워크 준비지수(Network Readiness Index)이다(Dutta and Lanvin, 2021). 이 지수는 단순한 개인사용 비율을 넘어서 ICT 활용을 위한 환경조성에 중요한 역할을 하는 기업과 정부의 경쟁력과 법/제도적인 준비까지를 포함한다. Y축의 더 높은 NRI 지수를 나타

그림 4-15 전 세계 디지털 격차

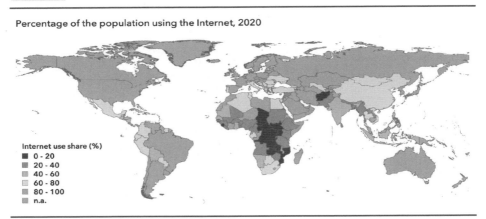

자료: ITU (2022). Global Connectivity Report 2022. p.24
    https://www.itu.int/hub/publication/d-ind-global-01-2022/, 2022년 10월 검색.

내는 대부분의 국가들이 고소득국가인 것을 통해 현재의 사회경제적 격차와 디지털 격차가 밀접한 상관관계를 맺고 있음을 확인할 수 있다. <그림 4-16>의 고소득국가로 구분되는 국가들은 준비된 ICT 환경과 경쟁력을 바탕으로 팬데믹 기간 중 교육 분야에서도 빠르게 대응할 수 있었고 ICT활용은 개인과 국가의 차원에서 디지털 전환과 뉴노멀 시대에 필수적인 역량으로 인식되었다. 그렇기 때문에 이 역량은 상대적으로 네트워크 준비가 덜 된 저소득국가의 국민들에게도 중요성이 높아지고 있다. 왜냐하면 디지털 언어와 장비를 특정 언어의 원어민처럼 자유자재로 구사하는 디지털 원어민(Digital Native)은 국가의 발전정도와 무관하게 전 세계에 공통적으로 존재하기 때문이다(Prensky, 2001). 이러한 상황 속에서 ICT의 단순 사용을 넘어서 기술을 어떻게 대하고 활용하는지에 초점을 맞춘 디지털 리터러시(Digital Literacy)가 필수 역량으로 대두되고 있다. 2. 2)에서 살펴보았던 문해율이 디지털 전환 시대를 만나 형성된 개념의 디지털 리터러시는 디지털과 관련된 모든 정보와 기술에 대한 이해와 활용 뿐만 아니라 명확한 정보를 찾고, 평가하며, 조합하는 삶과 교육에 요구되는 능력과 소양으로 정의된다.

그림 4-16   네트워크 준비지수 vs 1인당 GDP(PPP기준)

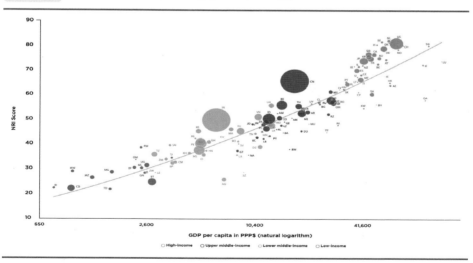

자료: Dutta and Lanvin (2021). The Network Readiness Index, p.49
　　https://networkreadinessindex.org/, 2022년 10월 검색.

뿐만 아니라 2016년 세계경제포럼에서 디지털 리터러시는 제4차 산업혁명 시대의 핵심역량으로 포함되었다. 따라서 디지털 리터러시의 역량을 갖춘 것과 갖추지 못한 것이 또 다른 사회경제적인 소외현상을 낳을 수 있다. 많은 국가들이 교육과정에 이 역량을 반영시키기 위해 노력 중이고 핀란드, 영국, 프랑스, 캐나다 등의 교육 선진국들은 이미 국가적 차원에서 디지털 리터러시를 위한 교육을 진행 중이다. 국가 차원에서 교육이 필요한 이유는 디지털 리터러시가 국가 경쟁력을 결정하는 요소이기 때문이다. 발전된 ICT기술을 바탕으로 한 단순한 연결만으로 원격수업의 전체적인 성공을 담보하기 어려웠던 것처럼 기기에 대한 디지털 리터러시 기본 교육부터 고도화된 역량까지 체계적인 교육이 필요한 시대이다. 무엇보다 디지털 사회로의 전환에 있어서 정보를 평가하는 능력이나 디지털 권리 및 책임감과 같은 복합적 능력에 대한 증진은 체계적인 국가의 주도하에 진행이 되어야 단 한 사람도 소외되지 않을 수 있다.

코로나19 이후 2개월 동안의 디지털 기술 전환 속도는 지금까지의 평균 속도와 비교할 때 약 2년치의 발전과 확산을 이루었다고 한다. 더 빠른 전환이 일어났다는 것의 다른 의미는 소외되는 인구가 더 빠르게 증가하고 빈곤이 더 빠르게 심화되었다는 의미이기도 하다. 특히 정보취약계층으로 구분되는 사회적 약자인 저소득층과 장애인 그리고 노령 인구는 디지털 이주민(Digital Immigrants)으로서 초연결시대에 살지만 오히려 더욱 고독한 시대를 살고 있기도 한다. 개인의 단순한 불편함으로 시작된 디지털 격차가 개인의 불평등과 불이익의 원인이 되고 이 격차로 인한 문제는 사회 문제로 확산되고 있다. 디지털 격차에 대응하는 방안이 개인적인 영역에서 공적 교육 영역으로 확대된 만큼 앞으로의 다양한 형태의 디지털 리터러시 교육을 위한 사회적 노력이 요구된다.

‖ 참고문헌 ‖

Altinok, N., Angrist, N., and Patrinos, H. A. (2018). Global Data Set on Education Quality (1965−2015). Policy Research Working Paper 8314 World Bank.

Arendt, J. N., Rosholm, M., and Jensen, T. P. (2005). The Importance of Literacy for Employment and Unemployment Duration. akf Working Paper.

Dutta, S. and Lanvin, B. (2021). The Network Readiness Index 2021. Portulans Institute.

Fleck, A. (2022). This chart shows how student−teacher ratios vary around the world.
https://www.weforum.org/agenda/2022/09/student−teacher−ratios−vary−across−the−globe/

Hoffman, D. L., Novak, T. P., and Schlosser, A. (2000). The Evolution of the Digital Divide: How Gaps in Internet Access May Impact Electronic Commerce. *Journal of Computer−mediated Communication*, 5(3), 1 March 2000, JCMC534.

International Telecommunication Union. (2022). Global Connectivity Report 2022. Geneva

Lutz, W., Cuaresma, J. C., and Sanderson, W. (2008) The Demography of Educational Attainment and Economic Growth. *Science*. 319(5866): 1047−1048.

OECD. (2022). Class size & Student−teacher ratio.
https://gpseducation.oecd.org/revieweducationpolicies/#!node=41720&filter=all

Patrinos, H. A. and Psacharopoulos, G. (2018). Strong link between education and earnings. https://blogs.worldbank.org/education/strong−link−between−education−and−earnings

Prensky, M. (2001). Digital Natives, Digital Immigrants. *On the Horizon*, 9(5): 1−6.

Rocha, M. S. B. and Ponczek, V. (2011). The effects of adult literacy on earnings and employment. *Economics of Education Review*, 30(4): 755 −764. https://blogs.worldbank.org/education/strong−link−between−education−and−earnings

Roser, M. (2021). Access to basic education: Almost 60 million children in primary school age are not in school.
https://ourworldindata.org/children−not−in−school

Tomaševski, K. (2001). Human rights obligations: making education available, accessible, acceptable and adaptable. Right to education primers no. 3
https://www.right−to−education.org/sites/right−to−education.org/files/resource−attachments/Tomasevski_Primer%203.pdf

Tomaševski, K. (2003). *Education Denied: Costs and Remedies*. London: Zed Books.

UNESCO. (2004). Glossary: Literacy.
https://uis.unesco.org/en/glossary−term/literacy

UNESCO. (2020a). Global Education Monitoring Report: Inclusion and education. https://gem−report−2020.unesco.org/

UNESCO. (2020b). 1.37 billion students now home as COVID−19 school closures expand, ministers scale up multimedia approaches to ensure leaning continuity.
https://en.unesco.org/news/137−billion−students−now−home−covid−19−school−closures−expand−ministers−scale−multimedia

UNESCO. (2021a). Global Education Monitoring Report: Non−state actors in education. https://en.unesco.org/gem−report/non−state_actors

UNESCO. (2021b). What's next? Lessons on education recovery: findings from a survey of ministries of education amid the COVID−19 pandemic.
https://unesdoc.unesco.org/ark:/48223/pf0000379117

United Nations (2019). Disability and Development Report.
https://www.un.org/development/desa/dspd/2019/04/un−disability−and−development−report−realizing−the−sdgs−by−for−and−with−persons−with−disabilities/

World Bank. (2022). Disability Inclusion.
https://www.worldbank.org/en/topic/disability

Chapter 05

글로벌 빈곤과 국제개발협력: 한국과 아프리카

조준화

글로벌 빈곤과 국제개발협력: 한국과 아프리카

조준화

Ⅰ. 글로벌 빈곤과 아프리카

빈곤(Poverty)을 정의하기는 쉽지 않다. 빈곤이 결핍(Deprivation)의 상태라는 느슨한 개념적 합의는 있지만, 여전히 결핍의 개념을 어떻게 정의할 것인지에 대해서는 학문적 이견이 존재한다. 이러한 결핍의 척도를 측정하는 것으로 소득 지표(절대적 빈곤, 상대적 빈곤)와 소득 이외의 지표 예컨대 인간빈곤지수(Human Poverty Index)는 계속 개발되고 널리 통용되어 쓰이고 있다. 세계은행은 소득을 기준으로 하루 수입이 1.90 달러 미만의 계층을 국제빈곤선으로 정의하고 있다. 한편, 소득 이외의 건강, 교육 등의 요소를 포함한 다차원빈곤지수는 유엔개발계획(UNDP)이 발표하고 활용하고 있다. 1990년대 이래로 개발도상국 특히 중국과 인도를 중심으로 한 아시아의 성장에 힘입어 세계 빈곤층은 극적으로 많이 감소했다.

그림 5-1 대륙별 절대 빈곤 현황

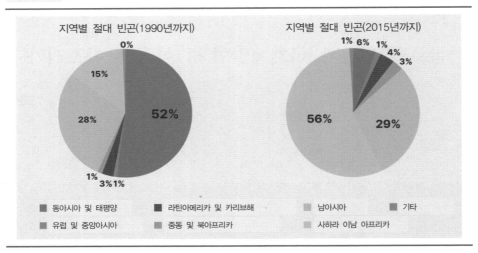

출처: 세계은행

하지만 국제사회가 개발도상국들의 성장을 돕기 위해 공적원조 등을 제공하였음에도 불구하고 아프리카 대륙의 빈곤은 오히려 증가했다고 할 수 있다. 1960년대부터 2020년까지 공적원조의 규모는 1,612억 달러로 지속적으로 확대되었으나 여전히 아프리카 대륙의 1/3에 해당하는 약 4억 2천 명의 사람들은 절대 빈곤에서 못 벗어나고 있으며 세계 빈곤층의 약 70%를 차지하고 있다. 아프리카 대륙의 절대 빈곤층 증가는 글로벌 빈곤 해결과 직결된 문제라고 할 수 있다. 그럼에도 불구하고 2000년대 들어 떠오르는 아프리카(Rising Africa)로 대변되는 평균 2.5－4%의 높은 GDP 성장률과 가장 젊은 대륙으로서 낙관적 미래는 국제사회가 더욱 아프리카 대륙의 문제에 관심을 갖게 하는데 충분한 요인이 되었다.

2000년대 들어 한국도 개발원조위원회(OECD/DAC)에 가입하며 국제사회에서 공여국으로서 역할이 증가하였고 이는 아프리카 국가들의 빈곤문제에 더욱 관심을 기울여야 함을 뜻한다고 할 수 있다. 아프리카 국가들 또한 한국의 발전에 대한 관심이 증가하며 국제개발협력의 의제가 한국과 아프리카 외교 관계에서 중요 사안으로 자리매김하고 있다. 따라서 한국과 아프리카의 외교 역사를 기반으로 개발협력의 의제가 어떻게 정치화 되어 활용되고 있는지 살펴봄으로써 향후 더 발전적 관계를 위해서 어떠한 점의 개선이 필요한지에 대해서 살펴보고자 한다.

그림 5-2 연간 개발원조위원회(OECD/DAC) 국가의 공적개발원조(ODA) 총액(1960-2019)

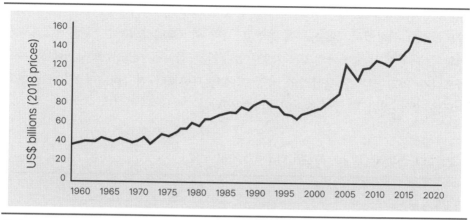

출처: OECD

Ⅱ. 한국의 아프리카 외교 및 개발협력 관계

1. 2000년대 이전 한국의 아프리카 외교 역사

현대사적 의미에서 한국과 아프리카의 관계는 2000년대 이전과 이후로 나눠 볼 수 있다. 아프리카 국가와의 첫 외교적 관계의 시작은 한국전쟁이다. 에티오피아는 1951년 하일레 셀라시(Haile Selassie) 2세 황제의 친위부대인 강뉴(Kagnew) 부대를 파병했으며, 이후 1963년 한국과 수교를 맺었다. 셀라시 2세 황제는 1968년 강뉴 부대가 춘천일대에서 전투를 벌인 것을 기념한 참전 기념탑 준공식 참석을 목적으로 방한하였고 이는 역사적으로 첫 아프리카 정상의 방문이었다. 한편 아프리카 대륙에서 남아프리카공화국도 한국전쟁에 참여하였는데, 전투 비행대대를 파병하였고 당시 흑인인종차별정책을 시행한 아파르트헤이트(Apartheid) 정부로 백인들만으로 구성되었다. 이러한 역사적 관계는 현재 한국이 아프리카와 외교관계를 맺는데 초석이 되어 '보훈 외교'라는 이름으로 파병 참가자들과 후손을 지원하는 주요 레토릭으로 자리잡고 있다.

한국전쟁 후 한국이 직면한 가장 큰 외교적 문제는 국제사회로부터 인정받는 한반도 유일의 정부가 되는 것이었다. 한국전쟁이 휴전으로 끝나며 한반도에 남한과 북한의 두 개의 정부가 수립되면서 한국의 문제(Korean Problem)가 매년 유엔

총회에 상정되었다. 한편 1960년대 많은 아프리카 국가들이 독립하면서 유엔총회에 독자적인 투표를 할 수 있는 나라가 증가하였고 아프리카 국가들과의 관계가 중요해지기 시작했다. 박수길 전 유엔 대사의 회고록에서 알 수 있듯이, '그 당시 외교의 주요 목적은 한국의 UN 가입이었다'라고 집약될 정도로 당시 남한의 주요 아프리카 외교 정책은 북한과의 경쟁 속에서 북한보다 더 많은 아프리카 국가와 수교를 맺는 것이 더 중요했다고 할 수 있다.

그림 5-3   1960년대 남·북한의 아프리카 수교 현황

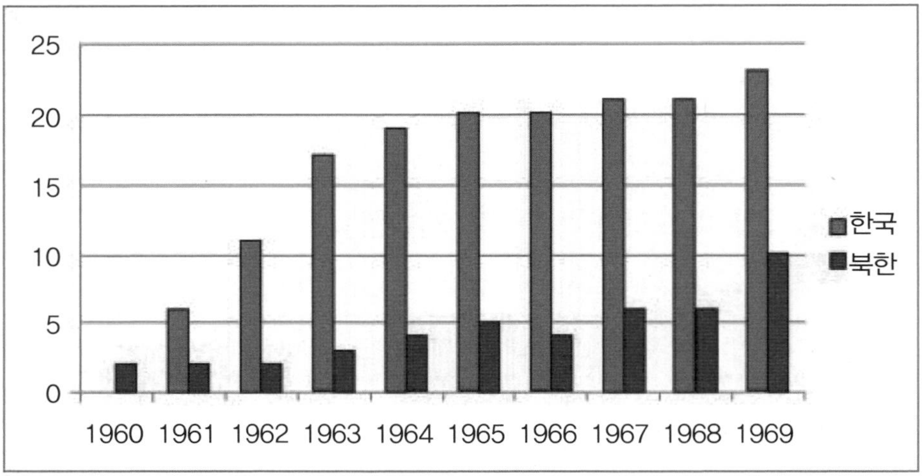

출처: 외교부(재외공관보고자료)

1960년대 냉전으로 상징되는 국제 외교 무대에서 아프리카 국가들은 남한과 북한을 동시에 수교할 수 없으며 오직 하나의 국가를 선택해야 했다. 이러한 국제적 상황속에서 남한 정부는 매년 아프리카 국가로 친선사절단을 파견하고 아프리카 고위급 인사 초청을 통해 외교 관계를 진전시키고자 했다. 공개된 외교문서에 따르면, 친선사절단의 주요 의제는 유엔 총회에서 한반도의 유일한 정부로 북한이 아닌 남한을 투표해주는 것이었으며 이에 대한 응답으로 농업기술 전수와 같은 개발협력적 지원도 항상 함께 거론됐다. 이러한 맥락에서 1968년 의사파견은 한국의 첫 인도주의적 협력활동이라 할 수 있다. 한편, 아프리카 고위급 인사초청의 사례로 가봉의 봉고 대통령 방한을 들 수 있다. 이렇듯, 친선사절단 파견과 아프

리카 고위급 인사 초청을 통해 한국은 다음 <그림 5-4>와 같이 아프리카 국가들과의 수교를 늘려나갈 수 있었다. 이러한 역사적 사료에 근거해보면 개발협력적 의제는 외교적 수단으로써 수원국이든 공여국이든 상관없이 항상 존재해왔다는 것을 파악할 수 있다.

그림 5-4   1970년대 남·북한 아프리카 수교 정황

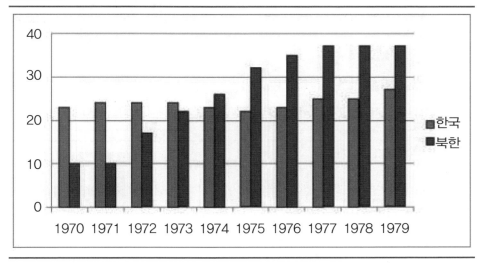

출처: 외교부(재외공관보고자료)

1970년대 들어 국제적인 냉전 해체의 분위기가 시작되며, 이념에 기반한 외교에서 점차 실용을 기반하는 외교로 바뀌게 되는데 남·북한에 있어서는 1972년 7·4 남북공동성명이 주요 계기가 됐다. 하지만 모든 정책이 어느 한 시점을 기준으로 일괄되게 실용주의적 외교로 변했다기보다는 이념에 기반한 외교 정책 속에서 어느 특정 국가와 사안에 따라 그 전보다 더 실용주의적인 정책도 함께 적용됐다고 할 수 있다. 특히 1975년 북한의 비동맹회원국가입으로 남·북한의 외교전이 더 치열해지기도 했지만, 큰 흐름에서는 남·북한을 동시에 수교하는 아프리카 국가들이 늘었다고 할 수 있다.

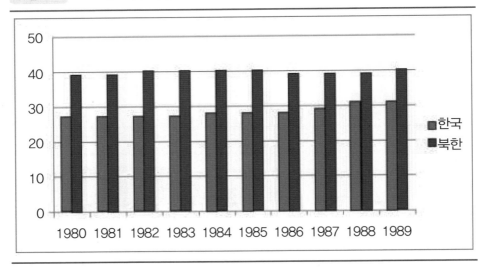

그림 5-5 1980년대 남·북한 아프리카 수교 현황

출처: 외교부(재외공관보고자료)

1980년대 '이념 외교'와 '실리적 외교'가 교차하고 남한이 북한에 비해 경제적 우위에 서게 되면서 남한은 아프리카 외교를 적극적으로 펼쳤다. 1982년 대한민국 국가 정상으로는 처음으로 전두환 전 대통령이 아프리카 4개국(케냐, 나이지리아, 가봉, 세네갈)을 공식 방문하였다. 공개된 외교문서에 따르면 '북한의 확장을 막고 경제부흥'이 순방의 주요 목적으로 밝히고 있는데, 북한의 외교력을 저지하는 동시에 경제적 실리도 함께 시도한 외교적 노력이라고 볼 수 있다. 같은 해 아프리카 순방 후속조치로 오늘날 유상원조를 담당하는 대외경제협력기금(EDCF)이 조성되고, 1989년 나이지리아에 철도차량 현대화 사업을 목적으로 첫 대외차관을 집행하게 된다. 이러한 아프리카 국가들로의 외교적 확장은 1986년 아세안 게임과 1988년 올림픽 게임을 유치하기 위한 '스포츠 외교'에 활용되기도 했다고 할 수 있다.

그림 5-6 1990년대 남·북한 대아프리카 수교 현황

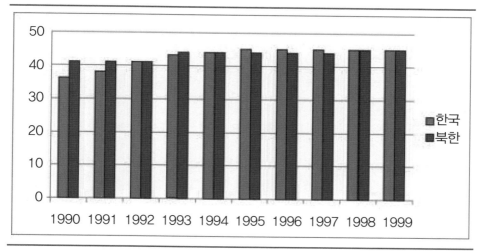

출처: 외교부(재외공관보고자료)

1990년대 구 소련권 국가의 붕괴로 인한 냉전의 해체는 이념보다는 실용주의에 기반한 외교정책을 가속화시켰다. 한국의 아프리카에 대한 관심이 지속적으로 증가하던 중 소련의 붕괴는 노태우 정부로 하여금 새로운 시장으로써의 구 소련권 국가에 관심을 갖게 하였다. 더 나아가 1991년 남·북한이 유엔에 동시가입함으로써 남한의 관심이 아프리카에서 더욱 더 멀어지게 되었다. 더욱이 냉전의 해체로 인한 1990년대 많은 아프리카 국가들이 내전을 겪는 등 불안정한 정치적 요소도 남한의 관심이 아프리카에서 멀어지게 한 주요 요인 중 하나로 작용했다고 할 수 있다. 그럼에도 불구하고 1990년대 세계화의 물결 속에서 김영삼 정부는 한국의 발전 경험이 많은 개발도상국에 공유할 수 있는 양성 프로그램을 강화하고자 하였고 1995년 코펜하겐 사회개발총회 참석을 통해 이를 공약하였다. 이는 국제개발협력의 분야를 체계적이고 통합적으로 발전시켜 나가고자 함을 국제적으로 공약한 첫 사례라고 할 수 있다. 하지만, 한국이 IMF를 겪으며 이러한 공약은 김대중 정부에서 실현화되지 못하고 오히려 IMF 극복을 위한 긴축정책으로 외교부 내 아프리카와 중동국이 통합되고 1998년 145개 대사관이 2011년 121개 대사관으로 축소되는 흐름 속에서 아프리카 지역 대사관도 13개에서 10개로 축소되었다.

요컨대, 2000년대 이전 한국과 아프리카 국가들과의 관계는 한국전쟁으로부터 시작됐으며 1960년대 아프리카 신생 독립국들의 등장과 함께 유엔 회원국들로부

터 국제적으로 한반도 유일의 합법 정부로 인정받기 위한 노력의 일환으로 아프리카 국가들과의 외교적 관계를 확장하고자 관심을 갖기 시작했다. 이러한 노력은 매년 '친선사절단 파견'과 '초청외교' 형식을 통해 이뤄졌다. 특히 한국이 수원국의 지위에 있었음에도 불구하고 개발협력적 의제는 항상 존재했으며 외교적 교환의 수단으로써 활용됐다고 할 수 있다. 1990년대 들어 실용에 기반한 아프리카 외교 정책이 시작됐지만 한국의 경제 부도 위기와 아프리카 국가들의 내전으로 말미암아 국제개발협력에 기반한 외교 정책은 크게 현실화되지 못했다.

2. 2000년대 이후

2000년대 들어 한국은 다시 아프리카에 대한 관심을 갖기 시작했다. 과거 아프리카가 미지의 대륙 아프리카였다면, 2000년대 아프리카 대륙이 소위 '떠오르는 아프리카(Rising Africa)'로 각광받으며 한국도 새롭게 관심을 가지기 시작했다. 특히 많은 아프리카 국가 정상 및 고위급들이 방한하면서 한국의 발전에 대한 관심을 표하며 이에 대한 응답으로 국제개발협력 방안 논의가 시작됐다고 할 수 있다.

한국의 아프리카 관련 정책 패턴은 정부가 출범하는 인수위원회를 통하여 공적개발원조(ODA)에 대한 활용 방안을 설정하고, 대통령의 유엔 총회를 통해 한국이 주력할 국제개발협력에 대하여 발표하고, 아프리카 순방 시 아프리카에 대한 지원방안을 구체적으로 공약하는 패턴이라고 할 수 있다. 특히 각 정부가 추진하는 큰 외교 정책 속에서 국제개발협력 그리고 아프리카 관련 외교 정책이 통합되어 진행되고 있다.

그림 5-7   한국의 아프리카 외교 패턴

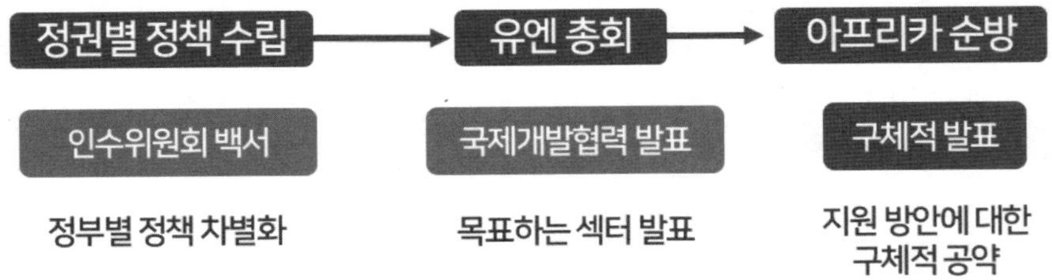

정권별 정책 수립	→	유엔 총회	→	아프리카 순방
인수위원회 백서		국제개발협력 발표		구체적 발표
정부별 정책 차별화		목표하는 섹터 발표		지원 방안에 대한 구체적 공약

출처: Cho(2019)

노무현 정부의 주요 외교정책은 한반도 평화 체제 구축과 동북아시아 경제 중심국가론이었다. 당시 외교분야 인수위원회에 따르면 다른 선진국들처럼 공적원조가 우리나라의 국가이익 증진 및 범세계적 외교 실현을 위한 수단으로 역할을 해야 함을 과제로 삼았다. 즉, 외교통상부는 공적개발원조 확대를 통한 선진국 위상 확립을 추구하였고, 이는 2006년 외교통상부 업무 보고에 국제기구 요직 및 핵심 의사결정기구 진출 정도를 지표화 하였는데, UN사무총장 진출을 약 70% 정도의 비율로 설정하였고, 반기문 전 외교통상부 장관이 2006년 2월 공식 차기 유엔 사무총장 출마 선언하였다. 실제로 2004년도에 외교부장관으로 임명된 반기문 장관은 2005년도에 첫 아프리카 순방 - 알제리, 탄자니아, 케냐, 리비아 - 이래로 가나, 콩고, 수단, 르완다, 남수단 등 - 이래 아프리카를 가장 많이 순방한 외교부 장관이었다 할 수 있다. 특히 2006년 노무현 대통령의 아프리카 순방(이집트, 나이지리아, 알제리)을 통해 당시 이집트 무바라크(Hosni Mubarak) 대통령으로부터 반기문 전 장관의 유엔 사무총장 지지 선언을 이끌어내기도 했다.

2007년 외교백서는 2006년을 아프리카와의 우정의 해로 정의하고 노무현 정부의 아프리카 순방은 현재까지 한국과 아프리카 국가들과의 관계를 맺는 초석이 됐다고 언급하고 있다. 특히 나이지리아에서 발표한 '아프리카 이니셔티브' 선언은 공적원조의 확대와 한국의 개발경험 모델을 전파하는 것을 바탕으로 향후 무역 및 통상 투자 확대를 지원하고자 하는 것을 주요 골자로 하고 있다. 이를 위해 관련 부처를 통한 포럼을 제도화여 한국과 아프리카의 외교 수장간의 모임인 한－아프리카 포럼, 경제 및 산업 수장 간의 모임인 한－아프리카경제협력 그리고 한－아프리카 산업협력포럼이 개설되었고 아프리카 관련 주요 채널로 활용되고 있다(표 5－1 참조).

이명박 정부는 '성숙한 세계국가(Global Korea)'를 주요 외교 정책 과제로 설정하고 '기여외교'를 통한 대외원조 확대를 추구했다. 특히 한국의 개발경험 전수와 주요 개발도상국들의 자원을 교환할 수 있는 공적개발자원의 효율적 활용에 관심을 기울였다. 더 나아가 국제평화유지 활동(PKO)에 대한 참여 활동 확대를 통하여 국제 평화와 안보분야로의 확대도 목표했다. 2010년 한국이 24번째로 개발원조위원회(OECD/DAC)에 가입함으로써 전 세계 90% 이상의 공적원조를 담당하는 기구에 공여국의 지위를 받게 됐다.

표 5-1 한-아프리카 주요 포럼 및 의제

구분	한-아프리카포럼	한-아프리카 경제협력 장관급회의	한-아프리카 산업협력포럼
1차	상호 이해 증진과 새로운 협력관계 및 발전 방안	호혜적 파트너십 강화 및 상호 평화, 안보를 위한 협력 확대	원조 공여관계 또는 수출시장에서 21세기의 산업협력의 파트너로서 인식 전환
2차	새로운 파트너십: 녹색성장, 지속가능개발	보다 더 번영된 아프리카	IT기술을 통한 아프리카 시장 개척을 새롭게 모색, 협력의 폭을 확장
3차	개발협력, 통상투자, 평화안보	RISING Africa, Together with Korea	석유, 가스 및 광물 자원개발, 전력인프라 등 플랜트 협력, 신재생에너지 분야 협력 등 중점 협의
4차	평화안보, 경제개발	포용적 성장	한국 기업들의 유망 에너지 자원, 건설·플랜트 프로젝트 정보 획득 및 네트워크 구축
5차	포스트 코로나19 이후 시대 한-아프리카 협력 강화	10주년 및 역대 최대 규모 행사	아프리카와 유사한 정치경제적 경험을 가진 한국이 아프리카의 최고 경제협력 파트너임을 역설

　이는 한국이 국제개발협력 분야의 국제적 규범을 지켜야 하는 위치이면서 동시에 규범을 정할 수도 있는 회원의 자격을 얻었다는 것을 뜻한다고 할 수 있다. 또한 2011년도 세계개발원조 총회를 부산에서 개최하여 '부산 선언'을 채택하는 등 한국이 향후 국제개발협력 분야에 더 큰 역할을 수행해야 하는 역할을 맡고 있다고 볼 수 있다. 노무현 정부에 이어 이명박 정부도 2011년 아프리카 국가 - 남아공, 콩고 민주공화국, 에티오피아 - 를 순방하였다. 당시 청와대 보도자료에 따르면, 남아공에서는 동계올림픽 유치 지원, 콩고 민주공화국에서는 '자원외교' 그리고 에티오피아에서는 '보은 외교'를 중심으로 진행했다고 밝혔다.

　박근혜 정부는 '국민과 함께하는 신뢰외교'를 주요 국정전략으로 설정하였으나 인수위원회 때 공적원조와 관련한 구체적 정책은 없었다. 하지만 국내적으로 '새마을 운동의 세계화'를 구체화하기 시작했으며 이는 주로 경상북도 지자체, 행정안전부를 통하여 개발협력 프로젝트의 형태로 진행됐다. 이러한 과정에서 농촌개발협력의 프로젝트에 새마을 운동의 정신을 교육하는 요소가 추가되는 형태로 새마을 운동의 개발협력 프로젝트가 진행됐다고 할 수 있다. 2015년 박근혜 대통령은 유엔총회에 참석하여 한국의 개발경험을 농촌, 교육, 안보, 환경 그리고 기술개발의 분야에 집중할 것을 공약하였다. 특히 새마을 운동 경험을 개발도상국들과 나누겠다고 연설하면서 동시에 새마을 운동의 세계화를 추구했다고 할 수 있다. 2016년 박근혜 정부에서도 임기말에 아프리카 – 에티오피아, 우간다, 케냐 – 를 순방하였으며, 에티오피아에 소재한 아프리카연합(AU)에서 한국의 대통령으로는 최초로 연설하면서 아프리카에 맞는 개발협력을 할 것을 약속하였다.

한국형 개발협력 모델로 선보인 '코리아 에이드(Korea Aid)'는 푸드 트럭, 의료 트럭을 이용하여 아프리카 오지 시골마을까지 찾아가서 도움을 주는 형태의 개발협력 모델이다. 하지만, 개발협력 프로그램에서 가장 중요시 생각하는 요소 중 하나인 지속가능성에 미치지 못하고 일회성의 이벤트형의 개발협력 모델이라는 비판을 받았다. 한편, 박근혜 탄핵 과정에서 알려진 코이카 미얀마 K타운 프로젝트 사업의 사유화 등은 우리나라 국제개발협력에 있어서 최초의 정부 개입 스캔들이라 할 수 있다. 이와 같은 맥락에서 2020년도 라오스의 댐 건설 유상원조 프로젝트가 붕괴되면서 다시 한번 한국의 국제개발협력의 활동은 국내외적으로 세간의 관심을 받게 됐다.

요컨대, 2000년대 이후 세계적으로 아프리카 대륙의 경제, 정치, 빈곤 해결에 대한 관심이 증가하면서 한국 또한 아프리카 국가들에 관심을 갖기 시작했다. 특히 한국이 반기문 전 유엔 사무총장을 배출하면서 그동안 국제사회에 대한 기여와 역할론이 확대되었고, 국제개발협력에 대한 관심과 예산도 증가하게 됐다. 정부별로는, 2006년 노무현 대통령 순방을 계기로 한-아프리카 관계를 지속할 수 있는 외교적 채널을 구축하였다. 아프리카 국가들과의 국제 관계에서 국제개발협력의 의제는 외교적 자원으로 활용되기 충분하였고 이러한 의제는 각 정부가 추구하는 대외 정책에 기반하여 활용되어 왔다고 할 수 있다. 앞서 언급했듯이 이명박 정부의 아프리카 개발협력은 '자원외교' 속에서 진행되었고, 박근혜 정부의 아프리카 개발협력은 새마을 운동을 '한국적 개발협력 모델화하'여 세계화시키고자 했다고 할 수 있다.

표 5-2 정부별 주요 외교 정책 및 국제개발협력 의제

구분	주요 외교 정책	주요 개발협력	주요 아프리카 협력
노무현 정부	평화번영 정책 세일즈 외교	2006년 반기문 유엔 사무총장 선출	제1차 한－아프리카 포럼 개최 아프리카 이니셔티브 선언
이명박 정부	성숙한 세계국가 자원외교	개발원조위원회 (OECD/DAC)가입 국제평화유지 활동(PKO) 참여 활동 확대 부산 세계개발원조 총회 개최	남아공 동계올림픽 유치 지원 콩고 민주공화국과 자원외교 에티오피아 보은 외교
박근혜 정부	국민과 함께하는 신뢰외교	새마을 운동의 국제화(코리아 에이드)	AU 연설

과거 한국이 수원국의 지위였을 때에도 국제개발협력의 의제와 프로젝트가 정치적 의제와 연관되어 작동했듯이, 현재 공여국의 지위에도 국제개발협력의 아젠다는 '정치적 교환의 관계'로 긴밀하게 연관되어 있다고 할 수 있다.

3. 한국의 국제개발협력 체계

한국은 국제개발협력기본법을 통해 국제개발협력을 체계화했다. 국제개발협력기본법 제1조에 따르면 국제개발협력의 목표는 국제개발협력정책의 적정성과 집행의 효율성을 제고하여 인류의 공동번영과 세계평화의 증진에 기여한다고 밝히고 있다. 포괄적인 기본법에 근거해 관련부처에서 국제개발협력 기본계획을 세우고 연도별 국제개발협력 종합시행계획에 따라 진행된다. 국제개발협력을 주관하는 주무부처는 유상원조를 담당하는 기획재정부와 무상원조를 담당하는 외교부가 있으며 관련 규정에 따라 국제개발협력위원회는 국무총리 소속 하에 설치되어, 국제개발협력의제, 예산 등을 조정하는 역할을 맡는다. 국제개발협력의 집행은 유상원조 기금을 운용하는 수출입은행(EDCF)이 담당하고 무상원조의 집행은 한국국제협력단(KOICA)이 맡고 있다. 그 외의 관계부처 또한 각자의 예산과 집행기관을

중심으로 관련부처의 전문성을 강조하며 국제개발협력을 시행하고 있으며 국제개발협력위원회에서 중복된 사업, 예산 등을 조율하도록 되어 있다.

특히 국제개발협력 시행에 있어 '선택과 집중'을 통한 ODA 지원효과를 제고하기 위해 5년 주기로 ODA 중점협력국(CPS)을 지정하고 있으며 중점협력국에는 양자 ODA 예산의 70% 지원을 목표로 추진하고 있다. 다음 <표 5−3>과 같이 아프리카 국가들 중에서는 가나, 에티오피아, 모잠비크, 르완다, 우간다 등의 아프리카가 3기 중점협력국으로 선정됐다. 중점협력대상국의 선정은 주관기관에 자료 제출을 요청하여 심사를 거쳐 선정하는 것으로 알려져 있으며 중점 협력국을 선정하고 평가하는 것 또한 국제개발협력위원회의 주요 역할이다.

그림 5-8　한국의 국제개발협력 체계

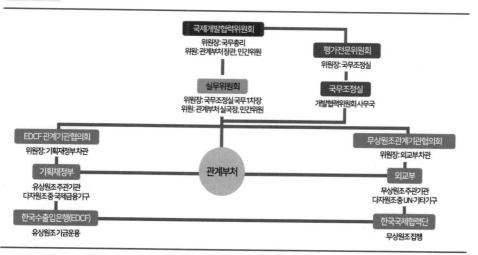

출처: 대한민국 ODA 통합 홈페이지 재구성

표 5-3 한국의 ODA 중점협력국

구분	제1기 중점협력국 ('11~'15)		제2기 중점협력국 ('16~'20)		제3기 중점협력국 ('21~'25)	
아프리카	8 개 국	가나, 에티오피아, 모잠비크, 르완다, 우간다, 콩고, 나이 지리아, 카메룬	7 개 국	가나, 에티오피아, 모잠비크, 르완다, 우간다, 탄자니아, 세네갈	7 개 국	가나, 에티오피아, 르완다, 우간다, 탄자니아, 세네갈, 이집트

출처: 제36차 국제개발협력위원회 의결안건(제36-3호)

　　그러나 현실에서 한국이 왜 아프리카 국가들과 개발협력을 해야 하는지 이유에 대해서는 부처마다 상이한 국익(National Interest)의 관점을 지닌다고 할 수 있다. 무상원조를 담당하는 외교부는 국제사회에 기여하는 '좋은 이미지'를 쌓다 보면 언젠가 한국의 국익에 도움이 될 수 있다는 장기적 관점으로 아프리카 국가들과의 국제개발협력을 해야 한다고 바라보고 있다. 한편 유상원조를 주관하는 기획재정부는 공적원조도 국민의 세금으로 지원되는 것으로 공적원조가 한국의 '경제적 이익의 마중물 역할'을 하는 것이 국익이라는 시각을 지니고 있다. 이러한 상이한 국익의 관점은 중립적 성격의 '국격'이라는 단어로 치환되어 사용되고 있다고 할 수 있다. 이러한 상황을 종합해보면, 한국이 아프리카에 공적원조를 활용한 외교를 하는 이유는 위협적이지 않은 방법을 통하여 궁극적으로 국익에 이익이 되는 것을 추구하는 것이라고 할 수 있다. 이는 OECD/DAC 회원국으로서 국제개발협력에 대한 규범(Norm)을 지키면서 동시에 국익을 추구해 나가는 것을 향후 한국의 아프리카 외교 발전의 목표로 인식되고 있다.

　　국제개발협력이 정치적 목표에 따라 설정되면 이를 실제로 집행하는 것은 관련 집행기관에 따라 진행된다. 다음 <그림 5-9>는 수원국과 한국이 어떻게 개발협력을 요청하고 진행되어가는 과정을 도식화한 내용으로 개발협력 프로젝트의 진행은 본질적으로 '입찰과 계약의 관계'다. 그러한 과정에서 1차로 국내 원조 집행 기관과 수원국 담당 부처간 사업을 발굴하고, 2차로 수원국에서 한국대사관을 통하여 개발협력 요청서를 보내면 해당 정부부처에서 접수 후 사업타당성을 조사하고 정부간 협정을 맺은 후 개발협력 프로젝트가 진행된다. 본격적인 개발협력의 진행은 원조집행기관으로부터 수주를 따낸 사업체가 진행하는 방식이다. 특히 입찰을 통한 수주의 계약 관계의 형태는 추후에 프로젝트에 문제가 발생했을 때 계약상에는 책임관계가 분명하나 실질적 책임소재에 있어서 책임(Accountability)이 불분명하고 정확한 잘잘못을 가려내기 어렵게 하는 주요 구조적 요인이라 할 수 있다.

그림 5-9   국제개발협력 체계도

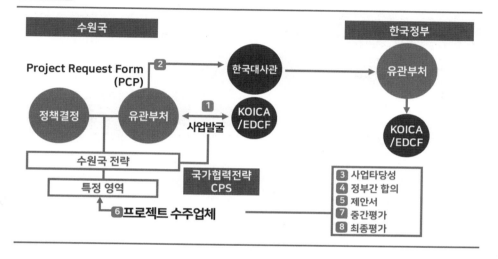

Ⅲ. 한국과 콩고 민주공화국

2000년도 이전, 즉 냉전시대에 남·북한의 치열한 외교전에서 콩고 민주공화국은 양쪽에서 이익을 취하고자 하는 외교적 행보를 보였다고 할 수 있다. 초창기 콩고 민주공화국은 북한과의 협력에 노력을 기울였으나 북한이 앙골라와 협력을 하면서 콩고 모부토(Mobutu Sese Seko) 정권과 멀어지며 다시 남한과 가까워진다. 하지만 1990년대 냉전의 붕괴와 함께 내전이 일어나며 한국의 대사관은 철수하면서 한동안 단절된 외교 관계를 유지하게 된다.

2000년대 이전 아프리카 국가들과의 관계에서 남북한이 우선적으로 관심을 보였다면, 2000년대 이후 한－아프리카 국가들간의 관계는 아프리카 국가가 우선적으로 한국에 관심을 보였다고 할 수 있다. 콩고 민주공화국도 내전의 내홍을 겪은 후 집권한 카빌라(Joseph Kabila) 대통령은 두 번 방한하여 각각 노무현과 이명박 대통령을 예방했다. 특히 이명박 정부의 자원외교 정책에 힘입어 한국과 콩고 민주공화국과의 관계는 급속도로 발전하게 된다. 2008년 콩고 민주공화국에 한국 대사관이 설립되고 아프리카 중점협력국이자 아프리카 에너지 중점 대사관으로 지정되면서, 2011년 이명박 대통령의 방문까지 이어졌고 아래 <표 5-4>와 같이 주요 사업들이 추진되었다.

표 5-4 한국의 콩고 민주공화국 주요 국제개발협력 프로젝트

무상원조	유상원조
콩고국립박물관(2012-2017)	바나나 항구 사업타당성 조사
키치니 농촌종합개발	킨샤사 상수도망 및 댐 건설
식수 및 위생개선사업	
모자보건사업	
코이카 시니어 봉사단	

이명박 대통령 순방 결과로 뜨거운 관심과 함께 갖게 된 사업으로는 자원개발과 사회 인프라 건설을 연계한 사업이라 할 수 있다. 이 사업은 한국이 강점을 지닌 건설 기술을 활용해 아프리카의 풍부한 천연자원을 확보하기 위한 것으로, 미래 유망시장인 아프리카에 먼저 진출한 경쟁국들에 대한 차별화된 전략적 모델로 소개됐다. 콩고 민주공화국은 광활한 영토에 비하여 매우 좁은 해안과 항만이 위치한 곳의 수심이 깊지 않아 대형 선박의 접안이 어려워 운송에 적합한 항만을 만드는 것이 지난 수십 년간 콩고 민주공화국 정부의 숙원사업이었다. 한국수출입은행은 이러한 바나나항(Banana Port)에 대한 사업타당성과 더불어 수도 킨샤사(Kinshasa)의 상수도망 및 댐 건설, 무소시(Musoshi) 동광산 개발권과 연계한 항구와 자원의 교환을 통해 중장기적 협력 모델을 구축하고자 했다. 하지만, 2011년 당시 무소시 동광산 개발권을 담당한 광물자원공사는 오늘날 파산한 상태였으며 상수도망과 댐건설 등의 인프라 건설 또한 아직까지 구체적으로 실현되지 못하고 있다.

사업규모가 큰 개발협력의 프로젝트일수록 여러 이해당사자 - 정부기관, 민간 및 공기업, 수원국 정부 - 간 합의에 이른 사안이지만, 여러 갈등 구조와 정치·경제적 상황으로 인하여 사업이 항상 순조롭게 진행되는 것은 아니다. 수도망과 같은 개발협력적 사업은 그대로 진행이 되었지만, 자원개발과 연계를 통한 개발협력 모델은 실패했다고 할 수 있고, 이는 사업을 결정할 때 정치적 요소가 많이 작용하여 수원국 등과 구체적 협의 없이 진행했던 것이 가장 큰 실패의 요인이라 할 수 있다.

한편, 무상원조 부분에서 가장 두드러진 사업은 콩고국립박물관이라고 할 수 있다. 국립박물관 사업은 이명박 대통령 영부인 김윤옥 여사가 낙후된 콩고 민주공화국 박물관을 방문 후 갑작스럽게 진행된 사업이라 할 수 있다. 특히 당시 코이카에서는 처음으로 해보는 문화사업으로 약 248억 원이 투입됐으나 당시 사업담당자에 따르면 박물관을 짓기에 충분치 않은 예산이라고 언급하였다. 사업초기 박물관 위치선정으로 많은 어려움을 겪었는데, 왜냐하면 수도 킨샤사에 중국이 지원한 국회의사당과 그 맞은편에 일본이 지원한 간호대학을 두고서 한국 정부도 가시성(Visibility)이 돋보일 수 있도록 국회의사당 옆에 박물관을 짓고 싶어 했기 때문이다. 특히 다민족 국가인 콩고 민주공화국을 상징할 수 있는 공통된 개념에 기반한 박물관 건축, 유물의 선정, 보존 관리 등 한국과 콩고 민주공화국과의 문화 및 시스템의 차이는 결국 사업 참여자의 개인의 책임성에 많이 의존하며 진행됐다고 할 수 있다. 요컨대, 대규모의 자원이 필요한 박물관 사업은 정치적 결정 없이는 시작할 수 없었던 사업이었고, 절대 빈곤층이 많은 콩고 민주공화국에서 문화적 측면의 박물관이 우선순위에 놓일 수 있는 사업인지에 대해서도 논란이 많았으며 박물관 부지 선정 등 여러 정치적 요소를 검토하며 진행됐다. 2019년도에 완공된 박물관에 대하여 효과성을 논하기에는 이르지만, 다른 공여국에서도 관심이 많았던 사업인 만큼 향후 우리나라 개발협력의 상징적 프로젝트로 귀추가 주목된다고 할 수 있다.

한편, 콩고 민주공화국에서는 농촌개발사업, 우물 및 위생사업 등 다른 무상원조의 사업 또한 진행됐다. 앞서 언급한 것처럼 개발협력 프로젝트의 전체적 책임은 코이카가 지지만 실제 사업의 진행은 수주를 받은 수주업체가 맡아서 위 사업을 진행했다. 위 두 프로젝트의 공통적 모순으로는 초기 사업 제안 단계에서 잘못

설계된 프로젝트의 추후 변경이 굉장히 어렵게 되면서 개발협력사업이 좀 더 나은 방향으로 진행되지 못한다는 것이다. 예컨대 농촌개발사업의 목표는 초기 가축을 키워 마을 주민들에게 더 높은 수입을 보장할 수 있도록 하는 것이었는데, 사료값이 너무 많이 들어 사실상 원조의 금액이 아니라면 지속가능성이 부족한 사업이라 할 수 있다. 이와 마찬가지로 우물 사업의 경우에도 한국과는 다른 아프리카의 토양적 특성으로 정상적으로 우물을 팔 수 없었다. 한편, 화장실 개선사업은 애초에 기대했던 것보다 훨씬 잘 됐다고 평가가 됐는데 그 이유 중 하나로 수용자 스스로 화장실을 개선했을 때 현금을 통한 장려책(Incentive)을 마련했던 점이 주요 요인이 됐다고 평가했다.

개발협력의 사업은 사업 타당성을 중심으로 사업이 시작되는데 사업관계자들에 따르면, 사업 타당성에 문제 제기를 많이 하였다. 약 일주일의 짧은 출장 기간에 향후 최소 3-5년간의 개발협력 사업에 대한 구체적 안을 기획한다는 것이 사실상 불가능하며, 사업 진행 후 행정적으로 마련된 결과는 추후에 그것이 잘못됐더라 하더라도 바꾸기 어렵다는 것이다. 따라서 어떠한 사업은 사업 이후에도 지속가능성이 보이지 않음에도 불구하고 사업을 그대로 진행할 수밖에 없는 경우도 있다고 할 수 있다.

요컨대 아프리카 현장에서 한국 국제개발협력 이해관계자는 한국 대사관, 코이카, 사업을 이행하는 수행업체, 수원기관 등이 있으며 각 기관별로 개발협력사업의 중요성을 바라는 시각이 상이하다. 한국 대사관의 경우 개발협력 프로젝트에 있어서 가시성을 주요한 요소로 평가하고 있으며, 코이카는 효율성(Cost-Effectiveness)을 주요한 요소로 판단하고 있다. 역설적으로 정책적 심혈을 기울인 자원과의 연계를 통한 개발협력사업은 효과적으로 진행되지 못한 반면, 정치적 이유로 갑작스레 결정된 박물관과 같은 문화 사업은 상대적으로 여러 기관들의 귀추를 주목받고 있다. 이렇듯 개발협력사업의 진행은 여러 이해 관계자들과의 정치적 요소와 결합된 형태도 작동된다고 할 수 있다. 한편, 개발협력사업을 실질적으로 진행하는 담당자들은 초기 개발협력사업의 기획안의 중요성을 강조하였다. 이는 한국의 개발협력사업이 현지의 의견이 잘 반영된 사업으로 더 발전되어야 함을 의미한다고 할 수 있다.

Ⅳ. 한국과 르완다

한국과 르완다의 관계도 1970년대 북한과의 경쟁 속에서 수교를 맺었다. 르완다가 한국과 먼저 수교를 하고, 이후 북한과도 수교를 하면서 서로 간의 갈등의 골이 깊어져 1975 – 1987년도까지 한국과는 외교를 중단하는 사태가 벌어지고 미국의 개입으로 관계가 풀리지만 1990년대 르완다 내전으로 한국 대사관이 철수하면서 관계는 한동안 이어지지 못했다. 오늘날 관계는 2000년대 들어 새롭게 수립됐다고 할 수 있다.

표 5-5 한국의 르완다 주요 국제개발협력 프로젝트

무상원조	유상원조	민관협력사업(PPP)
르완다 직업기술교육원	르완다 국립대학교 건립 사업	KTRN(KT Rwanda Networks) 설립(2013)
야루구루 농촌종합개발	르완다 국가전략망 확충 사업	수도 키갈리 LTE 개통(2014)
		전국 망 구축(2018)

르완다는 다른 아프리카 국가들과 다르게 상대적으로 영토도 크지 않고 자원도 많지 않은 나라임에도 불구하고 한국이 관심을 갖고 대외원조를 많이 하는 나라 중 하나다. 이는 르완다 정부의 적극성과 관계된다고 할 수 있는데 권위주의적 정부가 상대적으로 다른 아프리카 국가들에 비하여 개발협력사업을 진행하기 수월한 편이기 때문이다. 특히 한국과 같이 신흥 공여국으로서 개발협력사업의 긍정적 결과가 필요하고 르완다 정부의 적극적 태도는 한국이 르완다에 관심을 갖게 하는데 주요 요소가 됐다고 할 수 있다. 또한 르완다 폴 카카메(Paul Kakame) 대통령의 한국 방한 시 언론과의 인터뷰에 르완다의 발전 모델은 한국이며, 박정희 대통령에 대한 존경을 표한 점도 한국의 정책결정자들이 르완다에 관심을 갖게 하는 큰 요인 중 하나라고 볼 수 있다. 이러한 맥락에서 르완다는 한국의 중점협력국으로 연속적으로 선정될 수 있었고 정책결정자들 사이에서는 긍정적 수원국 중 하나로 인식되고 있다.

르완다의 정치적 안정성은 일찍이 한국의 KT가 르완다 정부와 합작 법인 설립을 통하여 르완다 LTE 설치가 가능할 수 있도록 이끈 요소 중 하나였다. 2013년에 설립한 합작 법인의 LTE 설치사업은 2018년 전국적으로 개통함으로써 아프리카 최초 4G망을 설립하게 됐다. 이러한 민관협력사업의 목적은 르완다를 기반으로 다른 아프리카 국가에도 진출하고자 하는 것이라 할 수 있다. 하지만, 관계자의 말에 따르면, 같은 아프리카 국가라 하더라도 다른 국가이며 다른 법과 체계를 가지고 있어 생각보다 이웃 아프리카 나라로의 진출은 쉽지 않은 상황이며 무엇보다 실질적 수익률이 기대치에 크게 미치지 못했다는 것이다. 또한 자본주의적 관계에서 나타나는 르완다의 문화적 특성을 어려워했다. 예컨대 한국의 경우 지분을 1%라도 많이 가지면 의사 결정권이 있는 반면, 르완다 합작법인의 경우 엄마와 아빠와 같은 관계로 바라보며 한국의 민간기업으로서는 의사결정이 쉽지 않았다고 할 수 있다. 이렇듯 윈－윈(Win－Win) 할 수 있는 전략으로 언급되는 민관협력사업도 사업적 전략만큼 항상 성공적이지는 않았다고 할 수 있다.

한편, 무상원조 측면에서, 르완다는 글로벌 새마을 운동 사업이 활발히 진행된 곳이기도 하다. 경상북도가 자체적으로 지원하는 글로벌 새마을 운동 사업과 코이카에서 진행하는 농촌개발사업에 사업명이 새마을 운동의 이름으로 진행됐다고 할 수 있다. 당시 코이카 사업 담당자의 말에 따르면 농촌개발사업의 궁극적 목표는 그 마을 주민들의 수입을 올려 마을 환경개선도 함께 꾀하는 것으로 1970년대 한국의 새마을 운동이 강조하는 정신과 크게 차이가 나지 않음을 강조했다. 한편, 한국에서 알려진 글로벌 새마을 운동의 성격, 즉 정신 개조를 통한 프로그램은 경상북도가 파견한 프로그램으로 진행됐다고 할 수 있다. 르완다에서 총 4개 마을이 선정되어 불모지 개간을 통해 벼와 바나나를 심어 궁극적으로 마을 주민들의 수익창출에 기여하는 것이 사업목표였다. 본 새마을 운동 프로그램은 마을별로 큰 차이를 보였다고 할 수 있다. 왜냐하면 시스템에 기반한 개발협력이 진행됐다기보다는 4명의 자원 봉사자들이 한 팀을 이뤄 본인들이 생각한 협력프로그램을 진행하는 방식이었기 때문이다. 실제로 대부분의 팀들이 서로 다투게 되는 경향을 가지면서 나중에는 프로젝트가 흐지부지된 경우가 많았다. 하지만, 개인의 투철한 책임감과 열정으로 더 나은 결과를 낳은 경우도 있었다. 이렇듯, 한국의 특수한 농촌개발경험으로 알려진 새마을 운동은 실제 개발협력현장에서는 크게 두각을 나타내지 못하고 있다. 특히 '하면 된다'와 같은 정신적 개조의 프로그램이 포함되어 진행되었지만 현지 마을 주민들에게 참여의 큰 동기는 금전적 보상이었다고 할 수 있다. 따라서 글로벌 새마을 운동의 르완다 현장은 국내적으로 정신 개조와 같은 홍보와는 달리 어려움을 많이 겪은 사업이라고 할 수 있다.

요컨대, 르완다는 다른 아프리카 국가들과는 다르게 작은 영토와 별다른 지하자원이 없음에도 불구하고 한국의 관심을 지속적으로 받고 있다. 특히 르완다의 정치적 안정성이 가장 큰 요인이라 할 수 있다. 왜냐하면 이러한 안정성이 비교적 최근 공여국이 된 한국으로 하여금 더 많은 국제개발협력사업을 시도할 수 있는 환경을 제공하기 때문이다. 한편, 한국의 국제개발협력사업의 특징은 사업 참여자 개인의 책임감에 크게 의존하여 진행된다는 것이다. 더 나아가 한국이 강조했던 개발경험을 기반한 새마을 운동은 결국 농촌 주민들의 수익을 올리는 것이고 이러한 모든 개발협력사업은 궁극적으로 현지인들의 삶에 개입하여 발전시키는 것을 의미한다고 할 수 있다. 즉, 개발협력사업은 '자본주의적 사고'를 기르고 연습을 시키는 과정이라 할 수 있다. 궁극적으로 누구를 위한 개발인지에 대한 질문에 답할 수 있어야 한다.

V. 결론

한국이 국제적 무대에 나가게 될 필요성이 커질수록 아프리카 국가들에 대한 관심도 지속으로 늘려왔다. 초기 한국의 아프리카 국가에 대한 관심은 한국전쟁 이후 남한이 국제사회로부터 유일한 합법적 정부를 인정받기 위해 아프리카 국가들과 수교를 맺기 시작했으며, 친선사절단 파견과 고위급 초청을 통해 이뤄졌다. 남한이 그 당시 수원국이었음에도 불구하고 의사파견, 농촌기술개발자 파견 등의 개발협력적 의제는 정치적 교환의 대상으로 거래됐음을 확인할 수 있다. 이는 국제개발협력이 정치적 요인과 작동되어 왔다고 할 수 있으며 과거에는 교환적 의미가 1차원적이었다면 오늘날에는 더 복잡다단한 정치적 맥락 속에서 국익 - 정치적 이미지, 경제적 이익 등 - 을 추구하는 형식으로 작동되고 있다고 할 수 있다. 이러한 국익추구는 국제개발협력에 대한 국제적 규범을 따르는 동시에 진행되는 것이라 할 수 있다. 여전히 아프리카 국가들과의 주요 외교 의제는 개발협력정책으로 외교부와 기획재정부가 주무부처로 담당하고 있다.

한편, 아프리카 현장에서 진행되는 우리나라 개발협력은 외교적 측면에서는 개발협력 프로젝트의 가시성을 주요 요인으로 진행하며, 사업시행적 측면에서는 가성비, 즉 원조금액대비 효과성이 주요 결정요인이라 할 수 있다. 또한 개발협력사업은 수주와 입찰의 계약관계로서 요청－검토－타당성조사－사업수행사－평가 등의 구조 속에서 각각 이뤄지고 있다. 특히 전혀 다른 문화의 아프리카 대륙에서 한국의 틀과 구조로 이뤄지는 개발협력사업은 태생적으로 사업의 어려움을 내포하고 있다고 볼 수 있다. 따라서 향후 한국이 좀 더 나은 개발협력사업을 하기 위해서는 정해진 규칙과 시간에 따른 성과주의가 아니라 상황에 따라 유동적으로 변동할 수 있는 국제개발협력사업으로 변화할 때 궁극적으로 우리나라와 아프리카 수원국이 윈－윈할 수 있는 개발협력을 할 수 있을 것이다.

‖ 참고문헌 ‖

박수길 (2014). 그동안 우리가 몰랐던 대한민국 외교 이야기.

외교부 사료원, 전두환 대통령 아프리카순방.

Cho, Joonhwa(2019) Being realist with soft−romanticism: South Korea's Foregin Policy towards Africa, examing the DRC, Rwanda, Uganda and Ethiopia in comparison with China, Japan, and North Korea, SOAS, Unviersity of London.

Chapter 06

글로벌 빈곤과 사회적 자본

한상일

글로벌 빈곤과 사회적 자본

한상일

Ⅰ. 사회적 자본의 개념

2000년에 퍼트넘(Putnam)이라는 학자가 쓴 [나 홀로 볼링: 사회적 커뮤니티의 붕괴와 소생](Bowling Alone: The Collapse and Revival of American Community) 이라는 책에 다음과 같은 이야기가 소개되어 있다(Putnam, 2000). 미국의 미시간 대학교 병원에서 근무하다 은퇴한 존 램버트(John Lambert)는 미시간주의 작은 도시에 있는 볼링 클럽에서 27년 동안 활동한 회원이었다. 그리고 그는 신장 건강이 나빠져서 3년째 이식받을 신장을 찾고 있었다. 그런데 같은 볼링 클럽의 회원이었고 램버트와는 안면만 있었던 앤디 부쉬마(Andy Buschman)라는 서른세 살 회계사가 램버트의 사정을 듣고 신장을 공여할 것을 결정한다. 두 사람의 신장은 이식에 적합하다는 판정을 받았고 램버트는 부쉬마의 신장을 이식받았다. 이 두 사람은 같은 볼링 클럽에 소속된 회원이었지만 서로 안면만 있을 뿐 직업, 세대, 인종 모두 달랐다. 그러나 이들의 약간의 안면이 인생에 매우 큰 영향을 준 것이다. 이 사례는 사회적 자본이 중요한 이유를 설명해준다. 사회적 자본은 사회 구성원이 서로 도우면서 삶의 질을 높이는 데 중요한 역할을 하고 나아가서 전체 사회가

구조적인 빈곤문제를 극복하는 데도 중요한 역할을 한다.

1. 사회적 자본이란?

사회적 자본은 경제적 자본이나 인적자본, 문화자본과 구별되는 또 다른 유형의 자본이다. <표 6-1>은 전통적 의미의 자본 개념을 세분화해서 경제자본, 인적자본, 문화자본, 사회적 자본을 비교하였다. 각 자본 개념은 서로 다른 이론적 의미, 소유자, 역할, 존재 형태, 연구 핵심을 갖는다. 돈과 자산으로 대표되는 경제적 자본이 있으면 더 많은 제품과 서비스를 생산할 수 있다. 지식과 기능과 같은 인적자본이 있다면 업무 생산성을 높여서 기술혁신과 경제발전을 이룰 수 있을 것이다. 문화자본은 문화적 취향과 지식으로써 다른 계급과 구별짓는 문화를 재생산하는 기능을 한다. 이 강의의 핵심 개념인 사회적 자본은 사회적 관계 속에서 파생되어 정보의 공유, 사회적 연대와 결속을 만들고 서로에게 이익이 되도록 하는 사회조직의 특성이라고 정의된다(한국보건사회연구원, 2009). 공동체에 속한 사람들이 서로 알고 믿을 때, 램버트와 부쉬마의 사례와 같이 서로에게 이익이 되는 방식으로 도울 수 있다. 사회적 자본이 있으면 지역사회나 공동체가 바람직하게 운영될 수 있도록 서로에게 조언해 줄 수 있고, 좋은 일자리나 학습의 기회가 있을 때 알려줄 수 있고, 동네에서 바람직하지 않은 행동을 하는 사람을 볼 때 조언을 해 줄 수 있다. 사회적 자본이 있을 때 우리가 형성하는 사회적 관계가 더 좋아지는 것이다.

표 6-1 경제자본, 인적자본, 문화자본, 사회적 자본

	경제자본	인적자본	문화자본	사회자본
이론적 의의	화폐가 아닌 생산수단의 형태로 존재하는 자본	자본가에 의해서만 배타적으로 소유될 수 있는 자본의 개념에 대한 수정	경제자본과 문화자본의 불일치	개인이 아닌 사회적 관계 속에서 파생되는 자본

자본의 소유자	개인(자본가)	개인(노동자)	가족 전체 또는 가족의 개별구성원	집단(사회집단)
자본소유자에 게 주는 이익	타인의 노동력에 대한 착취를 통한 경제적 이익	노동시장에서의 협상력 증대, 높은 임금	다른 계급과의 구별짓기와 계급의 문화적 재생산	정보의 취득, 사회적 연대와 결속의 창출
자본의 존재 형태	물질적 대상(토지 및 기계와 같은 생산수단)	교육 및 직무훈련을 통해 개별노동자에게 체화된 기술과 지식	가족구성원들에 의해 공유되는 문화적 취향	개별 행위자가 아닌 사회적 관계 속에 존재하는 신뢰와 결속관계
연구의 핵심	자본가와 노동자 사이의 계급적인 착취관계	교육과정과 임금 사이의 연관성	문화자본을 통한 세대간 계급 재생산	개인 혹은 집단 사이의 관계 유형
분석수준	구조(계급)	개인	가족	개인/집단

자료: 한국보건사회연구원 (2009). 한국사회의 양극화와 사회자본. 한국보건사회연구원. 33쪽.

　　여러 연구를 통해서 사회적 자본이 있을 때 국가가 정치적으로 경제적으로 발전할 수 있다는 사실이 확인되고 있다. <그림 6-1>은 신뢰와 일인당 국내총생산의 관계를 국가별로 나타낸다. 대표적인 사회적 자본인 신뢰가 많을수록, 특히 "대부분의 사람들은 믿을만하다"고 생각하는 일반신뢰가 많은 국가일수록 경제발전 수준을 설명하는 지표인 일인당 국내총생산이 높아진다는 사실을 보여준다. 국가별 통계뿐만 아니라 작은 지역에서도 사회적 자본이 있으면 지역경제가 활성화되고 교육 효과성이 높아지고 범죄율은 낮아진다는 사실이 확인되고 있다.

그림 6-1   신뢰와 일인당 국내총생산

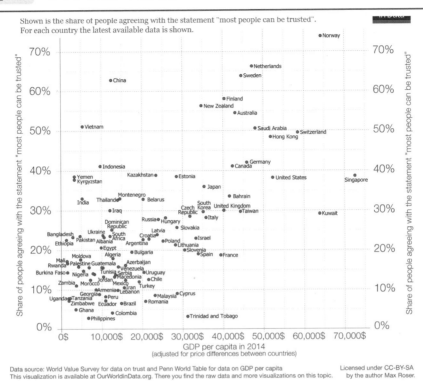

Shown is the share of people agreeing with the statement "most people can be trusted". For each country the latest available data is shown.

Data source: World Value Survey for data on trust and Penn World Table for data on GDP per capita
This visualization is available at OurWorldinData.org. There you find the raw data and more visualizations on this topic.
Licensed under CC-BY-SA by the author Max Roser.

자료: Esteban O. and Max R. (2016). "Trust". Published online at OurWorldIn Data.org. Retrieved from: https://ourworldindata.org/trust [Online Resource] in November 2021.

2. 경제학에서의 사회적 자본

사회적 자본에 대한 연구는 1960년대 이후부터 본격적으로 시작되었다. 다양한 학문영역에서 이론적으로 그리고 실제 사례와 자료를 분석하면서 연구가 진행되었다. 경제학에서는 사회적 자본이 있을 때 집단행동의 문제를 해결하고, 거래비용을 줄일 수 있다고 설명한다. 우리는 개인으로 행동할 때와 달리 집단으로 행동할 때 몇 가지 해결하기 힘든 문제에 직면한다. 사람들이 경제활동을 할 때 돈을 내고 물건을 사거나 서비스를 받는다. 그렇게 사들인 물건과 서비스에 대해 우리는 배타적인 소유권을 갖는다. 일반적으로 개인적으로 거래해서 확보한 물건에 대한 소유권은 분명하기 때문에 관리와 감독의 문제가 발생하지 않는다.

그러나 우리가 공동으로 소유한 물건이나 시설에 대해서는 소유권이 명확하지 않다. 따라서 공동으로 소유한 자원과 시설은 쉽게 훼손될 수 있다. 그래서 우리는 공원이나 도로처럼 공동으로 소유한 것들을 함께 관리하면서 훼손되지 않도록 감시하고 관리하는 비용을 지출한다. 이 비용을 거래비용(Transaction Cost)이라고 부른다. 그런데 사회적 자본이 많은 곳에서는 서로 규칙과 규범을 지키는 방향으로 행동하기 때문에 사회적으로 지출되는 거래비용을 줄일 수 있다. 결국 사회적 자본이 부족하면 공공시설이나 건물 같은 공공자산이 훼손되기 쉽고 정부는 추가 비용을 지불해야 한다. 하지만 사회적 자본이 많은 사회는 불필요한 비용을 줄이고 효율적으로 작동할 수 있는 것이다.

지역사회의 불평등과 빈곤 문제도 공동체가 직면한 공동의 문제이다. 사회적 자본이 많은 지역사회는 지역경제 활성화와 일자리 창출을 위해 더 쉽게 파트너십을 형성하고 협력할 수 있다. 사회적 자본이 경제적 어려움을 맞이한 이웃을 스스로 돕는 방식으로 사용될 때 국가와 지역의 빈곤 문제를 더욱 쉽게 해결할 수 있는 것이다.

3. 사회학에서의 사회적 자본

사회적 자본은 사회학 분야에서 오래전부터 연구된 주제이다. 사회적 자본 연구를 대표하는 학자인 브루디외(Bourdieu)나 콜만(Coleman) 등도 사회학자였으며 그들은 사회적 자본을 구조나 조직에 소속될 사람들에게 연대와 협력을 유발하는 요소로 정의하면서 사회구조를 연결해서 설명한다. 브루디외는 사회적 자본을 인적자본, 문화적 자본과 함께 설명한다. 사회에 존재하는 계급과 계층에 따라서 각기 다른 사회적 자본, 문화적 자본, 인적자본 등이 형성된다는 점을 강조하였다. 문화적 자본이 사회구조 속에서 사회적 지위와 권력을 부여하는 문화적 지식이라면 사회적 자본은 자신이 보유한 자원을 더 크게 만드는 사회적 관계라고 설명한다. 따라서 그는 사회적 자본을 "특정한 집단의 구성원이 됨으로써 얻게 되는 실제적인 또는 잠재적인 자원의 총합"이라고 정의한다(Bourdieau, 1983, 249). 자신이 어떤 계급에 속해있으며 어떤 지위를 갖는가에 따라서 사회적 자본도 달라진다는 것이다. 개인이 보유한 사회적 자본은 그가 속한 환경, 형성한 관계, 달성한 성과,

보유한 명성에 따라서 달라진다는 의미이다.

이 관점은 <그림 6-2>와 같이 사회계층에 따라서 사회적 자본이 다르게 주어질 때, 직업취득 기회의 제한과 교육 기회의 차이가 생기고, 그것이 소득의 양극화를 만들고 다시 사회적 자본은 불평등하게 형성된다는 사회적 자본에 의한 양극화의 확대 재생산 메커니즘을 설명한다(한국보건사회연구원, 2009, 44). 실제로 많은 연구가 경제적 불평등이 사회적 자본의 불평등을 만들고 그것은 소외계층이나 취약계층의 상대적 빈곤을 낳는다는 사실을 보고하고 있다. 뿐만 아니라 자신이 어떤 동네에 사는지도 사회적 자본 형성에 중요한 영향을 준다고 한다. 이렇게 사회학에서는 사회계층, 지역, 인간관계 등에 따라서 다르게 나타나는 사회적 자본에 주목한다.

그림 6-2 　사회적 자본에 의한 양극화 확대 재생산 메커니즘

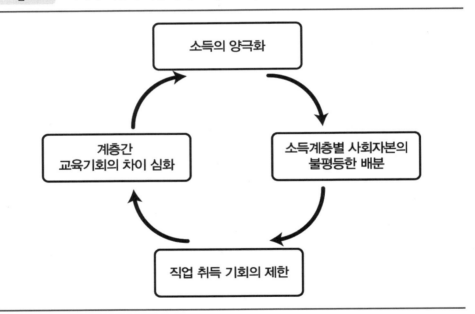

자료: 한국보건사회연구원 (2009). 한국사회의 양극화와 사회자본. 한국보건사회연구원. 33쪽.

4. 정치학에서의 사회적 자본

정치학의 영역에서는 사회적 자본이 정치참여를 촉진하고 그것이 공공의 이익으로 이어지는 데 중요한 역할을 한다고 설명한다. 특히 퍼트넘은 사회적 자본과 정치참여의 인과관계를 강조하고 사회적 자본이 형성되면 시민성이 촉진되고 참여를 활성화한다고 설명한다. 실제로 사회적 자본은 사회 구성원을 하나의 공동체로 묶어주는 역할을 하고 구성원들은 자신이 공동체에 속한 시민이라는 생각을 하게 한다. 그 결과로 시민들은 공동체의 결정에 참여하며 이를 바탕으로 지속적인 성장과 발전이 가능해진다.

그뿐만 아니라 사회적 자본은 시민들의 의사를 수렴해서 정당을 비롯한 정치체제로 투입하는 정치적 소통도 활성화한다. 정치적 소통에 중요한 역할을 담당하는 시민사회 조직과 정당은 시민들의 신뢰와 네트워크로 구성되는 사회적 자본을 통해서 발전할 수 있기 때문이다. 시민들이 정부와 정치를 신뢰하고 정치를 통해서 문제를 해결할 수 있다고 생각하며 정부나 정치와 가깝게 소통할 수 있는 연결망이 있을 때 지역의 문제는 소통과 토론의 장에서 논의되고 해결방안도 손쉽게 도출할 수 있을 것이다.

5. 사회과학에서의 사회적 자본

사회적 자본은 사회과학 학문영역 모두에서 중요한 개념으로 자리 잡았고 이제는 각 학문영역에서 생성된 개념이 융합하고 혼합되는 양상으로 발전한다. 경제학에서는 집단행동의 문제와 거래비용의 차원에서 사회적 자본을 설명했다면 사회학에서는 사회구조 속에서 각기 다른 방식으로 형성되는 사회적 자본을 설명한다. 정치학에서는 정치참여와 정치적 소통에서 사회적 자본이 수행하는 역할을 강조한다. 학문에 따라서 사회적 자본의 다른 측면에서의 기능을 분석했지만 결국 모든 학문 분야에서 협력, 연대, 혁신을 통한 공존과 발전을 가능하게 하는 윤활유 역할을 한다는 점에 주목한다. 결국 사회적 자본은 사회발전에 중요한 기능을 수행한다는 것이다. 최근 들어 사회적 자본은 이론적으로 더 많은 발전을 하고 있다. 이제는 구체적인 유형에 따라 다르게 나타나는 기능과 효과를 설명하는 방향으로 연구가 구체화되고 있다.

Ⅱ. 사회적 자본의 유형과 효과

사회적 자본에 관한 연구는 다양한 학문영역에서 다양한 목적으로 진행되었다. 그 과정에서 다양한 유형의 사회적 자본이 함께 논의되면서 엄밀한 유형분류가 중요하게 되었다. 여기서는 두 가지 유형분류 방식을 소개하고 각 유형의 효과 그리고 전체 사회의 불평등과 빈곤에 대한 효과를 설명한다.

1. 사회적 자본의 유형1: 구조적·인지적·관계적 사회적 자본

사회적 자본의 가장 대표적인 유형분류는 구조적·인지적·관계적 사회적 자본의 구분이다. 구조적 사회적 자본은 네트워크로 대표되고, 인지적 사회적 자본은 가치와 규범으로 대표된다. 그리고 관계적 사회적 자본은 신뢰로 대표된다.

구조적 사회적 자본은 구성원들이 서로 어떻게 연결되어 있는지에 대한 연결의 전반적인 패턴이다. 네트워크가 하나의 공동체에 속한 행위자를 연결하는 관계 그리고 그 패턴이라는 점에서 대표적인 구조적 사회적 자본이 된다. 독립적으로 존재하는 행위자가 서로 연결되면 자원을 공유하면서 직면한 문제를 함께 해결할 수 있다. 지역사회에 네트워크가 활성화되어 있으면 지역에서 소외된 이웃을 쉽게 발견하고 지역사회의 복지혜택을 손쉽게 제공할 수 있다. 그리고 네트워크가 있으면 서로 협력할 수 있다. 공동의 목표를 설정하고 목표를 달성하기 위한 노력을 함께 할 통로가 되는 것이다. 그리고 네트워크가 있으면 정보를 공유할 수 있고 학습을 할 수 있다. 새로운 자료와 아이디어가 빠르게 전송되고 새로운 변화를 받아들일 수 있다. 네 번째로 네트워크가 개방적으로 설계되면 환경이 불확실할 때 잘 대응할 수 있고 그 과정에서 필요한 자원을 확보할 수 있다. 다른 사람과의 연계를 통해서 내가 갖지 못한 능력과 자산을 활용할 수 있다. 마지막으로 네트워크는 혁신을 가능하게 한다. 공동체 구성원이 가진 암묵적인 지식이나 노하우를 공유하며 새로운 변화를 인식할 때 과거에는 없던 서비스와 상품을 만들 수 있는 것이다.

인지적 사회적 자본은 구성원들이 공유하는 서로에 대한 이해와 공감대를 말한다. 서로에 대한 이해와 공감대가 있으면 공통의 목표와 가치관이 생기면서 규범이 만들어진다. 규범은 같은 집단에 속한 사람들이 준수하는 행동양식, 규칙 그리고 원칙이다. 대표적으로 서로 돕는 호혜성, 규범적 행동, 연대성 등이 있다. 취약계층을 돕거나 도움이 필요할 이웃을 돕는 것이 대표적인 호혜성의 규범이다. 개인의 이익보다 사회 전체의 이익을 추구하고 이를 명예롭게 칭찬하고 지위를 부여하는 방식으로 공동체가 보상해주는 규범이 있다면 지역의 발전에 도움이 된다. 주민들의 참여와 협동을 강조하는 조선시대 향약이 대표적인 규범이다. 향약에는 이웃이 어려울 때 서로 돕거나 가난한 사람이 있을 때 공동체 구성원들이 식량이나 노역으로 돕는 규범이 있었다. 실업, 질병, 배제와 같은 사회문제가 빈곤 문제로 확산하기 전에 공동체 구성원이 협력하고 돕는 원칙이 바로 규범이다.

관계적 사회적 자본은 구성원들이 상호작용하면서 만들어진 대인관계 속에서 존재하는 신뢰이다. 그리고 신뢰는 가장 대표적이고 중요한 사회적 자본이다. 신뢰는 다른 사람이 자신에게 호의적으로 대할 것이라고 믿는 자세이다. 지역사회 구성원 사이에, 노동자와 경영자 사이에, 정부와 민간단체 사이에, 입법부와 행정부 사이에 신뢰가 있으면 더 잘 협력하게 된다. 그리고 협력은 다시 신뢰를 유발하는 선순환 구조를 만든다. 공동체가 발전하고, 경제는 역동성을 갖고, 정부의 성과가 높아진다. 사회적 자본 연구로 유명한 퍼트넘은 이탈리아에서의 신뢰를 활용하여 사회적 자본을 설명한다. 이탈리아에서 시민들의 모임과 활동이 활발한 지역에서는 사회적 신뢰로 인해서 정치참여도 활발하고 경제도 역동적으로 성장했다고 설명한다. 또한 서아프리카 가나와 토고 접경지역에서 이주민들에게도 문서 없이 토지 대여 계약을 체결하는 관행이나, 뉴욕 47가 다이아몬드 거리에서 '마잘'이라고 말하면서 악수 하나로 다이아몬드를 빌려주는 관행이 대표적이다. 신뢰가 있으면 함께 이익을 얻을 수 있고, 협력과 결속을 강화할 수 있는 것이다.

2. 사회적 자본의 유형2: 결속형, 교량형, 연계형 사회적 자본

사회적 자본의 또 다른 유형은 결속형, 교량형, 연계형 자본의 구분이다. 이 세 가지 유형은 사회적 자본의 효과를 분석할 때 유용한 기준이 된다. 결속형 사회적 자본은 집단 내에서 발생하는 강력한 지원이다. 같은 공동체에 속한 사람이 고립되지 않도록 하고 결속력을 높이는 여러 가지 활동이다. 보통 비슷한 배경을 가진 사람들이 공감대와 공동의 가치를 바탕으로 배타적인 네트워크와 같은 결속형 사회적 자본을 형성하는 경우가 많다. 가족이나 친한 친구처럼 정서적인 유대가 강한 사람들이 만들기 쉽고 지속적인 호혜적 관계, 사회적 지지로 이어진다.

어려운 일이 있을 때 서로 도움을 요청하기 쉽고 필요할 때는 자원을 동원해서 정치적·경제적 기회를 포착할 수도 있다. 하지만 결속형 사회적 자본이 지나치게 강화되면 외부 집단에 대한 적대감이나 편협함으로 왜곡되어 전체 사회에 부작용으로 작용하기도 한다. 대표적으로 퍼트넘이 결속형 사회적 자본이 강력한 충성심을 만들어서 외부에 대한 강한 적대감을 만들 수 있다고 우려한다. 반사회적 위험, 조직적 범죄, 인종 간 배타성, 자원의 불공정한 배분이 바로 결속형 사회적 자본에서 발견될 수 있는 부정적인 문제이다. 그러나 퍼트넘은 결속형 자본에서 파벌적 연결망, 폐쇄적 공동체 의식, 귀족적 정체성과 같은 부정적인 요소를 지양하고 다른 사회적 자본의 좋은 면과 연결하면 매우 긍정적인 효과를 발휘할 수 있다는 점을 강조한다.

교량형 사회적 자본은 집단의 경계를 넘어 다양한 사회적 배경을 가진 사람들을 연결하는 사회적 자본이다. 교량형 사회적 자본을 가진 집단은 구성원들 사이에 연계의 강도가 약하고 이질성이 크지만 다른 집단이나 더 큰 공동체와 연결되면서 그 장점이 극대화된다. 자원봉사 단체나 직업과 관련된 협회, 동호회가 대표적인 교량형 사회적 자본이다. 서로 다른 배경을 가진 사람들이 연결되면 새로운 정보를 얻기 쉽다. 사회적 자본 논의를 시작하면서 설명한 같은 볼링 클럽의 램버트와 부쉬마가 보유했던 사회적 자본도 바로 교량형 사회적 자본으로 분류할 수 있다. 아주 가깝지는 않지만 넓은 인간관계를 가질 때, 이것을 교량형 사회적 자본이라고 하고 교량형 사회적 자본은 자신이나 공동체가 어려움을 겪을 때 중요한 도움을 주고 받는 통로가 된다. 버트(Burt, 1995)라는 학자는 교량형 사회자본을 구조적 홀이라고 부르면서 다른 집단에서 새로운 생각이나 정보가 유입될 때 더 큰 범위로 활동이 확장되는 효과가 있다고 설명한다. 하지만 그 관계가 지나치게 목표지향적이고 사무적일 때는 일시적인 교류로 끝날 수도 있다는 부정적인 측면도 존재한다.

마지막으로 연계형 사회적 자본이 결속형과 교량형 사회적 자본과 다른 점은 수직적으로 연결된 기관과 정치구조에서 발생한다는 점이다. 지역사회 구성원의 관점에서 볼 때, 위계적인 관료제에 속한 공직자나 변호사 또는 언론인과의 관계이다. 공식적이고 제도화된 권위를 가진 기관과의 관계, 네트워크가 연계형 사회적 자본에 해당한다. 따라서 정치적인 참여, 정치활동, 정치적 효능감, 정치적 신뢰와 같은 요소들이 대표적인 사례가 된다. 연계형 사회적 자본은 시민과 정부가 형성하는 거버넌스로 발전할 수 있다는 점에서 중요하다. 거버넌스는 정부를 포함한 다양한 이해당사자가 협력하고 합의해서 의사결정을 내리고 정책을 집행하는 과정이다. 지역사회의 문제해결을 위한 결정이 내려지고 사업이 집행될 때 정부와 시민이 협력하는 과정이다. 이 과정이 합리적이고 민주적일 때 지역사회 문제해결이 원활해진다. 거버넌스가 원활하게 작동하려면 주민들이 활발하게 참여해서 자신들의 목소리를 투입하고, 정부는 그들과 충분히 소통해야 한다. 연계형 사회적 자본은 거버넌스가 잘 작동하도록 윤활유 역할을 한다는 점에서 중요하다.

3. 거시적 수준의 사회적 자본

지금까지 살펴본 사회적 자본은 공동체에 속한 개인이 보유한 사회적 자본이었다. 일반적으로 신뢰, 규범 가치, 네트워크는 작은 지역에서 중시되는 사회적 자본이다. 그러나 사회적 자본은 한 국가나 사회가 보유한 거시적인 수준으로 확대되기도 한다. 국가 차원으로 논의의 범위를 넓히면 <그림 6-3>과 같이 거버넌스, 국가 차원의 제도와 법률이 포함되기도 한다(이재열, 2006, 39). 연계형 사회적 자본과 함께 설명한 거버넌스는 한 국가의 국정운영과 연결되는 중요한 개념이고 법률과 제도 설계의 합리성도 국가의 발전에 직결된다. 즉, 미시적 수준의 사회적 자본과 마찬가지로 거시적인 사회적 자본이 좋을수록 전체 사회는 발전하고 국가 경제도 성장할 수 있다. 협력적 거버넌스가 지역에서뿐만 아니라 국가 전체에서 잘 작동할 때 국가가 직면한 다양한 문제를 해결하고 시민들의 삶의 질을 높일 수 있다. 법과 제도가 합리적으로 설계된 정도에 따라서 그 사회의 정책수립과 집행의 효과성이 달라지기 때문에 그것은 국가의 발전과 직결된다. 거버넌스는 법과 제도가 계속해서 개선될 수 있도록 합리적인 의사결정을 내리는 과정이라는 점에서 그 발전 정도가 중요한 것이다.

그림 6-3   거시적 수준의 사회적 자본

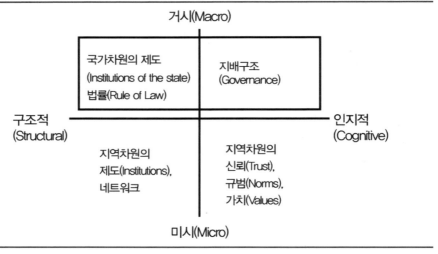

자료: 이재열 (2006). 지역사회 공동체와 사회적 자본. 한국사회학회 심포지움 논문집. 39쪽.

4. 사회적 자본의 효과

사회적 자본은 그 개념 구성이 복잡하기도 하고, 형성과정과 효과에 대해 다양한 연구가 존재한다. 개인이 보유한 사회적 자본은 인간관계, 유대감, 정보, 상호작용, 배경지식 등과 연결되어 지식 습득과 소득 창출에 큰 영향을 준다. 소득 창출을 위한 사업을 시작하거나 일자리를 구할 때 충분한 정보를 얻고 그에 따른 자기 능력과 성향을 사업과 일자리에 연결할 수 있다는 점에서 사회적 자본은 사업의 성과와 업무처리 능력에 큰 영향을 준다. 가족, 친구, 친척, 동료 등과 같은 비공식적 연결망의 차이는 취득할 수 있는 정보의 양과 질에서 큰 차이를 유발하기 때문에 사회적 자본이 부족한 경우 좋은 사업 기회와 일자리를 얻기가 어려워진다. 반면 사회적 자본이 잘 발달된 사람일수록 더 많은 정보를 얻고, 더 좋은 가치와 자세를 갖고, 발달한 연결망을 갖기 때문에 양질의 일자리를 얻을 뿐만 아니라 승진과 성과 제고에도 유리한 입장이 된다.

결국 <그림 6-4>가 나타내는 것처럼 사회적 자본을 가진 사람과 갖지 못한 사람 사이에 경제적 격차가 커질 때 다시 사회적 자본의 불균등한 배분은 확대 재생산될 수 있다. 경제적으로 우월한 위치에 속한 사람들은 경제적 자본과 인적자본을 더 많이 갖고 있으므로 더 나은 정보접근성을 갖게 되고 인간관계의 형성과 유지에도 유리한 입장을 갖게 된다. 경제적으로 빈곤한 사람들은 집단 내의 신뢰 부족과 관계 형성 및 유지를 위한 자원의 부족으로 다시 사회적 자본을 발전시키기 어려운 상황에 놓일 수 있다.

그림 6-4 사회적 자본과 불평등의 확대 재생산 구조

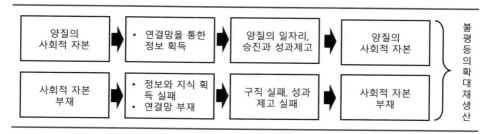

특히 개발도상국가는 국제환율과 글로벌 경제위기와 같은 외부 경제환경의 변화에 민감하다. 그럴수록 사회적 자본의 불균등한 분포가 사회의 양극화를 심화시키고 직업을 가진 사람과 갖지 못한 사람의 격차를 확대하게 된다. 따라서 개발도상국가에서 사회적 자본과 빈곤은 어떻게 연결되어 있고 사회적 자본의 유형에 따른 빈곤의 양상은 어떻게 구성되는지를 이해하는 것이 중요하다. 그 결과에 따라서 사회적 자본의 차이와 빈곤의 선순환 구조를 형성하기 위한 대안을 찾을 수 있을 것이다.

Ⅲ. 아프리카에서의 사회적 자본과 빈곤의 관계

이론적으로 볼 때, 사회적 자본이 부족하면 빈곤해지기 쉽다고 가정할 수 있다. 그런데 실제로도 그런지 조사를 해보면 이론과는 다른 사실이 발견되곤 한다. 사회적 자본은 사회현상이기 때문에 경제적, 정치적 상황과 연결되어 복잡한 결과를 유발한다. 그리고 그 결과는 시간이 흐르면서 급격하게 변하기도 한다. 따라서 빈곤의 유형별로 다양한 종류의 사회적 자본이 어떤 결과를 가져오는지를 분석할 필요가 있다.

지구상의 여러 대륙 가운데 빈곤의 정도가 가장 심한 것으로 알려진 아프리카의 사회적 자본과 빈곤의 관계는 어떤지 살펴보기 위해서 아프리카 주민들을 대상으로 조사한 아프로바로미터 자료를 분석하였다. 2019년에 조사된 아프로바로미터 자료는 34개 아프리카 국가의 지역 주민 총 45,823명을 대상으로 조사한 것이다. 아프로바로미터에서는 빈곤을 여러 영역에서 측정한다.

여기서는 네 가지 영역으로 나누어서 조사한 결과를 분석하였다. 첫째는 생활에 필수적인 요소가 모자란 정도이고, 둘째는 자기 의사를 표명할 자유가 박탈된 정도이다. 셋째는 재난과 치안의 불안에 직면한 정도이고 넷째는 충분한 정보를 얻지 못한 정도이다. 이 네 가지는 빈곤의 각기 다른 측면을 나타내기 때문에 각각을 분석한 결과를 설명하는 것이 바람직하다.

1. 사회적 자본과 결핍으로서의 빈곤의 관계를 분석한 결과

첫 번째 빈곤의 유형은 결핍으로써의 빈곤이다. 아프로바로미터에서는 LPI라고 불리는 Lived Poverty Index로 생활에 필요한 것을 갖지 못한 정도를 측정한다. LPI는 생활에 필수적인 음식, 요리에 필요한 연료, 깨끗한 물, 현금 소득, 의료서비스 등이 제공되지 않은 상태로 생활한 기간을 측정하는 평가지표이다. LPI가 높을수록 필수품이 제공되지 못하고 있는 상황에 있는 것을 의미한다. 아프로바로미터 자료를 활용하여 LPI로 표현된 전반적인 빈곤의 정도와 LPI를 구성하는 필수품을 갖지 못한 기간이 사회적 자본에 따라서 어떻게 다르게 나타나는지 분석할 수 있다.

<그림 6-5>는 대표적인 기관에 대한 신뢰인 대통령을 신뢰하는 정도에 따른 LPI지수를 나열했다. 대통령을 전혀 신뢰하지 않는 사람들이 가장 빈곤하고, 많이 신뢰한다고 답한 사람들이 그다음으로 빈곤한 것으로 나타났다. 가장 신뢰가 낮은 집단이 가장 빈곤한 것으로 확인된 것이다.

그림 6-5   대통령에 대한 신뢰정도에 따른 LPI

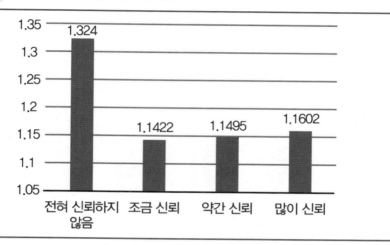

자료: Afrobarometer Round 6 (2021). 자료를 저자 직접 분석.

    뿐만 아니라 <그림 6-6>에 따르면 대통령을 전혀 신뢰하지 않는 것으로 답한 사람들이 음식, 깨끗한 물, 의료서비스, 연료, 현금 소득 없이 지내는 기간이 가장 긴 것으로 나타났다. 필수품 영역에서만 가장 많이 신뢰하는 집단의 빈곤 정도가 가장 높았다. 이 분석은 대통령에 대한 신뢰가 낮은 집단의 빈곤율이 통계학적으로 유의미하게 높지만, 신뢰가 가장 높은 집단의 빈곤율도 몇 가지 영역에서는 두 번째로 높다는 점을 보여준다. 이 결과는 신뢰가 낮을 때 더 가난할 것이라는 가정이 옳다는 것을 나타낸다. 그런데 신뢰가 높은 집단이 가난한 정도도 높다는 것은 대통령에 대한 신뢰가 정치적 지지와 연결되어 있기 때문인 것으로 해석할 수 있다. 아프리카에서 가난한 계층에 속할 때 특정 정치세력을 강하게 지지하는 경향이 있고 그래서 현재 대통령에 대해 가난한 사람들은 전혀 신뢰하지 않거나 매우 신뢰한다는 것을 나타낸다.

그림 6-6 대통령에 대한 신뢰정도에 따른 분야별 LPI

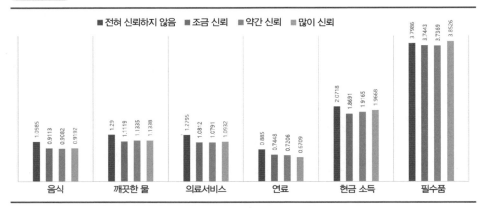

자료: Afrobarometer Round 6 (2021). 자료를 저자 직접 분석.

<그림 6-7>은 의회에 대한 신뢰에 따른 LPI 정도를 보여준다. 이 분석에서도 LPI가 가장 높은 집단은 의회를 전혀 신뢰하지 않는다고 답한 사람들이다. 다음으로 빈곤지수가 높은 집단이 많이 신뢰한다고 답한 사람들이다.

그림 6-7   의회에 대한 신뢰에 따른 LPI

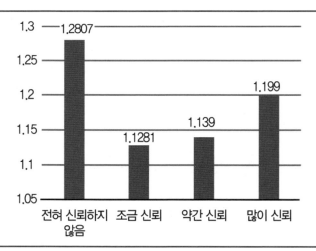

자료: Afrobarometer Round 6 (2021). 자료를 저자 직접 분석.

<그림 6-8>과 같이 필수품의 유형을 구분하여 음식, 깨끗한 물, 의료서비스, 연료 없이 지내는 기간으로 평가한 빈곤의 정도에서도 같은 결과가 나타난다. 그런데 현금 소득과 필수품 없이 지낸 기간에 대해서는 신뢰정도가 매우 높은 집단이 가장 빈곤한 것으로 나타난다. 의회의 경우에서도 대통령에 대한 신뢰와 마찬가지로 정치적 지지의 정도가 강한 집단이 빈곤 수준도 높은 것을 알 수 있다.

그림 6-8 의회에 대한 신뢰정도에 따른 분야별 LPI

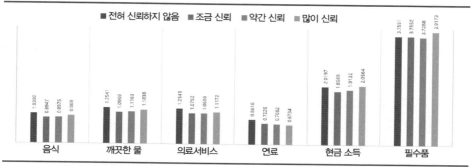

자료: Afrobarometer Round 6 (2021). 자료를 저자 직접 분석.

<그림 6-9>와 같이 법원에 대한 신뢰의 경우 가장 신뢰하지 않는 사람들이 빈곤지수뿐 아니라, 생계에 필요한 필수요소 모든 부분에서 일관되게 가난한 것으로 확인되었다. 이 결과는 사회적 자본이 부족할 때 빈곤할 것이라는 가정에 부합한다.

그림 6-9 법원에 대한 신뢰정도에 따른 분야별 LPI

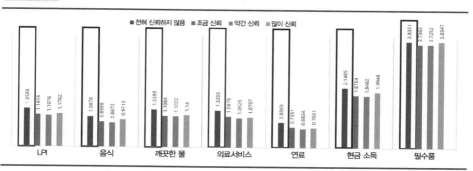

자료: Afrobarometer Round 6 (2021). 자료를 저자 직접 분석.

<그림 6-10>은 특정 신뢰 및 결속형 사회적 자본에 가까운 전통 리더에 대한 신뢰에 따른 빈곤 정도를 나타낸다. 아프리카의 전통 리더는 정치적으로, 사회적으로, 경제적으로 시민들의 삶에 영향을 주는 사람들이며 지역사회의 관습과 전통, 정체성에 대한 권위를 보유한 사람들이다. 현대사회에서는 나라마다 다른 방식으로 공식적 정치 행정체계에 편입되어 국가와 지역사회를 연결하는 역할을 한다. 지역사회의 집단적 문제와 갈등 그리고 토지 사용권을 조정하는 역할도 수행한다. 그런 의미에서 전통 리더는 지역사회에서 중요한 사람들이고 이들에 대한 주민들의 신뢰는 지역사회에서의 결속형 사회적 자본이라고 볼 수 있다.

<그림 6-10>에 따르면 전통 리더에 대한 신뢰가 높을수록 빈곤 정도도 심한 것을 확인할 수 있다. 연료 부족을 제외한 모든 빈곤 영역에서 이 같은 사실이 확인되었다. 전통 리더를 전혀 신뢰하지 않는 집단은 빈곤 정도가 두 번째로 심한 것이 확인되었다. 음식, 깨끗한 물, 의료서비스, 소득, 필수품 등에서 전통 리더를 신뢰하는 집단이 가장 빈곤하며 이 결과는 기관에 대한 신뢰와 다른 패턴을 보여준다. 연료에 있어서만 전통 리더를 신뢰하지 않는 집단의 빈곤 정도가 심한 것으로 나타났다.

그림 6-10 전통 리더에 대한 신뢰정도에 따른 분야별 LPI

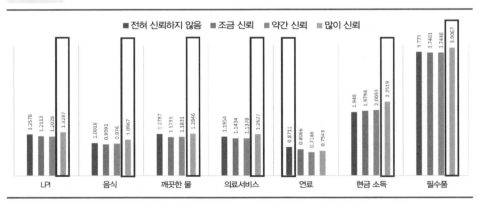

자료: Afrobarometer Round 6 (2021). 자료를 저자 직접 분석

구조적 사회적 자본은 네트워크로 대표된다. <그림 6-11>에 따르면 정부 관료와의 연락여부와 LPI 분야별로 다른 결과가 확인된다. 깨끗한 물, 의료서비스, 연료 없이 지내는 기간에서도 같은 결과가 나타나지만, 음식, 현금 소득, 필수

품 없이 지낸 기간에서는 전혀 연락하지 않는 집단의 빈곤지수가 높은 것으로 나타난다. 정부관료에 대한 접촉빈도와 빈곤 정도의 관계에서는 일관된 결과가 아닌 영역별로 다른 패턴이 존재하는 것으로 확인된다.

그림 6-11   정부관료에 대한 연락정도에 따른 분야별 LPI

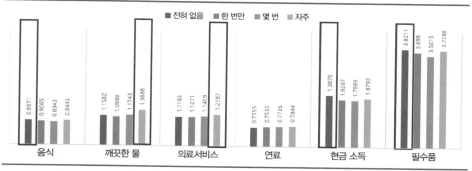

자료: Afrobarometer Round 6 (2021). 자료를 저자 직접 분석.

<그림 6-12>는 의회 의원에 대한 연락 정도에 따른 분야별 LPI 결과를 나타낸다. 이 결과에 따르면 의회 의원과의 연락이 잦은 집단의 빈곤지수가 가장 높았고 구체적으로는 음식, 깨끗한 물, 의료서비스, 현금 소득 없이 지내는 기간이 가장 긴 집단이었다. 정부관료와의 연락빈도의 경우와 비교할 때 일관되게 빈도가 낮은 집단의 빈곤정도가 높다는 사실이 확인된다.

그림 6-12   의회의원에 대한 연락정도에 따른 분야별 LPI

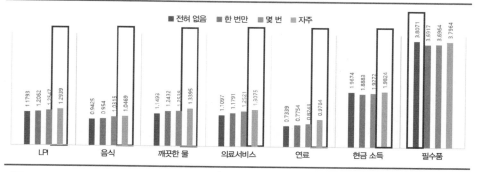

자료: Afrobarometer Round 6 (2021). 자료를 저자 직접 분석.

<그림 6-13>은 결속형 사회자본에 속하는 전통 리더와 많이 연락하는 집단의 빈곤 수준이 모든 영역에서 가장 높은 결과를 보여준다. 지역사회의 전통 리더와의 연계가 긴밀한 사람들이 가장 심한 빈곤을 경험하는 것으로 확인된 것이다. 이는 결속형 사회적 자본이 높은 경우 결핍으로써의 빈곤 수준이 높다는 사실을 명백하게 나타내는 결과이다.

그림 6-13 전통 리더에 대한 연락정도에 따른 분야별 LPI

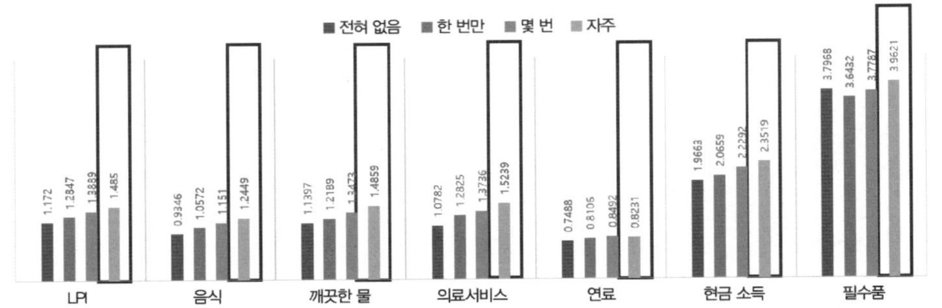

자료: Afrobarometer Round 6 (2021). 자료를 저자 직접 분석.

<그림 6-14>는 연계형 사회적 자본에 속하는 정치참여와 LPI의 관계를 분석하기 위한 투표여부에 따른 LPI정도를 보여준다. 투표에 참여한 집단은 LPI와 영역별 자료로 볼 때, 빈곤하지 않은 집단이다. 가장 빈곤한 집단은 투표를 허용받지 못한, 즉 투표가 금지되어 참여할 수 없었던 집단이다. 정치참여를 공식적으로 보장받지 못할 때 빈곤 정도가 가장 심한 것이 실증적으로 확인된 것이다. 그 다음으로 빈곤한 집단은 투표소를 찾지 못한 집단이다. 참정권이 공식적으로 주어지지 않은 사람들 또는 실질적으로 주어지지 않은 사람들이 가장 가난한 것으로 나타나고 있다.

그림 6-14   투표 여부와 LPI

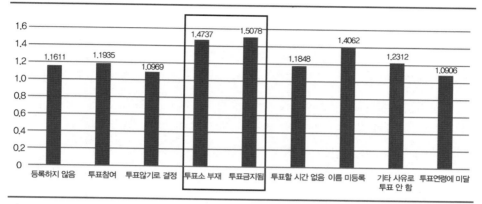

자료: Afrobarometer Round 6 (2021). 자료를 저자 직접 분석.

<그림 6-15>는 교량형 사회적 자본에 속하는 자발적 조직에의 참여와 빈곤의 관계를 보여준다. 자발적 조직에의 참여는 활동하지 않는 회원인 상태로 남아 있는 집단의 빈곤지수가 가장 높고 비회원일 때 가장 낮은 것으로 확인된다. 가난을 경험한 집단은 자발적 조직에 가입하지만, 지속적인 활동은 어려운 상황임을 보여주고, 빈곤 문제가 심하지 않은 사람들은 자발적 조직에서 활동을 하지 않는 것을 나타낸다. 이런 결과는 아프리카 지역사회나 시민사회에서 참여가 실제 정책에 반영되어 삶의 질 개선으로 나타나는 선순환 구조가 형성되지 않은 것을 의미한다. 따라서 주민들의 참여가 의미있는 변화를 유발할 수 있도록 지역사회와 시민사회의 민주화가 진행되고 개방적 구조를 갖출 필요가 있다.

그림 6-15   자발적 조직 참여여부와 분야별 LPI

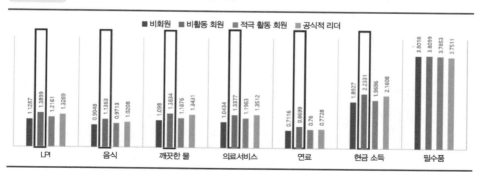

자료: Afrobarometer Round 6 (2021). 자료를 저자 직접 분석.

지금까지 확인된 결과를 LPI를 기준으로 다시 정리하면 다음과 같다. LPI가 가장 높은 집단, 즉 필수품을 갖지 못한 채 가장 오랜 기간 지내는 사람들은 대통령을 전혀 신뢰하지 않는 집단, 의회를 전혀 신뢰하지 않는 집단, 경찰을 전혀 신뢰하지 않는 집단, 법원을 신뢰하지 않는 집단이다. 이 결과는 사회적 자본이 부족할 때 빈곤할 것이라는 가정에 부합한다. 다만 대통령을 많이 신뢰하거나 의회를 많이 신뢰하는 집단이 두 번째로 가난한 집단으로 밝혀진 것은 아프리카에서의 정치적 지지의 패턴이 반영된 것으로 해석할 수 있다. 연락 정도와 관련해서 정부 관료, 의회 의원, 전통 리더와의 연락이 잦은 사람들이 더 많이 빈곤한 것으로 나타난다. 그것은 사회적 자본이 빈곤한 정도를 낮출 것이라는 가정과는 다른 결과이다. 빈곤 문제가 있을수록 주요 행위자들과 연락할 일과 경로가 많아지기 때문으로 판단된다. 참여와 관련해서 투표가 금지되거나 실질적으로 투표를 할 수 없는 집단이 가장 빈곤하다. 그리고 자발적 조직에 가입했지만, 지속적인 활동이 어려운 사람들이 빈곤한 것으로 나타났다. 이 결과는 전반적으로 사회적 자본은 빈곤 해소에 도움이 된다는 생각을 지지한다. 그런데 주요 행위자들과 연락 횟수가 많을수록 빈곤의 정도가 심한 것으로 나타났고 실제 빈곤 문제를 경험하는 사람들은 기관이나 전통 리더와 협의를 통해 그 문제를 해결하고 있음을 알 수 있다.

2. 사회적 자본과 자유가 박탈된 정도로서의 빈곤의 관계를 분석한 결과

자유롭지 못한 상황도 빈곤의 한 유형으로 구분할 수 있다. 빈곤이란 의식주와 같은 물질적 필요를 충족시키지 못한 상황뿐만 아니라 자유와 독립성이 박탈된 상태도 포함한다. 자유롭지 못하면 무력감에 빠질 뿐만 아니라 자신이 처한 상황을 극복하기 어렵다는 점에서 빈곤의 덫에서도 빠져나오기 어렵기 때문이다.

<그림 6-16>은 기관 신뢰를 대표하는 대통령에 대한 신뢰수준이 높을수록 통계학적으로 유의미하게 정치토론에는 덜 참여하는 반면 표현의 자유는 많이 보장되어 있음을 나타낸다. 같은 결과가 의회에 대한 신뢰, 경찰에 대한 신뢰, 법원에 대한 신뢰, 전통 리더에 대한 신뢰에서도 나타난다. 이 경우 결핍으로써의 빈곤과 다른 점은 기관 신뢰와 전통 리더에 대한 신뢰 모두에서 신뢰수준이 높을수록 정치토론에는 덜 참여한다. 즉 기관신뢰가 낮은 사람들이 더 많이 토론에 참여

하고 있다. 그리고 신뢰수준이 높을수록 표현의 자유는 더 많이 보장되어 있다고
생각하는 경향이 있다.

그림 6-16 기관신뢰 유형별 정치토론 참여 및 표현의 자유 인식

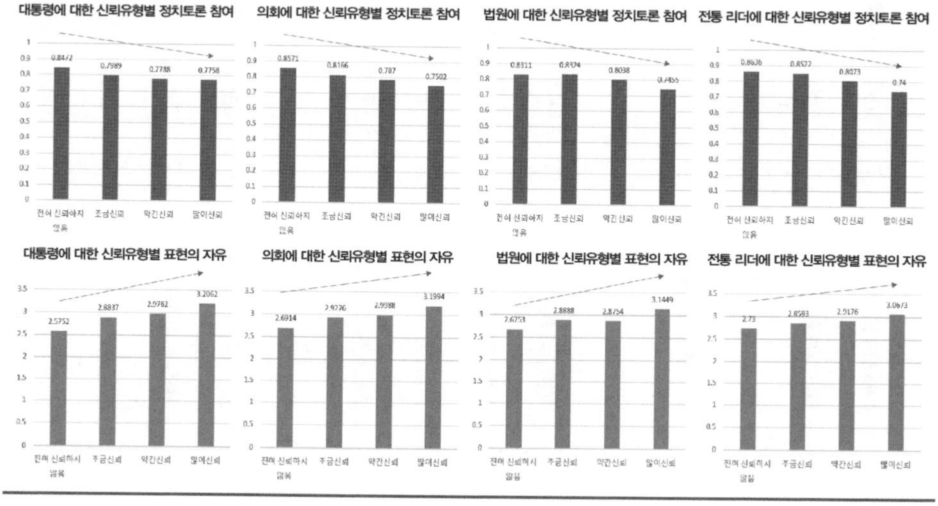

자료: Afrobarometer Round 6 (2021). 자료를 저자 직접 분석.

<그림 6-17>은 구조적 사회적 자본인 네트워크의 측정 척도에 해당하는
주요 기관과의 연락 정도와 정치적 자유 및 표현의 자유와의 관계를 보여준다. 정
부관료와의 연락이 잦으면 정치참여도 잦고 표현의 자유도 더 많이 보장되어 있
다고 생각하는 경향이 있다. 반대로 정부관료와 연락이 없는 경우에는 정치참여가
부족하고 표현의 자유는 보장되지 않는다고 생각하는 경향이 있다. 이런 현상은
의회 의원과의 연락과 전통 리더와의 연락 정도로 분석했을 때 더 강하게 나타난
다. 연락 정도의 경우 외부 기관과의 관계나 공동체 내부 행위자와의 관계 모두에
서 네트워크가 강한 사람이 자유가 더 보장되어 있다고 생각하며 정치토론에 참
여도 많이 한다는 점에서 자유가 박탈된 빈곤의 정도가 낮아진다는 사실이 확인
된다.

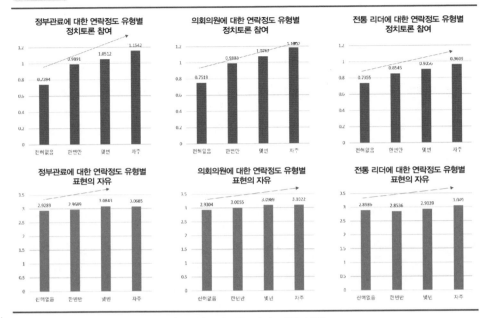

그림 6-17　　주요기관 연락 유형별 정치토론 참여 및 표현의 자유 인식

자료: Afrobarometer Round 6 (2021). 자료를 저자 직접 분석.

<그림 6-18>은 투표 여부에 따른 토론의 자유와 표현의 자유의 관계를 나타낸다. 투표소가 없거나 투표를 금지당한 집단의 정치토론 참여 정도가 낮을 뿐만 아니라 이들은 표현의 자유도 보장받지 못하고 있는 것이 확인된다. 반면 투표에 참여한 집단은 정치토론 참여도 활발하며 표현의 자유도 보장받고 있다는 것이 확인된다.

160　글로벌 빈곤과 국제개발협력

그림 6-18 투표여부에 따른 정치토론 참여 및 표현의 자유 인식

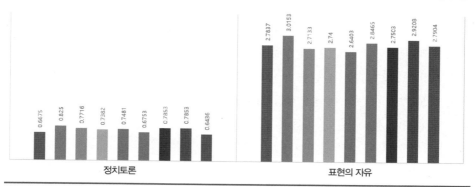

■등록하지 않음 ■투표참여 ■투표않기로 결정 ■투표소 부재 ■투표금지됨 ■투표할 시간 없음 ■이름 미등록 ■기타 사유로 투표 안 함 ■투표연령에 미달

자료: Afrobarometer Round 6 (2021). 자료를 저자 직접 분석.

<그림 6-19>에서 자발적 조직에 관여하는 정도가 높은 집단에서 정치토론 참여가 활발하고 표현의 자유도 더 많이 보장받고 있음이 확인된다. 더 많은 참여를 보장받는 사람에게 더 많은 자유가 주어지고 참여를 제약받을 때 자유는 보장되지 못함을 확인할 수 있다. 따라서 참여와 토론의 자유 및 표현의 자유 사이에 높은 상관관계가 있고, 특히 지역사회 참여도를 높임으로써 자유가 박탈당한 빈곤에서 벗어날 수 있음을 알 수 있다.

그림 6-19 자발적 조직 참여 여부에 따른 정치토론 참여 및 표현의 자유 인식

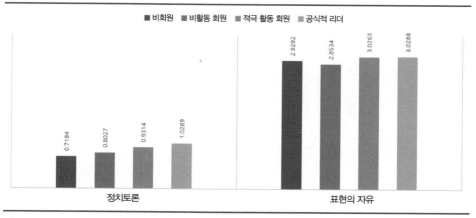

■비회원 ■비활동 회원 ■적극 활동 회원 ■공식적 리더

자료: Afrobarometer Round 6 (2021). 자료를 저자 직접 분석.

3. 사회적 자본과 재난과 불안

빈곤의 또 다른 유형은 재난과 불안이다. 자연재해가 자주 발생하고 치안이 불안정한 지역에 살면 다양한 문제에 직면한다. 홍수나 가뭄에 취약한 지역에 살면 말라리아나 결핵과 같은 질병에 취약하게 되고, 이러한 취약성은 결국 재해 복구와 질병 치료에 많은 자원을 소모하게 해서 빈곤을 악화시킨다. 폭력이나 위협, 안전을 보장받지 못할 때 정상적인 경제활동을 못 하게 되는 것은 당연한 일이며, 따라서 재해나 불안정은 주민들이 빈곤의 굴레에서 벗어나지 못하는 중요한 원인이 된다.

<그림 6-20>은 대통령에 대한 신뢰와 재난, 불안, 물리적 공격과의 관계를 보여준다. 대통령을 전혀 신뢰하지 않는 집단이 홍수와 가뭄의 피해가 심하다고 생각하고 더 큰 불안을 느끼며 도난과 공격을 더 많이 경험하는 것으로 확인되었다. 많이 신뢰하는 사람들은 재난의 피해가 덜하고 안전을 더 잘 보장받는 것이 확인되었다. 그림에 제시되지는 않았지만 경찰, 법원 등 공식적 기관에 대한 신뢰가 높을수록 재난과 불안의 정도가 낮다는 사실이 일관되게 확인된다.

그림 6-20   대통령에 대한 신뢰와 재난, 불안, 도난, 공격에 대한 인식

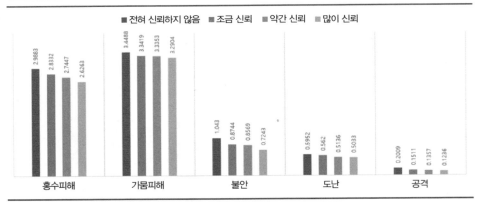

자료: Afrobarometer Round 6 (2021). 자료를 저자 직접 분석.

반면 <그림 6-21>을 통해서 전통 리더에 대한 신뢰의 정도에서는 홍수 피해와 치안의 불안정에 대해서는 같은 결과가 나타났지만, 가뭄에 대해서는 가장

많이 신뢰하는 집단의 피해가 큰 것이 확인되었다. 이 분석 결과를 통해서 가뭄 피해는 사회적 자본 유무와 연관성이 크지 않은 것으로 확인된다. 아프리카 지역의 가뭄 피해가 정부 정책이나 지역사회 차원에서 해결하기 어려운 현실을 보여주는 것으로 이해할 수 있다.

그림 6-21 전통 리더에 대한 신뢰와 재난, 불안, 도난, 공격에 대한 인식

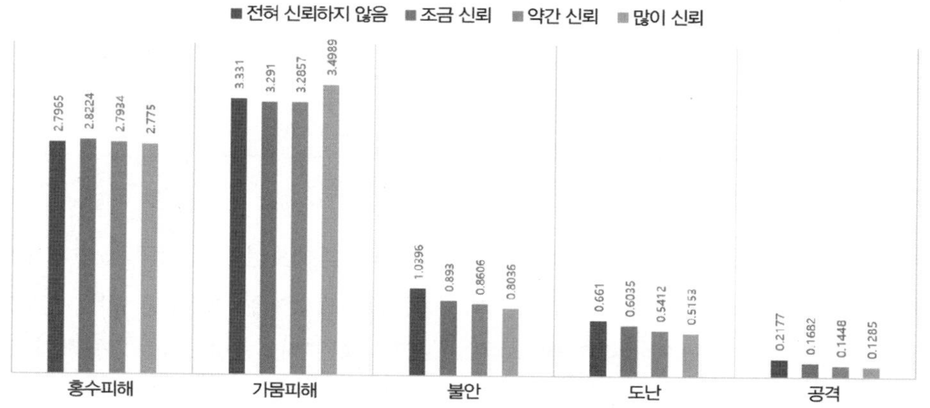

자료: Afrobarometer Round 6 (2021). 자료를 저자 직접 분석.

<그림 6-22>에서 신뢰의 경우와는 다르게 정부 관료와의 연계가 강할수록 홍수 피해가 크고 치안 불안정이 심하며 도난과 물리적 공격의 피해가 큰 것으로 나타난다. 그림에 제시되지 않았지만 같은 결과가 의회 의원과의 연계에서도 확인된다. 이 결과는 사회적 자본과 빈곤이 부정적 관계가 있을 것이라는 통상적인 가정에 어긋나지만, 아프리카의 지역 주민은 일반적으로 생활 속 문제가 있을 때 정부 관료나 의원들과의 연락이 취하는 것을 보여준다.

그림 6-22 정부관료와의 연락정도와 재난, 불안, 도난, 공격에 대한 인식

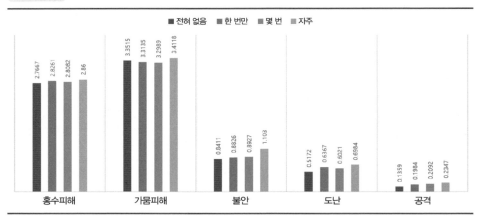

자료: Afrobarometer Round 6 (2021). 자료를 저자 직접 분석.

　　<그림 6-23>에서 공동체 속 네트워크를 나타내는 전통 리더와의 연계에서도 유사한 결과가 확인된다. 전통 리더와의 연계가 많을수록 홍수, 가뭄의 피해가 잦고, 치안의 불안, 도난의 경험이 많은 것으로 나타난다. 반면 물리적 공격의 경험은 연계가 없거나 많은 집단보다 때때로 연락하는 정도의 관계를 맺는 사람들에서 높게 나타난다.

그림 6-23　전통 리더와의 연락 정도와 재난, 불안, 도난, 공격에 대한 인식

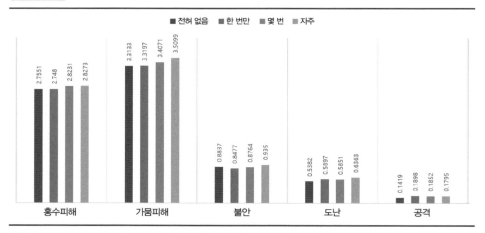

자료: Afrobarometer Round 6 (2021). 자료를 저자 직접 분석.

<그림 6-24>는 투표에 참여하지 않은 집단 중에서 투표가 금지된 사람들이 모든 재난 유형에서 가장 큰 피해를 입고, 치안의 불안도 가장 크게 경험하는 것으로 나타났다. 사회적으로 취약한 계층이 투표권을 인정받지 못하며, 빈곤한 계층이라는 사실이 이 결과로 확인된다. 정치참여에 대한 권리와 빈곤은 밀접하게 관련된다는 사실을 알 수 있다.

그림 6-24 투표 여부에 따른 재난, 불안, 도난, 공격에 대한 인식

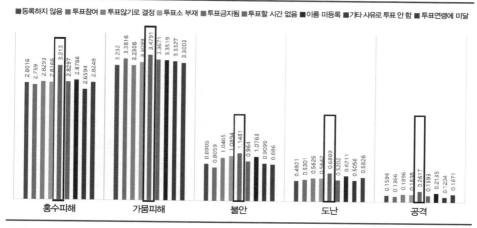

자료: Afrobarometer Round 6 (2021). 자료를 저자 직접 분석.

<그림 6-25>에 따르면 지역회의에 참여하지 않는 사람들이 홍수 피해가 가장 크고, 가장 많은 참여를 하는 사람들이 가뭄 피해가 가장 큰 것으로 나타나 홍수와 가뭄은 반대되는 결과를 보인다. 이 역시 가뭄의 경우 체계적인 대응이 어려운 현실을 보여준다.

그림 6-25   지역회의 참여 여부에 따른 재난, 불안, 도난, 공격에 대한 인식

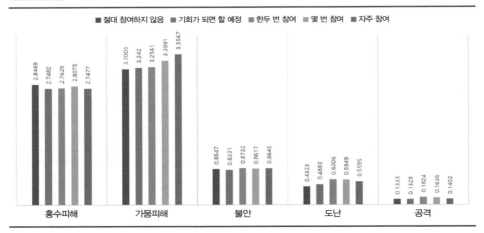

자료: Afrobarometer Round 6 (2021). 자료를 저자 직접 분석.

    자발적 조직에 대한 참여와 재난, 불안, 도난, 공격에 대한 인식을 보여주는 <그림 6-26>에 따르면 자발적 조직에 더 적극적으로 참여할수록 재난 피해가 크고 불안, 도난, 공격의 빈도가 높은 것이 확인되었다. 이 결과도 사회적 자본이 높을수록 빈곤의 정도가 경감될 것이라는 가정에 어긋난다. 정부의 역량이 취약하고 빈곤과 재난이 심한 개발도상국가 지역에서 지역사회 조직이 활발한 활동을 전개하는 경우가 많은 현실이 반영된 것으로 추정할 수 있다.

그림 6-26   자발적 조직 참여 유형별 재난 및 불안

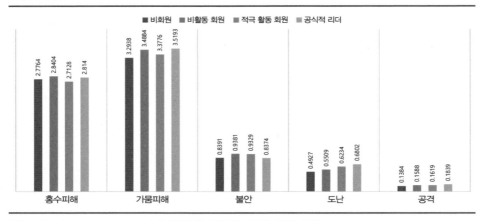

자료: Afrobarometer Round 6 (2021). 자료를 저자 직접 분석.

4. 사회적 자본과 정보접근성

빈곤을 인간의 존엄성이 박탈된 상태로 정의한다면 인간이 자신의 존엄성과 발전을 추구하는 과정이 중요하고 그 과정에서 충분한 정보를 얻는 것도 필요하다. 필요한 정보가 없다면 자유, 힘, 독립성이 박탈된 빈곤한 상태라고 정의할 수 있다. 특히 미디어와 디지털 정보가 중요해진 제4차산업혁명의 시대에 충분한 정보를 바탕으로 발전의 계획을 수립하는 것은 빈곤을 극복하는 가장 중요한 열쇠가 될 것이다.

<그림 6-27>은 대통령에 대한 신뢰의 정도와 정부관료와 접촉하는 정도의 정보접근성과의 관계를 나타낸다. 대통령에 대한 신뢰가 높은 집단에서 지방정부의 예산정보와 학교 예산정보에 대한 접근성이 가장 높고, 신뢰가 낮은 집단에서 정보접근성이 낮은 것을 보여준다. 같은 결과가 그림에는 제시되지 않은 의회, 경찰, 법원, 전통 리더에 대한 신뢰에서도 확인되었다. 전반적으로 신뢰수준이 높을 때 정보접근성도 높은 것으로 나타난 것이다. 그뿐만 아니라 정부 관료와의 연계, 의회 의원과의 연계, 전통 리더와의 연계에서도 같은 사실이 확인된다.

그림 6-27 대통령에 대한 신뢰와 정부관료 연락 정도에 따른 정보접근성

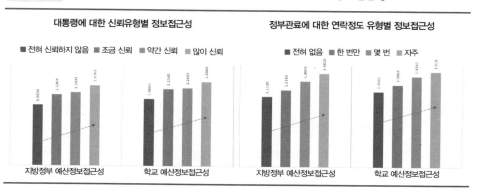

자료: Afrobarometer Round 6 (2021). 자료를 저자 직접 분석.

<그림 6-28>은 투표 여부와 참여 여부에 따른 정보접근성 정도를 나타낸다. 투표에 참여하는 집단이 투표하지 못하거나 하지 않는 집단보다 정보접근성이 높고, 지역공동체 회의와 자발적 조직에 참여하는 사람들의 정보접근성이 높은 것

이 확인되었다. 더 많이 참여할 때 정보접근성이 높아지며 이를 바탕으로 역량을 확충하고 빈곤을 극복할 수 있음을 보여주는 결과이다.

그림 6-28 투표 여부와 참여 여부에 따른 정보접근성

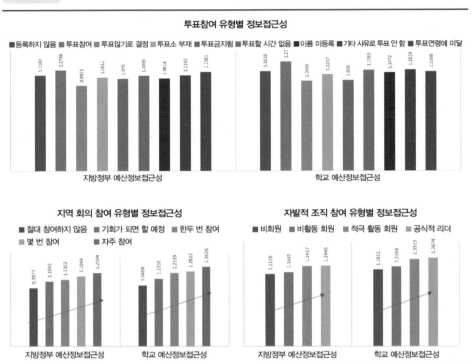

자료: Afrobarometer Round 6 (2021). 자료를 저자 직접 분석.

5. 아프리카의 사회적 자본과 빈곤의 관계 분석 요약

아프로바로미터의 조사 결과 분석을 통해 대부분의 사회적 자본과 빈곤은 일정한 관계가 있는 것을 확인할 수 있었다. 특히 기관에 대한 신뢰와 전통 리더에 대한 신뢰, 그리고 정치참여가 부족할 때 기본적인 생활 여건을 갖추지 못한 빈곤 상태에 있는 경우가 많음을 발견했다. 이 경우 사회적 자본을 배양하기 어렵고 빈곤의 덫에서 빠져나오기 어려울 것을 추론할 수 있다. 그러나 사회적 자본의 유형에 따라서 그리고 빈곤의 종류에 따라서 예상과 다른 결과도 확인할 수 있었다. 가난한 사람들은 무기력하기만 한 것은 아니고 문제의 해결을 위해 정부와 의회,

지역공동체의 회의와 연계하고 있음도 확인하였다. 이러한 사실에서 사회적 자본을 매개로 한 빈곤 극복의 교훈을 얻을 수 있다. 불평등한 사회구조에 주어진 부족한 사회적 자본은 빈곤의 덫을 빠져나오는 데 어려운 조건이 되지만 스스로 문제해결을 위한 통로를 찾으려는 노력이 지속가능하게 이루어지면 빈곤 문제가 해소될 것을 기대할 수 있다.

6. 사회적 자본과 글로벌 빈곤 극복을 위한 순환구조의 중요성

좋은 사회적 자본을 가진 사람이 더 많은 필수품을 갖고, 정보를 보유하며 좋은 일자리와 사업 기회, 더 많은 소득을 갖는다는 사실이 확인되었고, 사회적 자본이 없을 때 필수품과 정보가 부족하며 빈곤이 직면한다는 사실도 확인되었다. 이런 구조적 문제는 사회의 불평등을 확대 재생산한다. 그러나 계층 간 불평등과 빈곤 문제를 해소하기 위한 가능성도 사회적 자본에서 찾을 수 있다. 빈곤한 집단이 정부와 지역회의에 더 많이 참여하고 있다는 점에서 정부의 역량 향상을 바탕으로 이들에게 양질의 일자리를 제공하고 지원하기 위한 법적·제도적 보완이 필요하다. 특히 직업훈련과 고용지원이 동시에 제공될 수 있는 프로그램의 확대를 위한 정책을 수립할 수 있다. 지역사회에서 빈곤한 집단이 능동적 자활을 할 수 있도록 그리고 그 과정에서 사회적 자본을 확충하고 그것이 다시 사업 기회와 취업 기회로 이어져 경력상승으로 발전할 수 있도록 지역사회의 활성화가 이루어질 필요가 있다.

이러한 정부와 지역사회의 노력은 <그림 6-3>에서 제시된 거시적 차원에서의 사회적 자본으로 가능하다. 거시적 차원의 사회적 자본 가운데 중요한 요소인 협력적 거버넌스는 구성원에 대한 정보제공 차원에서 그리고 지역사회 혁신 차원에서 주목을 받고 있다. 협력적 거버넌스는 많은 사람이 협의하고 참여하는 과정에서 정보의 활발한 공유와 확산이 수반된다. 정보가 독점되지 않고 자발적 조직과 시민들이 공유하면 주민들은 좋은 기회를 포착할 수 있고 지역사회에는 새로운 아이디어가 생겨나고 혁신이 활성화된다. 그 결과는 지역사회의 발전과 새로운 일자리 창출로 이어져 소득창출의 기회가 제공될 것이다. 협력적 거버넌스가 작동하는 가운데 많은 사람이 충분한 정보를 갖고 숙고와 토론을 할 때 능력향상의 기회가 제공되고 사회적 자본 확충의 기회도 제공된다. 이렇게 확충된 사회적 자본은 빈곤한 집단에도 축적되어 양질의 교육과 취업의 기회를 얻는 방식으로의 발전이 가능해진다.

나아가서 지역사회의 협력적 거버넌스는 사회적 경제의 형태로 지속될 수 있다. 지역사회의 경제적 발전뿐만 아니라 사회적, 환경적 발전을 추구하는 다양한 개인과 집단이 형성하는 경제체제인 사회적 경제는 사회적 자본을 형성하고 확산하는데 좋은 통로가 된다. 실제로 글로벌 경제위기 속에서도 지속가능한발전을 이룬 지역사회에 사회적 경제의 강한 역량이 자리 잡은 경우가 많이 확인된다. 특히 사회적 경제는 빈곤문제에 직면한 개발도상국가가 발전하기 위한 한 가지 방안이 될 수 있다는 점에서 주목할만하다. 사회적 자본에 기반을 두고 사회적 경제의 지속가능한 집합적 거버넌스를 형성하는 방향은 개발도상국가가 직면한 사회문제를 해결하고 혁신적 발전 가능성을 모색하는 새로운 발전 경로가 될 수 있다.

‖ 참고문헌 ‖

한국보건사회연구원 (2009). **한국사회의 양극화와 사회자본**, 한국보건사회연구원.

Bourdieau, P. (1983). Ökonomisches Kapital, kulturelles Kapital, soziales Kapital in R. Kreckel (ed.) *Soziale Ungleichheiten* (Soziale Welt, Sonderheft 2), Goettingen: Otto Schartz & Co.

Burt, R. S. (1995). *Structural Holes: The Social Structure of Competition.* Cambridge: Harvard University Press.

Putnam, R. (2000). *Bowling Alone: The Collapse and Revival of American Community.* New York: Simon & Schuster.

Chapter 07

국제개발협력과 사회적 경제

정무권

| 국제개발협력과 사회적 경제

정무권

I. 서론

글로벌 사회는 21세기에 진입하면서 새롭고 다양한 위기들을 맞고 있다. 글로벌 차원에서 1970년대 이후 반세기 동안 글로벌 정치경제를 지배해 왔던 신자유주의 패러다임은 경제 글로벌화와 함께 빈곤을 해소시키기 보다는 지역 간, 계층 및 계급, 젠더 등의 다양한 영역에서 불평등을 심화시켜 왔다. 그리고 석유자원에 의존한 산업화와 양적 생산 및 소비 증대에 초점을 둔 성장 전략은 기후변화를 비롯하여, 코로나 팬데믹 등 보다 심각하고 글로벌 차원의 생태적 위기들이 빠르게 진행시키고 있다. 이런 과정에서 일반 사람들의 삶의 기반이 되는 지역경제는 점점 공동화, 피폐화 되면서 지방소멸이라는 지역 간의 양극화를 가져왔다. 이러한 글로벌 위기들은 인류의 미래 발전전략을 양적 성장에서 지속가능발전으로의 근본적인 변화를 요구하고 있다.

이에 따라 국제개발협력의 영역에서도 목적과 접근방법의 패러다임이 급격히 변화하고 있다. 제2차 세계대전 후 전쟁으로 파괴된 서구유럽 경제의 재건을 돕는 미국의 마샬플랜을 시작으로 신생국들의 빈곤과 경제발전을 돕기 위해 선진국가들이 집적 다양한 물자와 재정을 지원하는 형식으로 시작된 국제개발협력의 목적과 방식의 패러다임은 그동안 국제정치경제 환경변화와 함께 기존의 국제개발의 실패와 한계를 성찰해 오면서 변화해 왔다. 최근의 국제개발협력의 패러다임은 수원국의 경제성장에 초점을 두면서 공여국의 이익이 더 중심적인 전통적인 국제개발협력 패러다임을 비판하는 한편, 수원국의 개발주권과 수원국과 공여국의 상호책무성을 강화시키고 글로벌 차원의 지속가능발전을 목표로 새롭게 재구성하고 있다.

이러한 글로벌 위기를 극복하기 위한 다양한 대안 중의 하나로서 지역단위에서 시민사회의 주도에 의해 다양한 경제 및 사회문제들을 해결하는 사회적 경제(Social Economy)를 발전시키는 접근이 전 세계적으로 주목을 받고 있다. 이러한 사회적 경제의 성장은 선진국가들과 개발국가들이 서로 협력하여 인류의 공동번영을 지향하는 국제개발협력에 어떻게 기여할 수 있는가? 국제개발협력의 영역에서 수원국의 자주적 발전과 글로벌 위기를 극복하기 위한 중요한 대안적 접근방법이 될 수 있을 것인가?

본 장은 이러한 문제의식에서 출발하여 최근 급격히 변화하는 국제환경과 국제개발협력의 패러다임의 변화 맥락에서 사회적 경제가 어떻게 기여할 수 있는가를 알아보고자 한다. 이를 위해 우선 국제개발협력 패러다임의 변화와 최근 동향을 알아본다. 그 다음으로 사회적 경제의 개념화와 사회적 경제의 최근 국제동향을 이해하고, 마지막으로 변화하는 국제개발협력의 패러다임과 지속가능발전이라는 인류의 공동 발전의 목표를 실현시키기 위하여 사회적 경제가 어떤 역할들을 할 수 있는지 알아본다.

Ⅱ. 국제개발협력 패러다임 변화와 최근 동향

국제개발협력에서 사회적 경제 접근의 중요성을 더 확고히 이해하기 위해서는 현재 UN이 지속가능발전을 인류의 발전목표로 제시한 시점에서 국제개발협력과 발전이론에서 논쟁되었던 '개발' 또는 '발전'의 의미를 재음미해볼 필요가 있다.

1. '개발', '발전' 의미

국제적으로 국제개발학(International Development Cooperation) 또는 발전론 (Development Study) 학계나 현장에서는 개발 또는 발전(Development)의 개념과 범위에 대하여 오래 전부터 논쟁이 있었다. 그리고 이를 개념화하는 유사 개념으로 '근대화(Modernization)', 서구화(Westernization)', '성장(Growth)' 또는 '변화(Change)' 등이 있고 많은 경우 서로 혼용되어 사용되기도 하였다(Heady, 1996: 113 – 163; Desai and Potter, 2014). 그리고 우리가 지향하는 사회의 모습으로 '개발' 또는 '발전'은 시대에 따라 다양한 개념으로 진화해 왔다. 따라서 최근의 우리 인류가 직면하고 있는 다양한 위기에 대응하기 위해 지속가능한발전을 지향하고 있는 관점에서 그 의미를 좀 더 명확하게 이해할 필요가 있다(정무권, 2019).

근대화는 1950년대와 60년대에 비교정치와 사회학에서 지배적이었던 발전의 개념이었다. 그리고 전후 본격적으로 시작된 국제개발분야에서도 지배적인 개념이 되었다. 근대화는 당시 서구산업화국가들이 경제성장을 통해 기능분화와 개인화되어가는 산업사회 모습을 궁극적인 발전모델로 가정하고, 식민지로부터 독립한 신생국가나 빈곤국가들은 앞으로 이러한 근대화과정을 거쳐 서구국가들의 모습으로 수렴된다는 개념이다. 이에 따라 근대화는 산업화 또는 서구화(Westernization)와 유사한 개념으로도 사용되었다. 그런데 근대화 개념은 개별국가들의 문화와 발전양식의 다양성을 무시한 채, 세계를 서구 중심으로 바라본 단선론적 발전의 개념이라는 비판을 받기 시작했다. 특히 전후 활발하게 진행되었던 개발원조에도 불구하고 1970년대에 선진국과 개발국가들 간의 격차는 더욱 벌어지면서 근대화에 대한 비판은 정당성을 가지기 시작하였다(정무권, 2019).

이에 따라 자본주의 발전에 대해 비판적인 마르크스주의 시각에 근거한 세계체제론(World System Theory)과 개발국가의 관점에서 발전의 문제를 제시한 종속이론(Dependency Theory)이 많은 주목을 받았다(Chilcote, 2018). 이 시각은 자본주의 발전을 개별국가로 분리된 발전과정이 아니라 하나의 자본주의 체제라는 세계체제론적 관점에서 해석한다. 이에 따라 선진국의 발전은 개도국의 저발전을 전제로 이루어지기 때문에 발전과 저발전이 공존할 수밖에 없다는 것이다. 때문에 단선론적인 근대화 또는 서구화로의 발전은 현 개도국에서는 불가능하다는 것이다.

그러나 한국을 비롯한 동아시아 '네 마리 용'이라고 불리 우는 신흥 산업국가 (Newly Industrializing Countries, NICs)들이 국가주도의 산업화에 성공하자 종속이 론은 단순하고 결정론적인 관점으로 비판을 받기 시작했다. 발전은 다양한 경로를 통해 가능하다는 것을 경험적으로 보여준 것이다(정무권, 2019).

그러나 1980년대와 90년대에 신자유주의 사조가 지배적이 됨에 따라 다시 발전의 개념은 경제적 파이를 키우는 경제성장(Economic Growth)론과 연계되어 GNP/GDP라는 한 국가의 경제적인 양적 성장을 강조함으로써 사회적·정치적·문화적 차원의 다양한 균형발전이나 불평등의 문제를 경시하는 것으로 비판을 받아왔다.

이에 따라 국제사회에서는 '발전(Development)'의 개념을 보다 총체적인 개념으로 해석하기 시작하였다. 1970년대에 노벨경제학상을 수상한 스웨덴의 군나르 뮈르달(Karl Gunnar Myrdal)은 일찍이 발전(Development)의 개념을 '저발전이 만연 되어 있는 사회체제의 바람직하지 못한 조건들을 총체적이고 지속으로 향상시키는 것'이라고 개념화 하였다(Myrdal, 1968). 이는 발전은 '경제적 차원뿐만 아니라 다양한 사회적 차원들의 상호 통합적인 향상으로서 이를 위해서는 다양한 정책들이 계획을 통해 합리적으로 조정되는 과정이 필요하다'고 하였다. 그리고 궁극적으로 개인과 제도들의 역량향상으로 빈곤의 악순환에서 발전의 선순환으로 전환되어야 한다고 하였다. 이와 유사한 맥락으로서 1998년에 노벨경제학상을 수상한 아마르티아 센(Amartya Sen)은 단순히 경제의 양적 성장이 아니라 '인간 개개인의 자유의 영역을 확대'하는 것 진정한 의미의 '발전'이라고 정의하였다(Sen, 1999).

현재 UN의 발전/개발의 개념은 뮈르달과 센의 개념을 따르면서, 경제적인 성장뿐만 아니라 인간의 자유와 권리, 역량의 향상, 궁극적으로는 삶의 질 향상을 포괄하는 더 총체적인 개념으로의 변화를 강조하고 있다. 따라서 발전이라는 개념은 궁극적으로 인간 개인들의 자유로운 선택으로 자아실현, 다양성을 아우르는 사회통합, 기본욕구의 충족과 권리보장을 위해서는 인간과 제도의 역량의 총체적 향상이 전제되는 것으로 개념화하고 있다. 즉 '발전'이라는 개념은 정치·경제·사회를 아우르는 총체적인 차원에서의 역량과 질의 상향적 향상을 의미한다고 할 수 있다(Heady, 1993; Chilcote, 1997, Sen, 1999). 사회적 경제에서 추구하는 발전의 개념도 이와 같이 사람의 역량개발과 상호협력을 통한 인간의 다양한 삶의 양식과 가치, 그리고 경제활동이 통합되는 공동체 형성을 의미하고 있다(Dacheux and Goujon, 2012). 사회적 경제의 목적도 인간 중심의 총체적인 발전의 개념과 맥을 같이 한다고 할 수 있다.

우리 사회에서는 이러한 논쟁을 의식했든 하지 않았든 간에 'Development'를 일찍이 '발전'이라는 용어 대신에 '개발'이라고 번역하여 경제개발, 사회개발, 국제개발, 개발도상국가 등과 같이 자연스럽게 사용해 왔다(정무권, 2019). 그 중에서 가장 대표적인 예가 우리나라 경제발전의 중요한 요인인 6차에 걸친 정부의 경제발전계획을 '경제개발 5개년계획'이라고 한 것이다. 그런데 우리 사회에서 일부 시각에서는 '개발'은 특정한 기획에 의한 미시적이며 도구적인 성취로서의 의미가 강하다는 비판이 있었다. 산업화와 경제성장과정에서 우리 사회에서는 도시개발, 지역개발 등 도구적인 '개발'의 개념이 많이 사용되어 왔기 때문이다. 최근에 UN이 선진국과 개도국 모두가 협력하여 이행해야 할 지구촌 전체의 총체적인 발전목표로서 'Sustainable Development Goals'를 선언하였다. 이를 현재에도 우리 정부, 학계, 시민사회에서는 경우에 따라 '지속가능개발목표' 또는 '지속가능발전목표'로 혼용하여 사용하고 있다. 따라서 우리 사회에 이미 관행화된 국제개발의 용어를 사용하지만, 그 의미는 인간의 총체적인 역량과 질의 향상을 의미하는 개념으로 이해할 필요가 있다(정무권, 2019).

2. 국제개발협력 패러다임의 변화

국제개발협력의 기본 목적과 가치, 원칙, 접근방법을 의미하는 패러다임의 변화는 단순히 주요 행위자 중심의 자발적 이념이나 가치변화에 의해 인도주의적 계몽의 방식으로 변화하지 않는다. 국제개발협력의 패러다임은 역사적으로 형성된 국제정치경제 구조와 질서, 그리고 국제관계의 맥락에서 국제개발의 주요 행위자들이 당면하는 구조적 제약과 혁신의 상호과정 속에서 역동적으로 변화해 왔다. 즉 시대적으로 변화하는 세계정치경제, 국제관계의 변화의 맥락에서 국제개발협력의 이념과 가치, 목표, 프로그램들이 서로 상응하면서 변화해 온 것이다.

국제개발협력의 패러다임의 변화는 이론적 관점이나 학자들에 따라 그 단계를 다양하게 제시하고 있다. 큰 틀에서 국제정치경제질서 환경의 변화와 이에 상응하는 국제개발의 이념과 가치, 이를 주도하는 주요 행위자(제도와 기관), 그리고 주류적으로 실행되고 있는 프로그램들을 상호 연계시키면서 4단계의 패러다임의 변화로 나누어 살펴본다.[1] 그리고 그 다음에 논의되는 사회적 경제의 개념과 성장과정을 알아 봄으로써 최근의 국제개발협력의 패러다임과 사회적 경제의 상호 부합성을 평가해 본다.

1) 전후 국제개발협력의 형성기(1940년대-1950년대): 마샬플랜과 신생국의 원조

국제개발협력이라는 개념은 2차 대전 전후로 세계질서의 재편과정이 이루어졌던 1940년대와 1950년대부터 시작되었다고 할 수 있다. 미국은 사회주의권 세력견제를 위해, 한편으로는 전후 유럽의 재건, 부흥 계획인 마셜플랜을 통해 선진국가 중심의 원조의 한 축을 구성하였고, 또 다른 한 축으로 식민지 지배에서 신생국가로 전환한 신생국들을 서방진영으로 편입시키기 위해 원조를 시작하였다. 미국의 트루먼 대통령은 낡은 제국주의에 선을 긋고 과학기술과 산업화의 혜택을 통해서 생산력을 증대함으로써 '저발전(Underdevelopment)' 지역의 성장을 이끌자고 하였다(김숙진, 2016).

이는 발전(Development)의 의미를 경제성장으로 압축하면서 미국식 자본주의가 그 중심 모델이 될 것을 강조한 것이다. 한국의 해방직후와 6·25 이후의 미국의 원조도 이런 맥락에 있었다. 당시의 신생 개발국가들에 대한 원조는 냉전체제에서 미국과 소련을 양축으로 한 자기 진영을 만들기 위한 정치적 목적이 더 강했다고 할 수 있다. 그리고 제국주의 국가들에 의한 식민지 발전이 독립과 함께 낡은 개념이 되어 버린 자리를 서구식 산업화와 경제성장이란 개념이 대신하게 되었다. 소위 전후 신생국가들의 성장과 정치적 동맹을 위한 개입이 필요한 지역, 즉 '저발전' 지역으로 개념화가 되었다. 초기의 개발의 담론은 서구를 중심세계로 본 근대화의 개념과, 로스토우의 경제성장단계 개념화를 기반으로 현재의 서구의 산업화와 민주화과정을 따라가는 것을 개도국의 원조의 목표로 초점이 맞추어졌다. 이와 같이 트루먼 대통령의 원조 기획은 학문적으로 국제개발을 미국을 중심으로 한 근대화, 서구화의 패러다임과 일치시키는 역사적 계기가 되었다(정무권,

---

[1] 국제개발협력의 패러다임 변화의 시기 구분은 학자들의 관점에 따라 조금씩 다르다. 여기에서는 박경환, 윤의주(2015), 김지영(2016), 김숙진(2016), 손혁상(2012), 정상화(2012), 주용식(2017), 김태균(2019), Langcaster(2007), Riddle(2007), Thorbecke(2000), Van der Veen(2011) 등을 참조하여 저자가 해석하고 재구성하였다.

2019).

2) 국제개발협력과 개발학의 성장기(1960년대-1970년대): 서구경제의 발전과 신자유주의 등장

서구 자본주의 경제는 전후 미국 중심의 달러 통화와 무역질서를 합의한 브레튼우즈 체제 하에서 1970년대 초까지 고도 성장기를 가졌다. 이를 경제적 번영을 상징하는 의미에서 서구 자본주의 발전의 '황금기(Golden Age)' 또는 국제정치경제의 관점에서는 '연계된 자유주의(Embedded Liberalism)' 시기라고도 한다. 이 시기에 서구의 고도성장을 통해 미국을 중심으로 냉전체제의 소련 공산권과 경쟁을 하면서 자유주의 체제 진영의 개발국가들의 발전과 빈곤문제를 본격적으로 해소하기 위한 선진국 간의 원조 경쟁이 이루어진다(정무권, 2019).

이 시기에는 원조의 목적도 초기의 긴급구호와 일차적인 경제성장에 주로 중점을 두었던 것에서 UN의 근본적인 목적인 인권의 보호에 근거한 빈곤의 해소와 인간의 기본욕구 충족을 강조하기 시작하였다. 당시 서구의 복지국가의 발전이 기본욕구 충족과 사회적 보장을 추구함에 따라 UN 국제기구 중에서 ILO와 UNDP는 인권보호의 출발점을 인간의 기본욕구(Basic Human Needs)의 충족에 초점을 맞추었다. 그리고 ODA의 한 축을 빈곤지역, 특히 농촌지역개발에 초점을 두면서 개발프로젝트의 실행에 시민사회의 NGO 역할을 강조하기 시작하였다.

전후시기 이후 1970년대까지는 선진국들 간의 원조경쟁이 시작되면서 비교정치나 사회학, 경제학 등 다양한 사회과학 분과에서 개발문제가 연구되기 시작하였다. 개발학(Development Studies)과 국제개발협력 연구는 다양한 학문영역이 교차되면서 응용학문에 기반을 둔 독립적인 학문분과의 하나로서 성장하였다.

이에 따라 개발학 및 국제개발협력연구의 주요 특징을 크게 세 가지로 규정하기 시작하였다. 첫째로, 정치, 경제, 사회 등 다양한 영역에 걸치는 인접학문적 성격을 가진다. 둘째로, 글로벌 협력에서부터 국가, 지역, 집단, 개인 등 다양한 수준에서의 발전의 원인, 과정, 결과를 분석하고, 원조와 국제협력, 국가, 지역 등 다양한 수준에서의 정책, 프로그램, 프로젝트, 인간의 집단행위 등 처방들을 연구한다. 셋째로, 앞에서 제기된 발전, 개발의 개념화처럼 궁극적으로 더 나은 인간 삶의 총체적인 조건들과 실천과정을 연구한다(Langcaster, 2007; 손혁상, 2012; 김태균, 2019).

그러나 이러한 개발학과 원조의 번영기에도 불구하고 여전히 선진국과 개발국가 간의 격차는 더 벌어져 갔다. 이에 따라 개발학의 주된 세계관이었던 서구 중심의 개발을 정당화하는 근대화 관점이 비판을 받기 시작하였다. 대안적 관점으로 서구의 중심부 산업국가들의 발전과 개발이 필요한 주변부 국가들의 희생이 시스템으로 연계되어 있다는 종속이론이 주목을 받으면서 기존의 지배적인 개발 및 원조 방식에 대한 비판이 시작하였다.

다른 한편으로, 1970년대 초 미국의 월남전 패배와 오일쇼크에 의해 전후 국제경제질서를 규율했던 브레튼우즈 시스템이 붕괴되었다. 동시에 중동국가들의 오일카르텔의 형성으로 유가가 급격히 오르자 오일쇼크가 오면서 서구 자본주의는 경제침체기를 겪게 된다. 이에 따라 복지국가로 성장한 서구 유럽국가들은 국가재정부담이 커지는 동시에, 케인지안 경제조정의 원리인 국가의 재정개입에 의한 경기조절효과가 약해지면서 케인지안 정책 패러다임은 그 정당성을 잃어 갔다 (정무권, 2019). 국제정치경제질서의 새로운 처방으로 다시 국가역할을 축소하고 자유주의적 시장의 부활을 강조하는 신자유주의가 부상하면서, 현실 정치와 정책에서 영국의 대처리즘과 미국의 레이거노믹스로 나타났다. 기존의 케인지안주의 경제학에서의 수요창출을 통한 경제성장과 조절효과를 비판하고 정부개입의 축소, 감세와 이자율을 낮춤으로써 시장의 투자요인을 강조하는 공급주의 경제정책을 강조하였다. 이러한 국제정치경제 차원의 변화는 국제개발과 원조의 목표와 접근방법에도 신자유주의적 영향을 미치기 시작하였다(정무권, 2019).

3) 국제개발협력의 정체와 위기(1980년대-1990년대 말): 서구경제위기, 신자유주의 확산, 세계화

1970년대부터 시작된 서구의 경제침체와 국가재정의 한계는 1980년대에 들어서 이전의 풍성한 선진국들의 개발원조가 위축되고 원조의 효과성에 대한 근본적인 회의가 나타나기 시작하였다(Easterly, 2006). 원조의 효과성에 대한 회의들이 증가하면서 1980년대부터는 이를 '개발학의 교착상태'로 부르기도 한다(Schuurman, 1993; 김숙진, 2016). 근대화론에서 제기된 것과 달리 대규모의 원조에도 불구하고 글로벌 남부에서는 빈곤이 심화되고, 저개발 수준이나 모습의 다양성이 증가하게 된다. 즉 저개발의 지속과 개발의 실패로 자생적 성장(Self-Sustained Growth)과 낙수효과(Trickle-Down Effect)로 단선적인 발전을 강조하는 근대화론은 타당성을 잃었다. 다른 한편으로, 근대화론을 비판하면서 지속적인 저발전을 강조하는 종속이론도 한국과 같이 주변부에서 중심부로 성장하는 국가들이 있고 개발국가들 사이에서도 발전의 양상이 다양한 현실들을 제대로 설명하지 못하게 된다(정무권, 2019).

1970년대 서구경제위기 이후 서서히 대안적 패러다임으로 등장한 신자유주의는 1990년대에 와서 글로벌정치경제질서의 지배적인 패러다임으로 고착되었다. World Bank, IMF, 미국 재무부 등 국제경제질서에 영향을 미치는 주요 기구들이 주도하는 원조정책은 소위 워싱턴 컨센서스라고도 불리우면서 원조공여의 조건으로 시장중심적 구조조정(SAP)을 내걸고 국가에 의한 직접개발 방식보다는 기업과 시민사회의 개발NGO의 역할 강화를 통한 개발방식을 강조하기 시작하였다. 또한 이들 국제금융기구는 원조효과성을 떨어뜨리는 수원국가의 정부의 비효율성과 부패를 방지하기 위하여 수원국에게 '좋은 거버넌스(Good Governance)'를 강조하였다(정무권, 2019).

특히 1990년대의 멕시코를 비롯한 개발국가들의 경제위기는 그동안의 개발원조에 대한 회의를 가중시켰다. 선진국들 사이에서 원조의 한계를 심각하게 인식하기 시작하면서 공적개발원조를 줄이는 소위 '원조피로' 현상이 형성되었다. 그런 가운데, 원조에 대한 새로운 시각의 필요성이 제기되면서 21세기를 맞이하면서 포스트개발주의로서 개발의 다양성과 원조의 책무성 이슈들이 제기되기 시작하였다(김태균, 2019).

이와 같이 전후 빠르게 성장하였던 개발주의는 정체성위기와 교착상태에 빠지게 된다. 그동안 경제성장만을 위한 국가 대 국가의 직접적인 원조 대신 환경보호와 젠더평등과 같은 새로운 과제가 등장하면서 원조 다양성의 담론이 등장하기 시작한다. 기존의 세계은행과 국제통화기금 위주의 신자유주의 개발 패러다임이 주류를 이루는 가운데, 개발의 딜레마에 대한 대응으로서 반개발, 포스트개발, 그리고 대안적인 개발방식들이 제안되기 시작하였다. 이에 따라 개발국가의 자기 주도적인 내생적 개발과 개발의 다양성을 강조하는 포스트개발주의는 기존 개발방식과는 다른 탈중심부, 지역커뮤니티 중심, 참여적, 원주민 중심의 발전을 강조하기 시작하였다.

4) 국제개발협력의 전환기: 포스트개발주의의 등장과 지속가능한발전 (SDGs)(2000년대 이후-)

21세기 새천년을 맞으면서 포스트개발주의 관점에서 국제개발협력의 새로운 패러다임의 논의가 본격적으로 제기되었다. 먼저 개발책무성(Development Accountability)에 대한 문제제기이다.[2] 기존의 국제개발프로젝트는 수원국의 경제성장을 중심으로 원조의 효율성을 강조하였다. 그러나 개발책무성이란 경제적 총량중심(GDP 성장)의 경제성장에서 효율성과 함께 원조의 책무성을 강조하는 총체적인 개발효과성(Development Effectiveness)을 높이자는 것이다.

전후 냉전체제에 의한 강대국 이익중심의 원조개발 패러다임에서 원조 공여국과 수원국 간의 상호주의적 관점과 원조의 목적이 단순한 경제개발분야를 넘어서 정치사회 및 환경, 생태계 분야까지 확대되면서 개발의 다양성문제가 제기되기 시작하였다. 먼저 원조의 책무성 문제가 공식화 된 것은 2005년 파리에서 개최된 제2차 Hlf에서 채택된 원조효과성을 위한 5개의 원칙을 제기한 것이다. 파리선언에서 국제원조의 5대원칙 중의 하나로 상호책무성(Mutual Accountability)이 국제사회에서 앞으로 지켜나가야 할 원조의 방향으로 주목을 받고 있다.[3] 이후 2011년 한국의 부산에서 개최된 제4차 원조효과성을 위한 '고위급포럼(High-Level Forum on Aid Effectiveness: HLF)'에서 재차 강조되면서 책무성 이슈는 원조효과성에서 개발효과성으로까지 확대되기 시작하였다. 부산포럼에서 선언으로서의 개발책무성이

---

2) 자세한 개발책무성에 대하여 김태균(2019) 참조.

3) 2005년 파리에서 개최된 제2차 HLF에서 채택된 원조효과성을 위한 5개의 원칙은 다음과 같다 (김태균, 2019). 첫째, 개도국 파트너 국가의 주인의식/주도권/개발주권(Ownership)을 존중한다. 둘째, 원조 공여주체 간의 정책 및 사업 조율을 선행하며 공여주체 측의 조화(Harmonization)를 꾀한다. 둘째, 공여주체는 협력대상국이 요청하는 개발정책과 사업에 개발프로젝트의 방향과 내용을 일치(Alignment)하도록 한다. 셋째, 원조 공여주체 간의 정책 및 사업 조율을 선행하여 공여주체 측과 조화(Harmonization)를 이루도록 한다. 넷째, 모니터링과 평가를 동원하여 개발프로젝트의 성과물을 관리(Managing With The Results)할 수 있어야 한다. 다섯째, 공여주체와 협력대상국은 상호 책임(Mutual Accountability)의 의무가 있다. 이러한 국제사회에서의 국제개발협력과 원조 원칙들에 대한 합의는 국제개발협력이 공여국 이익 중심에서 수원국 이익 중심으로 그리고 개발과정에서 국가를 비롯한 시장과 시민사회의 다양한 참여자들의 민주적 참여와 성과관리를 강조하고 있다고 해석해야 한다.

공식화되지는 못했지만 2005년 파리 HLF 회담과 2012년 부산 HLF 회담은 다양한 국제개발 프로젝트나 접근방법 다양성의 필요성을 제기하면서 다음에 논의되는 사회적 경제가 참여할 수 있는 정당성을 부여해 주었다고 할 수 있다(정무권, 2019).

개발프로젝트는 원래 기획했던 개발목표가 최대한 효율적으로 달성하도록 인력과 물자를 배치하고 이행과정의 속도를 높이기 위하여 공여기관은 상대적으로 인권침해와 원조 책무성을 인지하지 못하거나 의도적으로 소외시킬 가능성이 있다. 따라서 책임지지 않는 개발원조를 비판적으로 검토하고 무책임한 원조의 가치와 실적에 도전할 수 있는 이론적 장치로 책무성은 대단히 중요한 국제개발협력의 원칙 중의 하나가 되어가고 있다(김태균, 2019).

책무성의 이슈는 2015년 UN이 SDGs를 선포하면서 명백히 그 중요성을 강조하였다. SDGs의 이행은 개별국가들의 개별 목표들을 성취하는 것뿐만 아니라 목표 간의 긴밀한 연계성 때문에 선진국과 개도국을 막론하고 모든 국가들이 그리고 관련된 이해당사자들이 상호 협력하고 상호책무성을 인정하지 않으면 결코 달성될 수 없는 목표이기 때문이다(정무권, 2019).

최근으로 올수록 점점 국제개발협력 영역에서 정부 간 원조를 통한 상호 협력도 중요해지지만, 점점 시민사회의 역할이 중요해지고 있다. 2015년 UN이 SDGs를 발표하면서 주요 파트너로 다중이해관계자(Multi-Stakeholder) 개념을 사용하여, 국가 행위자 이외에 시민사회, 국회, 민간기업, 공공 및 민간재단 등 다층적인 비정부 행위자의 협치를 SDGs의 마지막 목표인 17번에 '개발파트너십' 개념으로 강조하였다(UN, 2015). 시민사회주도로 지역의 경제적 발전과 다양한 사회적, 환경적 수요를 충족시키고자 성장한 새로운 조직의 형태가 바로 '사회적 경제' 또는 '사회연대경제' 개념인 것이다(정무권, 2019).

그동안 시민사회 조직이라 함은 주로 영리적 또는 경제적 수익성을 배제한, 그리고 재정적으로는 외부의 기여에 의존하는 비정부조직(NGOs) 또는 비영리조직(NPOs)들을 의미하였다. 그러나 사회적 경제 조직들(SEOs/SSEOs)은 자신들의 설립목적인 사회적 목적을 실현하는 가운데 재정적 자립을 추구하고 동시에 조직구성원들과 관련된 다중이해관계자들의 민주적 참여를 조건으로 하기 때문에 책무성에 원칙에 부합되는 접근방법이라고 할 수 있다(UNRISD, 2016).

표 7-1 국제정치경제 환경의 변화와 국제개발 패러다임의 변화

시기구분	국제환경	국제개발관련 주요 이론 및 이데올로기	ODA의 주요목표	주요 원조기관과 관련제도	주요 원조형태
1. 국제 개발협력의 (1940– 1950년대)	• 제2차 세계대전 이후 파괴된 경제재건 • 미소냉전 체제 • 신생국독립	• 케인지안 경제개발 이론 • 근대화이론 성장개발 이론 • 신생국, 개도국의 수입대체 산업화	• 안보/반공 산주의 파괴된 서구경제 재건 • 신생국의 빈민, 난민등의 긴급구호	• 미국, UN • 브레튼우즈 시스템	• 마샬플랜, • 기술지원 및 협력 인프라건설, 필요한 외환공급
2. 국제 개발협력과 개발학의 성장기 (1960– 1970년대)	• 서구경제의 호황(Golden Age) • Embedded Liberalism • 제3세계의 등장 • 냉전체제의 가속화/베 트남전쟁	• 신마르크스 주의 • 종속이론/ 세계체제 이론 • 인도적 국제주의 • 다자주의	• 빈곤감소 /재분배 • 인간의 기본필요 (Basic Human Needs) • 환경, 건강, 교육 등 개도국의 기본 사회적 수요 해결	• UN이 국제개발주 도의 중심 • 1961년 OECD DAC창설 • 주요 공여국으로 서유럽국가 들 부상 • 다자공여 기관확대 World Bank, IMF	• 인프라 지원에서 농촌개발, 주거, 교육, 의료 등 기본 사회적 필요해결
3. 국제 개발협력의 정체와 위기 (1970– 1990년대 말)	• 1, 2차 석유위기 • 멕시코 금융위기 • 개도국부채 위기 • 공산권	• 신자유주의 성장과 자유무역 • 워싱턴 컨센서스 • 대처리즘/ 레이거니즘	• 국제수지 균형과 예산균형, 경제안정화 • 개발의 잃어버린 10년	• IMF/World Bank • 선진국 DAC 중심 • 시장의 역할 • 시민사회의	• World Bank/IMF 주도 구조조정 프로그램 (SAP)

	붕괴/냉전 종식 • 신자유주의적 시장중심의 구조조정	• IMF/World Bank 주도 SAP • 신자유주의 비판과 원조피로	• 신자유주의적 Good Governance • 신자유주의적 경제개발과 빈곤감소가 개발원조가 주요 목표 재부상	개발NGOs	
4. 국제 개발협력의 전환기: 포스트개발주의와 지속가능한발전 (1990년 말 이후–현재)	• 1990년대 말 아시아 금융위기 • 아프리카 빈곤문제 부상 • 냉전종식 후 내전 등 국가내 분쟁증가 • 국제 테러리즘 • 기후변화와 환경문제	• 신자유주의 처방 비판 • 2005년 파리HLF회의선언으로 원조효과성 논의 본격화 • 2011년 부산HLF 회의에서 개발효과성 의제 등장	• MDGs로 사회개발 중요성 강조/Big Push • 민주주의, 젠더, 환경, 기후변화 등 경제개발 이외의 다양한 아젠다 • 2015년 SDGs 선언 • 시민사회의 역할과 정부와 시민사회 파트너십 강조	• 개발NGO • 비DAC 공여국 등장 • 남남협력 증가 • 시민사회, 사회적 경제 강조 • 정부–시장–시민사회 파트너십	• 부채경감/채무변제/무상원조 • 인도주의 지원급증 • Sector–Wide Approach, 예산지원 등 원조 효과성제고를 위한 다양한 원조지원 방식 • 지역단위에서 SSE를 강조하기 시작

주: 김지영(2016). 〈표 2〉. 124쪽을 기반으로 수정 및 재구성. 정무권(2019). 43–44쪽.

Ⅲ. 사회적 경제의 개념화와 글로벌 사회에서의 사회적 경제의 성장

1. 사회적 경제의 개념화

먼저 사회적 경제가 국제개발협력에 어떤 역할을 할 수 있는가를 깊이 이해하기 위해서는 사회적 경제의 개념에 대하며 다차원적이며 심층적인 이해가 필요하다. 사실 사회적 경제는 인류의 경제사회 발전의 역사에서 오랜 역사적 기원을 가지고 있고 지역 공동체 구성원들 중심으로 상호부조를 중심으로 중요한 경제적, 사회적 필요들을 담당했었다(정무권, 2020).[4] 그러나 모든 영역을 상품화시키는 자본주의 시장경제체제가 발전하게 됨에 따라 전통적인 사회적 경제의 영역이 위축되고 이윤추구 중심의 시장경제가 발전하게 되었다. 그러나 다시 다양한 글로벌 위기들과 사회문제들이 첨예하게 드러나기 시작한 21세기 전후로 하여 그 의미가 재구성되고 새롭게 제도화된 형태로 글로벌 차원에서 빠르게 성장하고 있다(Evers and Laville, 2004; Moulaert and Ailenei, 2005; SUSY). 그리고 최근에 성장하는 사회적 경제는 오랜 인류의 역사적 유산 속에서 새로운 환경맥락의 대응으로서 재구성되면서 성장하는 현상인 만큼 그 의미도 공통된 지리적, 정치경제적 환경과 역사적 발전 맥락에 따라 국제적 지역(예를 들어, 유럽, 영미, 남미) 또는 개별 국가에 따라 다양한 관점에서 정의되고 법적 지위를 가지고 있다(Dacheux and Daniel,

---

4) 사회적 경제의 기원은 고대 이집트와 그리스, 로마 시대로 거슬러 올라가지만, 실제적으로는 중세시대의 상호부조의 원리에 의한 길드조직 형성을 기반으로 산업화가 시작되는 19세기에 본격적인 노동자 중심의 상호부조 조직들이 만들어지는 것에서 찾고 있다(Mourlaert and Ailernei, 2005). 여기에는 프랑스 혁명의 공화주의적 아이디어, 자본주의 모순의 심화에 따른 영국의 맥락에서 생성된 유토피아 사회주의, 유럽대륙의 기독교사회주의가 서로 영향을 주면서 다양한 상호부조조직과 협동조합 운동이 확산되었다. 사회적 경제라는 용어는 1830년에 프랑스 경제학자 Charles Dunoyer에 의에서 처음 사용되었다고 한다. 이후 Charle Gide와 Léon Walras라는 학자에 의해 학문적 용어로 보편화되었다. Gide는 사회적 경제를 '인간과 사물 간의 자발적 관계를 조정하는 자연법칙'으로 정의하였다. Walras는 한발 더 나아가 '사적 이익과 사회정의를 결합'을 사회적 경제의 중요한 기능으로 보고, 시장의 과함을 국가가 통제하는 역할을 함께 강조하였다(Mourlaert and Ailernei, 2005: 2308-2340). 우리의 경우도 역사적으로 오래 전부터 전통적인 사회적 경제와 유사한 양식의 상호부조 조직들이 있었다. 예를 들어, 지방의 두레, 계 등 지역공동체에서 상호부조 형식으로 다양한 재화와 서비스를 생산, 제공하는 조직들이 그 예가 될 수 있다. 사실 어느 인간 사회나 역사적으로 경제사회생활에서 다양한 사회적 위험과 경제적 생존을 위해 다양한 방식의 사회적 경제 조직이 형성되어 왔었다고 할 수 있다(정무권, 2020).

2012; SUSY, 2017).

　이러한 지역 및 국가 간의 다양한 역사적 맥락 가운데 현대적 의미에서 공통적으로 정의되는 사회적 경제의 의미는 '사회적 목적을 위해 경제적 수익활동을 동시에 수행하며 민주적 거버넌스 형태를 가지는 다양한 형태의 혼합조직 및 비영리 조직들을 중심으로 상호적 협력과 연대를 기반으로 다양한 사회적, 경제적 수요를 충족시키는 경제활동을 하는 영역'이라고 정의할 수 있다(정무권, 2020).

　아마도 국제개발협력 및 발전이론적 관점에서의 사회적 경제의 의미는 국가 간의 협력을 통해 글로벌 빈곤을 해소하고 글로벌 차원의 다양한 경제사회문제를 해결하고자 하는 UN의 정의가 가장 시사점이 있을 것이다. UN은 우리가 일반적으로 사용하는 '사회적 경제'를 '사회연대경제(Social and Solidarity Economy)'라는 용어로 사용하고 있다. 또한 UN은 국제개발협력의 관점에서는 글로벌 차원의 개발을 주도하고 특히 2015 지속가능발전목표 17개를 발표하고, 목표달성을 위한 중요한 접근방법 중의 하나로서 사회연대경제의 역할을 강조하고 있다.

　UN은 지속가능발전목표를 달성시키기 위한 하나의 중요한 수단으로 사회연대경제를 촉진시키는 연합기구로서 Inter-Agency Task Force on Social Solidarity Economy(UNTFSSE)를 발족시키고 사회연대경제를 다음과 같이 정의하고 있다.

　"사회연대경제는 경제적, 사회적 (때로는 환경적) 목표들을 명백히 수행하는 조직과 기업들로 구성되면서, 노동자, 생산자, 소비자들 사이에 다양한 수준과 형태의 협력적이며, 결사체적 연대관계를 형성하고 작업장 민주주의와 자주관리를 실천한다. 이를 구성하는 조직들로 전통적인 형태의 협동조합과 상호부조조직을 비롯하여, 여성자조집단, 마을산림집단(Community Forestry Groups)공동체조직, 사회서비스 조직 또는 근린서비스조직(Proximity Services), 공정무역조직, 비공식부문노동자조직, 사회적 기업, 지역화폐와 대안적 금융조직들을 포함한다(UNTFSSE, 2014)."

　UN은 이러한 정의를 기반으로 사회연대경제를 우리가 이해하는 시장경제와는 다른 독특한 경제형태의 하나로 개념화 한다. 그 안에 다양한 형태의 조직들이 공동체적 관점에서 지역의 잠재적 자원을 동원하고 지역주민의 역량증대로 다양한 위기 시에 지역의 고용증대, 지역경제의 활성화, 사회적 보호의 역할을 수행하면서, 지역사회의 회복력을 강화시키는 역할을 강조한다(UNTFSSE, 2022). UN은 사회연대경제의 이러한 역할을 기반으로 지속가능발전의 핵심인 '사람(People)'과 지구환경(Planet)'을 발전 아젠다의 선도적이며 중심에 놓을 수 있는 구체적이며 효과적인 접근방법으로 간주하고 있다. 이러한 맥락에서 국제개발협력의 관점에서 사회적 경제의 이해는 UN의 사회연대경제 개념의 관점에서 시작하는 것이 적절하다고 볼 수 있다.[5]

다음에는 사회적 경제의 이해를 이론적이며 실천적 관점에서 조직의 수준과 경제·사회·정치적 차원으로 나누어 심층적으로 설명한다.

1) 조직수준

사회적 경제를 조직수준에서 이해할 때 중심적인 조직으로 사회적 기업(Social Enterprise) 또는 사회적 경제 조직(Social Economy Organization)으로 한다. 여기서 강조해야 할 것은 사회적 경제 조직들의 기본적 특성이 '혼합조직(Hybrid Organization)'이라는 것이다.

우리에게 일반적으로 알려진 전통적인 조직형태의 분류는 전체 사회의 영역을 국가-시장-비영리 세 개의 영역을 나누고 각각의 영역에서의 조직적 특성에 기반하고 있다. 즉 국가의 공적 권위가 부여되고, 공익을 위해 운영되는 조직을 공공조직이라고 하고, 시장에서 이윤추구를 목적으로 설립되는 조직을 민간 영리조직이라고 하며, 영리를 목적으로 하지 않고 시민사회에서의 집단적 이익이나 지역사회의 이익을 실현하기 위한 자발적 시민조직을 비영리 조직이라고 하고 있다. 이러한 조직의 분류는 일반적으로 공법과 민법에 따른 조직의 법적 지위 분류기준이기도 하다.

여기서 혼합조직이란 의미는 공공조직이나 비영리조직처럼 사회적 목적을 수행하지만 기업처럼 경제적 활동을 하고, 동시에 조직 구성원의 민주적 거버넌스의 원리로 운영되는 새로운 형태의 조직을 뜻한다. 이는 기존의 전통적 조직 형태인 순수한 공공기관, 영리조직, 비영리조직과 달리 사회적 목적성, 경제적 가치창출, 민주적 운영이라는 혼합적 목적과 기능을 동시에 갖는 조직의 형태를 의미한다.

---

5) UN의 사회연대경제의 형성을 통한 글로벌 빈곤해소와 SDGs 달성을 위해 다양한 연구와 사례개발은 산하기구인 ILO와 UNRISD에 의해 주도되고 있다. 이에 관한 문헌은 ILO(2014, 2015), UNTFSSE(2014, 2018, 2022), UNRISD(2016, 2017, 2018)를 참조하라.

즉 재화와 서비스를 생산, 분배하는 경제조직이지만 시장에서의 이윤추구를 목적으로 하는 민간기업과는 달리 사회적 목적, 조직구성원과 지역사회의 공익적 수요를 충족시키기 위해 설립되고, 동시에 공권력에 의해 설립되는 공공조직과는 달리 민간부문의 자발적인 조직으로서 조직의 소유권의 여부와 관계없이 조직구성원과 지역사회의 다양한 이익들을 포용하고 이들의 민주적 참여와 운영을 강조하는 다중이해관계자조직(Multi-Stakeholder Organization)이라는 것이다(정무권, 2020). 특히 더욱 강조되어야 할 혼합조직으로서의 중요한 조건은 사회적 경제 조직들은 민주적 거버넌스를 통해 운영되어야 한다는 점이다.6) 전통적인 조직에서도 조직 운영의 기본원리로서 구성원의 민주적 거버넌스의 원리는 협동조합과 같은 특수 조직 외에는 강조하지 않았다. 다만 조직의 효과성을 제고하기 위해 조직문화 또는 조직관리의 특성으로 민주적 리더십과 조직구성원의 민주적 참여를 강조해 왔다. 반면에 민주적 거버넌스는 사회적 경제 조직 또는 사회적 기업은 혼합조직의 특성으로서 사회적 목적성과 경제적 기업성과 함께 중요한 세 가지 원칙 중의 하나라는 것을 잊지 말아야 한다.

그 이유는 이러한 혼합조직의 특성이 경제적으로는 기존의 순수한 시장경제에 대안적인 형태의 경제시스템의 성장과 기존의 엘리트주의적인 대의민주주의에서 더 나아가 조직내 민주주의, 경제민주주의, 지역에서의 참여민주주의를 발전시키는 등 새로운 대안적 경제와 민주주의를 발전시키는 데에 기초가 되는 조직의 형태라는 것이다. 그런데 이와 같은 사회적 기업이나 사회적 경제 조직이 가지는 경제적, 사회적, 정치적 함의를 이해하지 않고 단순히 현 시스템 내에서 기존의 공공복지조직이나, 시장의 영리적 기업, 비영리조직이 수행하기 어려운 취약계층을 도와주는 지엽적인 기능적 대체 조직으로 이해하는 경우, 사회적 경제 조직의 역할은 현재의 다양한 구조적 차원의 위기와 문제해결이나 지속가능한발전에 매우 제한적 역할을 하게 되고, 또는 정부나 정치의 도구적 수단이 되기 쉽다.

국제개발협력의 맥락에서도 국제개발협력 수행의 조직단위로서 혼합조직의 특

---

6) 사회적 기업과 사회적 경제의 개념화에서 특히 민주적 거버넌스를 강조하는 관점은 유럽대륙 학자들의 EMES 개념화이다(Defrouny and Nyssen, 2012). 자유주의와 개인주의 전통이 강한 미국의 제3섹터나 사회적 기업의 발전과정에서는 경제적 기업으로서의 사회적 목적의 수행하는 기업의 형태로서 사회적 기업을 강조하는 반면에, 민주적 거버넌스의 조직운영원리는 상대적으로 부수적인 조건으로 개념화하는 경향이 강하다.

성은 큰 의미가 있다. 뒤의 국제개발협력 패러다임의 변화에서도 알 수 있듯이, 전통적인 개발협력의 단위는 주로 정부 간 식량, 보건의료, 교육시설, 도로, 철도, 에너지, 관개시설, 항만 건설 등 거대 민간기업이 참여하는 인프라 구축 정부 프로그램 중심이었다. 그러나 1970년대 이후 이전의 국가 간 원조가 실효성이 떨어지고 민간의 역할을 강조하는 신자유주의 사조에 따라 원조 자금과 수행조직도 민간조직으로 다원화 되었다. 특히 지역단위의 개발프로젝트의 실행 조직으로서 민간 영리기업이나 국내 및 국제 비영리 개발 NGO들이 다양한 지역개발 사업을 많이 수행해 왔다. 그러나 이러한 민간 NGO 중심의 개발프로젝트들은 많은 경우, 주민주도적이라기 보다는 원조 공여자의 의도에 기반을 둔 NGO의 전문가 주도적 지역개발프로젝트였다. 따라서 개발프로젝트 이후의 지속가능성에 대한 문제들이 많이 제기되었다. 국제개발협력의 새로운 패러다임인 원조책무성과 개발효과성을 달성하기 위해서는 주민의 실질적 참여가 소외된 개발NGO 주도가 아닌 지역주민의 자주적 역량증대, 상호적 사회적 경제를 형성하고 풀뿌리 민주주의 강화를 통해 지역의 사회, 경제, 정치를 변화시키는 접근방법이 필요할 때인 것이다.

2) 경제적, 정치적, 사회적 수준

앞에서 사회적 목적을 달성하면서 경제적 수익활동을 하고 민주적 거버넌스로 운영되는 혼합조직이라는 조직적 특성을 사회적 기업, 사회적 경제 조직의 개념을 좀 더 확장하여 경제적 차원, 정치적 차원에서 이해할 필요가 있다.

먼저 경제적 관점에서 사회적 경제의 역할을 이해하기 위해서는 칼 폴라니의 자본주의 시장경제의 문제제기를 이해할 필요가 있다(Polanyi, 1941; 정무권, 2020). 칼 폴라니에 따르면 오늘 날 자본주의 시장경제체제의 문제는 우리가 필요로 하는 재화와 서비스가 너무 지나치게 이윤을 추구하는 시장경제에 의존했기 때문이라는 것이다. 앞에서 논의했듯이, 오늘날 시장의 확장과 경쟁을 강조하는 신자유주의 사조는 우리 삶의 모든 측면을 이윤추구 시장의 상품화로 만들어 갔다. 이는 지나친 불평등과 다양한 사회문제, 그리고 기후변화 등 글로벌 문제들을 심화시켰다. 따라서 지역사회에서 주민들의 삶 필요한 기본적 사회적 목적과 환경보호를 추구하는 다양한 형태의 사회적 기업들이 기본적 삶에 필요한 재화와 서비스들을 생산한다면 이윤중심의 글로벌 기업이나 민간기업들의 상품과 서비스가 지역사회

에 독점적으로 유통되는 것보다 환경문제를 고려하고 좀 더 사람중심적이며 환경
친화적인 지역경제를 구축할 수 있다.

정치적 관점에서 보면, 사회적 경제 조직들은 조직내에서 구성원들이 운영에
민주적으로 참여하고, 지역사회에서 다중이해관계자 조직으로서 지역주민들 사이
에 민주적 거버넌스를 강조하는 조직이다. 따라서 지역사회에 사회적 경제 조직이
확산되면, 주민들이 조직활동이나 경제활동, 지역사회 활동에 민주주의 경험과 훈
련을 쌓을 수 있어서 주민들의 정치적 역량을 증대시켜 지역사회의 주민자치 역량
을 증진시킬 수 있다. 그리고 이러한 지역정치 수준에서의 정치적 효능감의 장기
적으로 국가 전체의 국민참여와 민주주의를 증진시킬 수 있는 효과를 낼 수 있다.

사회적 차원에서 본다면, 주민들이 지역의 공동 문제들을 참여와 민주적으로
스스로 해결하는 과정에서 혁신적인 아이디어가 나오고, 문제해결의 효능감을 증
대시킨다. 이 과정에서 주민들의 상호 네트워크와 소통역량이 증대되고 이는 상호
신뢰의 증대를 가져온다. 즉 지역사회의 사회적 자본이 증가함으로써 다시 혁신역
량과 문제해결 능력, 민주적 역량을 증대를 선순환 시키는 효과도 가져올 수 있다.

이런 관점에서 지역사회에서 사회적 경제의 영역이 확산되면, 오늘날 지나친 이
윤추구의 시장경제 중심으로 발전된 자본주의의 폐해도 일부 해결하고, 시민들의
참여와 민주역량을 증대시켜 민주주의도 발전시키고, 지역사회에서 주민들 사이의
관계와 신뢰를 확산시켜 사회적 자본도 증대시킬 수 있는 다양한 장점이 있다.

사회적 경제의 이러한 경제적, 정치적, 사회적 차원은 전통적인 국제개발협력
의 접근 방식과 큰 차이가 나는 것이다. 그리고 뒤에 더 자세히 설명하지만, 개발
협력의 주체가 공여국가 중심이 아니라 수원국 중심으로 가고 지속가능발전에 기
여해야 한다는 점에서 미래의 국제개발협력의 중요한 접근방법의 하나가 될 수
있다.

2. 글로벌 차원에서 사회적 경제의 성장 동향

위와 같은 개념으로 성장하기 시작한 사회적 경제는 글로벌 차원에서 현재 자
본주의 체제의 발전이 가져온 다양한 글로벌 위기들을 극복하기 위한 대안으로서
지역의 맥락에 따라 다양한 역할을 수행하면서 성장하고 있다. 이런 글로벌 맥락
에서 사회적 경제가 왜 최근에 급속히 성장하고 있는가를 이해함으로써 국제개발

협력에서의 사회적 경제의 의미와 역할을 더 잘 이해 할 수 있을 것이다.

1) 선진복지국가의 맥락: 복지국가 한계의 보완

먼저 선진복지국가의 맥락에서 살펴보면, 사회적 경제가 성장하는 이유는 그 동안 자본주의 경제의 성장을 촉진하고 시민들의 복지를 보장해주었던 복지국가 의 한계 때문이다. 서구 선진국가들은 1930년대 세계 대공황을 케인지안 경제이 론으로 극복하고, 제2차 세계대전 이후에는 달러 금본위제도를 중심으로 한 국제 경제질서를 구축한 브레튼우즈 시스템이 정착되면서 서구 자본주의 체제는 고도 성장을 하면서 복지국가를 건설할 수 있었다. 그런데 1970년대 이후 오일쇼크와 브레튼우즈 시스템이 붕괴됨에 따라 서구경제는 다시 침체하고 그 대안으로 다시 국가의 역할을 축소하고 시장의 역할을 확대함으로써 세계경제의 성장을 촉진하 는 신자유주의 사조가 등장하면서 복지국가는 큰 위기와 발전의 한계를 맞았다.

이에 따라 서구 복지국가는 국가별로 경로와 수준의 차이는 있지만 신자유주 의 원리에 따라 복지지출을 줄이고 정부의 노동시장과 시장규제를 완화해 갔다. 또한 한편으로는 산업 간, 기업 간 경쟁을 심화시키는 글로벌 경제화와 다른 한편 으로 로봇 및 컴퓨터를 사용하는 생산기술이 발전하면서 일자리가 줄어들고 노동 시장은 핵심 소수의 고숙련 노동자와 비정규직의 증가로 이중화가 빠르게 진행됨 에 따라 소득불평등과 노동시장의 불안정이 심화되어갔다. 다른 한편으로, 고령화 와 저출산, 여성의 경제참여, 젠더 평등 등의 문제는 돌봄서비스를 비롯한 다양한 사회서비스의 수요를 증가시켰다.

이러한 경제환경의 변화 현재의 지속적인 저성장 국면에서 국가재정의 한계와 더불어 다양해져가는 복지 수요, 지역경제의 공동화와 인구소멸 등 다양한 사회문 제들을 해결하지 못하고 있는 상황이다. 이런 맥락에서 유럽의 복지국가들은 국가 의 획일적인 국가복지로 할 수 없는 일자리 창출, 사회서비스 지원, 지역경제의 활성화 등의 역할을 사회적 경제를 활성화시켜 수행하게 함으로써 현 복지국가의 한계를 보완하도록 하고 있다(Noya and Clarence, 2007; Noya, Clarence, and Graig, 2009). 유럽의 복지국가들과 선진복지국가 클럽인 OECD, 유럽국가들의 연합국가 인 EU는 서로 공동으로 사회적 경제를 발전시키기 위한 다양한 정책들을 강조하 고 있다(EU, 2012, 2014, 2015).

2) 개발국가의 맥락: 지역개발의 새로운 접근

개발국가의 맥락에서는 지속되는 원조의 실패에 따라 지역개발의 대안적 접근과 UN의 지속가능발전 전략으로서 사회적 경제가 최근에 주목 받기 시작했다(Dacheux and Gourjon, 2012). 전후 초기의 원조사업들이 군사원조, 기본 식량 공급, 행정 및 경제 인프라 구축 중심이었다. 신자유주의 시대에 들어오면서 원조는 한편으로는 시장중심적 경제구조조정을 조건으로 친시장적 경제, 사회 인프라를 구축하고, 다른 한편으로는 사회발전 차원이나 지역개발은 시민사회의 NGO 중심의 지역개발전략으로 전환되기 시작하였다(Sachs, 2005). 그러나 개발 NGO들이 지역사회의 경제활성화와 사회개발 중심으로 개발프로젝트를 진행했으나 실질적으로 지역 사회에서 시민들의 삶의 개선되는 주민의 역량을 개발하거나 빈곤 문제를 해결하고 삶의 질을 향상하는 데 크게 기여하지 못했다는 반성이 일기 시작했다. 또한 세계경제의 침체에 따라 원조가 줄어들면서 외부 원조에 의존했던 기존의 시민사회 NGO들도 경제활동을 통한 수익사업을 시작하면서 사회적 기업 형태의 NGO로 전환하기 시작하였고, 지역개발에 사회경제 원리가 필요하다는 것을 인식하기 시작하였다(Kerlin, 2009). 이에 따라 UN의 다양한 국제기구들은 자신들의 개발프로젝트에 사회적 경제 원리를 적극적으로 활용하기 시작하였다. 최근 UN은 SDGs를 이행하기 위한 지역화 전략에서도 사회적 경제가 주체가 되었을 때 더욱 효과적일 수 있다고 인식하기 시작했다. SDGs 이행 전략으로서 사회적 경제의 역할에 대해서는 나중에 자세히 설명한다.

3) 한국 및 동아시아 신흥 산업국가의 맥락: 일자리 창출, 부족한 국가복지서비스 보완, 지역경제 활성화

사회적 경제는 한국을 비롯한 일본, 대만, 싱가포르, 홍콩 등 동아시아 신흥국가들 사이에서도 빠르게 성장하고 있다. 급속한 산업화에 의해 농촌지역이 공동화되고, 아시아의 금융위기에 따라 실업자가 증가하면서 일자리 창출의 필요성이 제기되었다. 또 급격한 고령화 사회가 진행되면서 국가복지 체제에서 사회서비스 부분의 공급이 부족해졌다. 선진복지국가만큼 복지제도가 발전하지 못한 가운데, 국가복지를 보완하고 일자리를 창출해서 지역경제를 활성화하려는 목적으로 정부나 시민사회에서도 사회적 경제의 유용성과 필요성을 인지하게 되었다. 이런 맥락에서 우리 정부도 취약한 사회서비스 분야의 국가복지를 보완하면서 일자리 창출도 하고 지역경제를 활성화 하기 위해 사회적 기업 진흥정책을 추진하고, 협동조합기본법을 제정했다. 또한 마을만들기, 지역공동체 활성화 등의 정책을 추진하고 있다.

4) UN의 글로벌 발전과 국제개발협력의 전략적 강조 분야로서 성장

글로벌 차원에서 보면, 국제사회를 대표하는 UN의 다양한 산하 기구들은 자신들 조직의 목적에 따라 사회적 경제를 활용하고 있다. 앞에서 언급했듯이, UN은 사회적 경제라는 용어 대신에 사회연대경제(Social and Solidarity Economy), 약자로 SSE를 사용하고 있다. UN 산하기구들 중에서 ILO와 UNSRID가 사회적 경제, 즉 사회연대경제를 통해 글로벌 빈곤문제의 해결을 주도하고 있다. 국제노동기구인 ILO는 좋은 일자리 창출을 통해 생산적인 고용을 증진하고, 노동자들의 사회적 보호를 확대하고, 노동권을 존중하는 중요한 수단으로서 다양한 사회적 경제 조직의 발전을 통한 일자리 창출을 강조하고 있다. 사회발전에 초점을 두고 있는 UNRISD는 '변혁적 사회정책(Transformative Social Policy)'과 '변혁적 지속가능 발전의 지역화(Transformative Localizing SDGs)'라는 개념들을 강조하면서 UN의 SDGs를 달성하고 포용적인 미래사회로서의 변화를 위한 접근방법으로서 SSE를 강조하고 있다(Utting, 2015; UNRISD, 2016).

그 외에 인간개발, 인간발전, 즉 Human Development에 초점을 두고 이 개발국가들의 경제와 사회발전을 지원하는 UN 산하기구인 UNDP도 사회연대경제의 확산을 통해서 다양한 사회문제 해결을 강조하고 있다(UNESCO, 2017). 또한 교육, 과학, 문화 분야의 UN 산하기구인 UNESCO에서는 글로벌 사회가 점점 통합되면서 이민문제, 젠더문제, 인종갈등, 종교문화충돌에 대응하여 SDGs 이행을 위한 세계시민교육을 강조하면서 세계시민으로서 갖추어야 할 역량강화 교육과 실천의 장으로서 SSE를 강조하고 있다(Quiroz-Nino and Murga-Menonyo, 2017). 경제, 사회, 환경문제에 초점을 두고 정부들과 협력하는 UN 조직인 UNDESA에서도 가장 취약한 집단들의 빈곤극복과 역량개발을 위한 협동조합 중심의 개발프로젝트를 강조하고 있다.

UN은 글로벌 차원에서 사회적 경제의 역량과 확산을 효과적으로 추진하기 위해 2013년 스위스에 ILO와 UNRISD의 주도하에 산하의 다양한 국제기구들을 포함하는 한편, OECD, World Bank 등 이웃 국제기구들과 글로벌 시민단체들과 네트워크를 형성하여 사회적 경제를 글로벌 사회에 확산시키기 위한 중간조직으로서 UNTFSSE(UN Inter-Agency Task Force on Social and Solidarity Economy)를 조직하여 활발한 확산운동을 전개하고 있다.

Ⅳ. 국제개발협력에서의 사회적 경제의 새로운 역할

1. 국제개발협력의 최근 패러다임인 포스트개발주의와 사회적 경제의 가치와 목적의 상호 부합성

사회적 경제가 국제개발협력에서 새롭고 중요한 접근방법이 되어 가고 있다는 것은 국제개발협력의 패러다임이 포스트개발주의로 바뀌어 가면서 그 원리와 사회적 경제가 추가하는 가치와 역할이 상호 잘 부합된다는 점이다(정무권, 2019, 45).

앞에서 언급한 바와 같이, 국제개발협력 패러다임은 공여국의 이익 중심에서 점점 ① 수원국과의 상호 책무성, ② 경제성장에서 다양한 차원의 사회발전과 환경들을 포괄하는 지속가능한발전, ③ 국가 중심의 이행에서 지방정부, 시장, 시민사회와의 파트너십을 통한 이행, ④ 인권과 평화, 민주주의, 효과적인 제도와 거버넌스의 형성으로 변화하고 있다. 궁극적으로는 공여국 중심에서의 원조 자체의 효과성을 넘어서, 수원국의 개발주권과 개발의 다양성을 인정하면서 원조효과성에서 궁극적으로는 개발효과성으로의 방향으로 옮아가고 있는 것이다(김태균, 2019).

공여국의 국가이익이라는 현실주의적인 이해관계가 여전히 국제개발협력의 주된 원리로서 작동을 하고 있다. 그러나 과거에 비하여 인도주의적이면서도 글로벌 공동체적 가치와 시민사회의 역할이 더욱 강조되고 있는 추세이다. 여기에서는 이런 국제개발협력 패러다임의 변화의 맥락에서 사회적 경제를 통한 국제개발의 의미와 잠재력에 좀 더 초점을 둔다.

2005년 파리회의에서는 원조의 상호책무성을 강조하면서 원조효과성을 제고시키는 것에 국제적 합의를 이루었다. 이어서 2011 부산 고위급 원조책임성 회의에서 제기된 중요한 아젠다 중의 하나가 원조의 목적을 한 단계 더 승화시키는 개발책임성으로 더욱 폭넓게 확대를 시도한 것이다. 결과적으로 개발책임성의 문제까지 공식화, 제도화 하는 데에는 성공하지 못했지만, 앞으로 국제개발협력 패러다임에서 주요 목표 중의 하나는 개발책임성을 강조하는 방향이 될 것으로 전망한다(정무권, 2019, 63).

사회적 경제는 지역단위의 작은 규모에서 시작하여 점진적으로 수원국의 경제, 사회, 정치, 문화적 특성의 다양성을 존중하면서 현재의 글로벌 위기들을 극복할 수 있는 의미 있는 개발의 접근법 중의 하나이다. 소위 '작은 변화가 모여 큰 변화를 이룬다'는 관점에서 사회적 경제 중심의 지역개발프로젝트는 큰 의미가 있다. 소위 기존의 개발프로젝트들은 외부 원조에 의해, 그리고 외부 프로젝트 전문가에 의해 개발사업이 끝나면 출구전략(Exit Strategy)에 문제들이 제기되어 왔다. 이에 따라 '물고기를 주는 것보다 물고기를 잡는 법'을 알려주는 원조가 각광을 받게 되었다. 사회적 경제는 주민주도, 사회적 기업가정신, 연대와 협력, 민주적 거버넌스를 중요시하기 때문에 수원국의 주민들에게 '물고기를 잡는법'을 알려주는 중요한 원조 전략이 될 수 있다(정무권, 2019, 63).

2. UN의 지속가능한발전(SDGs)의 패러다임에 부합

UN의 아젠다2030에서의 SDGs는 시민들의 모든 일상생활에 영향을 미치는 목표들을 포함하고 있다. 더 나아가서 개발목표에 처음으로 정의, 거버넌스, 평화를 핵심 가치로 포함시켰다. 또한 이전의 개발국가의 발전에 주로 초점을 두었던 개발의 목표를 넘어서 모든 국가들이 이행해야 하는 보편적 발전 아젠다로 만들었다. 이러한 맥락에서 사회적 경제는 지역단위에서 SDGs 목표들과 부합되는 목표와 기능을 가진 새로운 혼합조직들의 지속가능한발전을 위한 사회운동의 영역이다. 사회적 경제의 기본적 기능들이 SDGs 이행과 부합된 가운데, 선진국과 개도국을 망라하고 전 세계적으로 성장하고 있다(정무권, 2019, 52).

1) UN의 SDGs의 통합적 이행에 기여할 수 있는 접근방법

사회적 경제는 17개의 SDGs와 5Ps(People-Centered, Planet Sensitive, Prosperity, Peace, Partnership)의 모든 영역에 두루 기여할 수 있는 종합 패키지 해결방식이 될 수 있다. 우선 SDGs의 개별 목표별로 사회적 경제가 수행할 수 있는 주요 역할과 대표적인 사례들을 다음의 <표 7-2>와 같이 정리할 수 있다.

표 7-2 SDGs의 개별목표들의 이행과 사회적 경제의 주요 역할

목표	사회적 경제의 주요 역할	사례
SDG 1 빈곤종식	• 개도국의 사회적 경제 조직(생산, 소비협동조합, 미소금융)들은 경제적으로 매우 취약한 계층, 집단이 거주하는 지역을 중심으로 성장 • 빈곤층, 취약계층에게 다양한 차원으로 빈곤감소에 도움을 줌 • 일자리 제공을 통해 소득을 증대, 권능부여 등 • 특히 극빈지역에 미소금융조직들이 성장하면서 급한 현금수요를 해결하게 하고 다양한 소규모의 자영업 비즈니스를 할 수 있게 함	• 다수의 생산자 농업협동조합, 수공업협동조합 또는 사회적 기업 • 아시아지역에서 다양한 형태의 협동조합, 방글라데시의 그라민 뱅크 • 아프리카 지역에서의 미소금융 협동조합으로 SACCO 네트워크는 잘 알려진 사례(탄자니아, 우간다, 케냐, 에티오피아 등) • 교육 및 직업훈련 협동조합 및 사회적 기업
SDG 2 기아의 종식과 식량안보	• 농촌지역에서 생산자 농업협동조합들은 구성원들과 지역사회의 기아를 예방하고 식량안보에 기여함 • 다양한 형태의 협동조합은 영세농민, 어민, 가축, 산림업 등 원거리, 빈곤취약지역에 생산과 시장에 관한 접근성을 제고시켜줌 • 집단적 생산을 통해 취약농어민 생산자들의 참여와 이들의 Empower-ment	• 생산자 농업협동조합을 통해 생산성과 생산량을 증대 • 지역의 식량 자급자족을 촉진 • 유기농법과 지역의 고유한 종자보전 • 비료, 농기구 등 생산원료의 공동구매 • 외부시장에 접근할 수 있는 창고와 가공시설 공동구축
SDG 3 건강과 웰빙	• 건강협동조합들은 일반 공공 및 시장에서의 보건의료기관과 달리 지역사회 주민들을 회원으로 함으로써 다중이해자 관계 협동조합으로서 홈케어에서부터 일차의료진료, 병원까지 다양한 단계의 의료서비스를 제공 • 빈곤감소와 기아의 종식은 기본	• Columbia의 SaludCoop는 Health-care Cooperative로서 전체 인구의 25%가 회원 • Sri Lanka의 Healt Cooperative는 소비자나 농업협동조합의 회원들에게 보건의료서비스를 제공 • 네팔에서는 협동조합들의 회원들에게 일차보건의료서비스를 제공

	건강을 증진 • 미소금융협동조합 의료비용을 지원 • 정부나 시장이 수행하기 어려운 특수 질병 등에 보건의료 서비스 제공	• HIV/AIDS 등 감염병 환자들에게 Home-Based Health Care를 제공(케냐, 남아프리카, 탄자니아 등)
SDG4 양질의 교육 및 평생교육	• 간접적으로 협동조합 등 사회적 경제 조직을 통한 소득증대는 자녀들의 교육의 기회를 증진 • 협동조합을 통해 자녀들의 교육비를 직접 지원 • 마을 단위로 형성된 사회연대경제를 통해 지역의 협동조합조직들의 수익금으로 학교를 직접 짓거나 재정적 보조를 함 • 지역사회에서의 청년 및 성인들의 문자해득교육, 경제교육, 기술교육, 사회적 기업가정신 및 공동체 의식들을 고양시키면서 비공식적 평생교육에 기여 • UNESCO는 사회적 경제를 통해 교육역량 강화 강조	• 가나, 에티오피아, 케냐, 나이지리아, 우간다 등의 미소금융조직인 SACCOs는 학자금 융자 제공 • 에티오피아의 Oromia주의 커피 협동조합 연맹, 가나의 Kuapa Kokoo LTD, Heiveld Cooperative Society는 공정무역으로 이윤의 일부를 지역사회 보건의료, 교육 사업에 투자 • 다양한 형태의 일자리 창출 사회적 기업들은 기술교육 및 성인교육 프로그램을 포함하고 있음
SDG5 양성평등	• 여성들의 사회적 경제 조직을 통한 경제활동 및 사회참여, 양성평등, 여성권리증진	• 개도국의 많은 미소금융협동조합, 생산자 협동조합, 소비자 협동조합은 빈곤취약지역의 여성들 중심(동아프리카, 탄자니아, 우간다, 케냐) • 전통적인 수출농산물(커피, 코코아, 면화, 담배 등은 남성중심)이지만 과일, 향료, 수공예, 가축, 낙농 등은 여성중심 • 사회적 기업, 협동조합의 형태로 여성교육 프로그램, 돌봄서비스 프로그램을 운영
SDG6 물과 위생	• 주민주도의 물협동조합 형식은 정부나 시장에서 쉽게 해결할 수	• 볼리비아 산타구르주 시의 SAGUAPAC는 세계에서 가장 규모가 큰 Water

	없는 깨끗한 물과 위생에 접근할 수 있도록 도와줌 • 위생문제도 주민주도의 협동조합을 통해 위생적인 주거시설과 주거환경을 제공	Cooperative로서 도시주민의 1/3인 1만 2천 명에게 깨끗한 물 제공 • 필리핀 Binagonan 시 의회는 엘니뇨 현상, 지방정부 부패로 인한 관리문제 등으로 인해 주민들에게 물협동조합을 설립하여 공급 • 인도, the National Cooperative Housing Federation(NCHF) 주택협동조합 • 케냐, the Naional Housing Cooperative Union(NHCU), 슬럼가 주택개량사업
SDG7 깨끗한 에너지	• 다양한 에너지 협동조합과 사회적 기업들이 성장하여 기존에 에너지 공급이 없던 지역들이나 가구들에게 깨끗한 대체 또는 재생에너지를 공급	• Biomass−based Power Cooperative in Karnataka, 인도
SDG8 양질의 일자리와 경제성장	• 사회적 경제 조직들은 취약계층들의 일자리 창출과 지역의 경제 활성화에 기여 • 영세한 중소기업 분야에 일자리 창출 효과가 큼 • 특히 글로벌금융위기 이후, 저성장기조가 정착되면서 취약계층, 취약지역의 일자리 창출에 사회적 경제조직들의 기여도가 큼	• 다양한 사회적 경제 조직들은 기본적으로 여성, 노인, 장애인, 청년 등 취약계층에게 양질의 일자리 창출의 기능을 가지고 있음
SDG9 산업혁신과 사회기반시설	• 사회적 경제는 기존의 중소기업이나 비영리조직 또는 공공조직이 해결하지 못했던 사회경제문제들을 새로운 기술적용으로 문제 해결하는 사회적 혁신(Social Innovation)을 강조 • 다양한 형태의 Social Business, Social Venture들은 사회혁신을 통해 산업혁신을 일으키는 원동	• IT기술 기반으로 다양한 신기술들(제4차산업혁명 기술)을 이용한 새로운 창업 사례 • 농촌지역, 소외된 지역에 태양광에너지나 대체에너지를 이용한 에너지 재생마을 구축 • 도시주변부의 빈곤지역에서의 쓰레기 처리, 물과 위생 향상, 재생에너지 시스템 등을 구축하는 다

	력이 되고, 중소규모의 도시에 다양한 도시재생사업에 참여함으로써 사회혁신적인 사회기반시설의 구축에 기여	양한 도시재생사업
SDG10 불평등 완화	• 사회적 경제는 특히 지역사회와 조직내에서 관련된 이해당자들의 연대와 일자리, 소득보장 등을 우선순위로 함으로써 기본적으로 불평등 완화 • 다른 SDGs목표들의 이행 결과로 다양한 영역에서의 불평등 완화 효과를 가지고 있음	• 지역사회에 사회적 경제를 성공적으로 구축함으로써 지역주민의 건강, 교육, 소득을 증대시킨 지역 사례들이 있음
SDG11 지속가능한 도시와 공동체	• 개도국의 빈곤지역은 농촌뿐만 아니라 도시주변부에 넓게 존재하고, 도시재생과 이들의 일자리 창출, 사회서비스제공, 공동체형성 운동들의 많은 주체들은 다양한 형태의 협동조합, 사회적 기업, 사회적 경제는 기본적으로 SDG11과 관련된 기능 등을 수행함	• 사회적 경제 조직들이 주도하여 도시주변부의 빈곤지역에서의 쓰레기 처리, 물과 위생 향상, 재생에너지 시스템 등을 구축하는 다양한 도시재생사업들이 있음
SDG 12 책임있는 소비와 생산	• 많은 협동조합과 사회적 기업들은 유기농 생산과 환경친화적 소비를 강조함으로써 책임있는 소비와 생산의 목표를 이행하고 있음 • 이는 다음의 자연환경보호 SDGs(13, 14, 15)의 이행에 기여	• 쓰레기 수거 • 사회적 기업, 친환경 소비자, 생산자 협동조합, 로컬푸드 운동 • 다양한 환경 에너지 소비관련 협동조합, 사회적 기업
SDG13 기후변화대응	• 자신의 지역이 가지고 있는 자연자원(Natural Capital)을 보호함으로써 자생적이고 내재적인 지속가능한발전을 추구	• 많은 사회적 경제 조직들은 환경보호를 목적으로 하고 있음
SDG14 해양생태계	• 마을조직 및 협동조합들은 자신 지역의 어업자원관리와 공유재관리	• 위와 동일
SDG15 육상생태계	• 대부분의 농업, 산림관련 마을조직, 협동조합 및 사회적 기업들이 육상생태계 보존에 기여	• 위와 동일

SDG16 평화와 정의, 제도	• 사회적 경제는 시민사회의 역량 강화를 통해 성장 • 사회적 경제 조직들은 조직의 기본원리로 사회적 연대, 형평성 추구, 민주적 거버넌스, 다중이해자 참여 등을 강조함으로써 좋은 거버넌스(Good Governance)에서 강조하는 투명성, 책임성, 책무성, 참여, 권능부여 • 사회적 경제는 긍정적인 사회적 자본을 형성하는 데에 기여/사회적 자본이 낮은 지역사회에 사회적 경제를 활성화 함으로써 사회적 자본을 증대시키는 역할 • 사회적 경제는 재난이나 위기시에 집단적인 대응으로 성장하는 경우가 많음 • 인간사회의 회복탄력성(Resilience)과 변혁적 변화 촉진	• 르완다, 제노사이드 이후 협동조합, 네팔, 중국, 하이티 지진이나 허리케인 등 자연재난 이후의 다양한 형태의 사회적 경제 조직들의 성장 • 특히 여성주도의 협동조합들이 문화적, 정치적, 경제적 갈등관리에 효과적인 경우 • 네팔의 Post-Maoist 이후 다양한 여성중심의 협동조합성장 • 인도의 Gujarat지역의 폭동 이후 이민자 및 난민을 돕는 다양한 사회적 경제 조직
SDG17 파트너십	• 지역의 정부와 시장, 시민사회의 파트너십이 중요 • 사회적 경제는 기본적으로 자신들의 사회적 목적 기능을 달성하기 위하여 수익사업을 창출함으로써 원조의 재정적 의존성을 장기적 관점에서 줄임 • 공정무역을 통한 선진국과 개도국의 경제적 협력과 파트너십 형성, 글로벌 공정경제의 형성	

출처: 정무권(2019). 54-56쪽 수정보완.

2) 연대와 협력에 기반한 지역공동체 경제 형성: "No one left behind"를 실현하는 데 기여

최근의 개발문제 이슈들은 빈곤, 불평등 다양한 사회경제적 문제들, 그리고 기후변화라는 거대한 자연환경문제까지 서로 긴밀하면서도 복잡하게 연계되어 있다. 더 나아가서 이런 문제들은 정치, 경제, 사회 영역에서의 사회구조와 제도들의 공정성, 권리보호, 배제 등 사회정의문제와도 상호 연계되어 있다. 이런 맥락에서 아젠다2030에서는 지속가능한발전의 전통적인 영역인 경제, 사회, 환경뿐만 아니라, 이 영역들을 상호 가로지르는 사회정의, 평화, 인권, 거버넌스 등 정치적 영역의 이슈들을 특별히 강조하였다. 이제는 지속가능한발전의 차원이 경제, 사회, 환경차원을 넘어서 평화, 인권, 민주적 거버넌스 등 정치적 차원까지를 포함하는 포괄적인 인류문제의 해결로 진화된 것이다(정무권, 2019, 57).

사회적 경제도 그 특성상 이러한 복잡하고 다차원적인 문제들의 가치들을 내재하고 성장하고 있다. 최근의 사회적 경제의 개념은 앞에서 논의되었듯이 단순히 기능적으로 지역의 사회적 목적을 위한 경제적 활동을 하는 혼합조직으로서의 역할뿐만 아니라 공동의 문제를 조직 내외적으로 다중이해관계자들과 참여적이며 연대와 협력을 통해 해결하는 민주적 거버넌스를 중요한 조직적 특성을 강조함으로써, 민주주의 영역이 경제적, 사회적, 정치적으로 통합되는 민주주의의 확장을 지향하고 있다(정무권, 2019, 57). <표 7-3>은 사회적 경제가 SDGs 중에서 인권, 평화 거버넌스, 사회정의 가치들을 어떻게 실현시켜 줄 수 있는 예시들을 보여주고 있다(UN ESCWA, 2014).

표 7-3 SDGs의 인권, 평화, 거버넌스, 사회정의 가치들과 SSE의 핵심 가치과의 연계성

참여(Participation)	• SSE의 핵심 가치로서 민주적 거버넌스 • 의사결정과정에 구성원, 사용자, 수혜자들의 참여 • 공유된 책임성 • 참여적 운영방법을 통한 수혜자들의 권능부여 • 개개인의 동등한 발언권과 투표권
연대와 혁신 (Solidarity and Innovation)	• 전통적 경제모델에 창의적인 대안적 경제 • 기존의 신자유주의적 프레임을 가진 전통적인 원조나 개발프로그램이 할 수 없었던 다양한 영역에서 가장 취약한 계층들을 포용할 수 있는 포용적 경제의 한 형태 • 수혜자와 기여자 모두에게 자원과 혜택을 함께 공유할 수 있는 유연성과 혁신이 필요함

자발적 연계와 자율성 (Voluntariy involvement and Autonomy)	• SSE 조직들은 자발적 참여와 운영에 기반 • 풀뿌리 접근방식(Bottom-up Approach): 지역주민들의 사회적 필요들(Social Needs)에 근거한 자발적 SSE 조직들의 형성과 연계 • 기본적으로 자율성에 근거한 활동 • 자발성으로 인해 기존의 시장경제조직들의 접근할 수 없었던 지역 사회에 경제적 활동, 숙련향상, 자원과 일자리들을 제공하는 역할을 수행
집단재/공공재 (Collective Good)	• SSE는 협력과 호혜성에 기초한 공동체 문화를 형성 • 상호 공유된 책임성을 육성 • 집단적, 공공성이 강한 성장과 복지를 향상시킬 뿐만 아니라 집단 내에 개인들의 복지도 함께 증진

출처: UN ESCWA, 2014, 4쪽

3. 국제개발협력의 글로컬화 전략으로서 SDGs의 지역화와 사회적 경제의 역할

1) 글로컬화의 개념과 국제개발협력에서의 의미

글로컬라이제이션(Glocalization)은 브리테니카의 사전적 정의에 의하면 '현재의 사회적, 정치적, 경제적 시스템에서 보편적인 것과 특수적인 것이 동시에 일어나는 것'으로 정의하고 있다. 지역적인 특수성이 글로벌 차원에서 보편적이 되는 것을 의미한다. 옥스퍼드 사전은 '지방이나 지역의 수준에서 뚜렷하게 나타나는 것이 더 넓은 대륙이나 글로벌 수준에서도 동시에 중요해지는 현상을 의미하는 것'으로 정의하고 있다. 다시 말해서 지역적인 차원이 동시에 글로벌 차원에서도 인지되고 반영된다는 의미이다. 최근에 유행하는 말인 'Think globally, act locally', 즉 '생각은 글로벌 차원에서 넓게 생각하면서, 지역차원에서 실천에 옮기고 행동하라'는 의미가 글로컬라이제이션 의미의 한 부분을 반영하는 것이라고 할 수도 있겠다. 또는 '가장 지역적인 것이 가장 세계적인 것이다.' 또는 '지역의 문제가 바로 글로벌 문제이다.'라는 말도 글로컬라이제이션의 의미를 함축하고 있다고 볼 수 있다.

사회적 경제의 성장 공간은 지역(Local)에서 출발한다. 그리고 전 세계적으로 지역마다 독특한 맥락에 따라 다양한 형태 또는 모델로 성장하고 있다. 따라서 사회적 경제의 글로컬화란 '오늘날 지역의 다양한 문제들을 해결하는 새로운 대안적 조직형태와 경제형태로서 성장하는 가운데 글로벌 사회에서 서로 공유되고 학습하면서 글로벌 트랜드(Universalizing)로서 성장하는 것'을 의미한다. 즉 각 지역의 특수성에 따라 다양한 혁신적 형태의 사회적 경제가 성장하는 가운데, 전 세계의 다양한 지역에서 사회적 경제 주체들이 서로 글로벌 네트워크를 형성하고 새로운 혁신적 지역발전 방식을 서로 공유하고 배우는 과정이 글로벌 트랜드가 되어 간다는 의미이다. 다시 말해서, 사회적 경제는 지역과 글로벌이 통합되는 중요한 사회변화운동의 단위가 되어가고 있다는 것이다. 이러한 맥락에서 사회적 경제 접근법은 국제개발협력의 글로컬화의 유용한 전략이 될 수 있다.

2) 지속가능한발전의 지역화 전략의 의미

사실 지속가능한발전의 지역화는 오랜 국제적 사회운동의 하나였다. 주지하고 있다시피, 지속가능한발전의 개념은 20세기에 추진된 급속한 산업화의 결과로 1972년에 미래학자들이 중심이 된 로마클럽의 '성장의 한계(The Growth to Limit)' 보고서가 발표되면서부터이다. UN은 이 보고서를 계기로 같은 해 스톡홀름 선언을 시작으로 지구 환경문제와 사회적 형평성, 그리고 미래세대를 고려한 '지속가능한발전'을 정의하고 다양한 이행전략을 제시하고 국제적 합의와 이행을 촉구하였다. 그러나 개별국가의 경제적, 정치적 이해관계가 앞서왔기 때문에 지속가능한발전의 실질적 이행은 선언수준에 그쳤다. 이에 따라 시민사회와 지방정부들은 중앙정부 주도의 지속가능한발전 이행의 어려움을 깨닫고 1992년 브라질 리우에서 개최된 유엔환경개발회의에서 대규모의 시민단체와 지방정부 대표들이 참여하여 '리우선언'을 통해 21세기에 대비하여 지역에서의 지속가능한발전을 이행을 결의하는 '지방의제21'을 채택하였다. 지역의 다양한 맥락에 따라 시민들의 주도하에 지방정부와 협력하여 지속가능한발전의 다양한 목표들을 이행하자는 것이다. 이것이 지속가능한발전 지역화의 출발점이었다.

마침내 UN은 기후변화의 위기와 빈곤과 불평등, 다양한 차원의 갈등들의 심각성을 본격적으로 깨닫고 2015년에 지속가능한발전을 구체적으로 실천하기 위하여 2030까지 달성해야 할 '2030아젠다'로서 지속가능한발전 목표 17개(SDGs)를 제시하며 인류 전체가 함께 이행할 것을 강력하게 촉구하였다. 여기에서 주목해야 할 것은 단순히 목표와 타깃을 달성하는데 그치는 것이 아니다. 궁극적으로 SDGs 전 목표에 깔려 있는 기본 가치인 "No one left behind.", 즉 연대와 협력으로 빈곤과 불평등을 해소하는 평등의 가치를 실현하는 것이다. 이를 위해서는 SDGs의 이행과정이 개인들의 삶의 실질적 현장인 지역공동체에서 지속가능한발전의 목표들이 사람들의 삶 속에서 실현되어야 한다. 이것을 우리는 "지속가능한발전의 지역화(localizing SDGs)"라고 정의할 수 있다(정무권, Odkhuu Kh 외, 2019, 1장, 정무권, 2019, 58). 다시 말해서 국가차원에서 정치인과 리더들 사이에 또는 공식적인 정책이나 정치적인 구호로서의 지속가능한발전이 아니라, 개개인들의 실질적인 삶이 존재하고 구체적인 삶 속에서 지속가능한발전이 실천되는 공간은 바로 지역사회라는 것이다. 그리고 사회적 경제가 그 주된 역할을 담당하기에 적절한 조직형태이고 영역이라는 것이다. 지역사회의 구성원들의 실천 속에서 지속가능한발전과 '누구도 뒤에 남겨지지 않는' '포용적 발전'이 가능한 것이다(정무권, Odkhuu Kh 외, 2019, 1장, 정무권, 2019).

이런 맥락에서 UN 산하 사회발전연구소인 UNRISD는 "지속가능한발전의 지역화(Localizing SDGs)"의 개념을 "지역의 맥락에서 지속가능한발전을 위한 2030 아젠다의 목표와 타깃들을 달성하기 위한 전략들을 설계하고, 이행하며, 모니터링하는 과정"으로 정의한다(UNRISD, 2017). 특히 지속가능한발전을 이행하는 과정을 지속가능하게 만들기 위해서는 지역단위에서의 SDGs 이행들이 구성원들의 가치와 행동을 실질적으로 변화시키는 '변혁적 SDGs 지역화(Transformative Localizing SDGs)'를 강조하고 있다(정무권, Odkhuu Kh 외, 2019, 1장).

3) SDGs 지역화 전략에서 사회적 경제의 역할

(1) 주민주도의 개발로 순환경제의 형성과 내재적 발전 지향

지금까지 정부 간 ODA 프로그램들은 주로 수원국 중앙정부의 국가 차원의 발전목표, 타깃, 지표들을 중심으로 공여국의 이해관계가 반영되는 가운데 수원국의 부족한 대규모 인프라를 구축하는 것들이 많았다. 그러나 이러한 수원국의 인프라 구축 중심의 개발 프로젝트들은 수원국 지역사회의 다양한 경제적, 사회적, 문화적 특성들이 고려되지 않은 채 수행되는 경향이 있었다. 따라서 지역주민의 실질적인 이익이나 삶의 개선이 이루어지지 않는 경우가 많은 것이다. 비록 지역사회 중심의 중·소규모 프로젝트들이라고 할지라도, 공여기관이 만든 프로젝트에 이를 수주하는 프로젝트 이행기관 또는 관리자 중심으로 운영되고 주민은 수동적인 수혜의 대상자가 되는 것이 일반적이다. 따라서 프로젝트가 끝난 후에 프로젝트 산출물들이 주민들의 가치변화와 후속 운영에 내재화되지 못하여 개발 프로젝트의 지속가능성 문제를 가지고 있었다(정무권, 2019, 61).

이런 맥락에서 지속가능한발전의 지역화의 중요한 의미 중의 하나는 개발의 성과가 미래의 기후변화에 대응하기 위해 친환경적이면서 경제, 사회, 정치적으로 지역주민들에게 내재화되도록 하는 것이다. 이를 위해서 지역자원이 지역에서 환경친화적으로 생산과 분배라는 선순환을 이루어 지역주민들의 실질적 부와 소득이 증대되는 순환경제체제(Circular Economy)를 구축하는 것이 최근의 추세이고 특히 지역단위에서 사회적 경제가 기여할 수 있다(OECD/EU, 2022).[7] 지금까지의 신자유주의에 경도된 경제적 글로벌화와 소비지향의 경제성장 전략은 지역경제를 피폐화시키고 자원을 낭비하며 기후변화와 불평등의 주범이 되었다. 순환경제체제를 구축하기 위해서는 주민들의 적극적 참여와 민주적 거버넌스가 필요하다. 다시 말해서, 개발의 정책결정과 집행과정에서 지역주민이 능동적이며 민주적인 참여를 통해 포용적이며 주민의 실질적 필요에 대응하는 개발의 성과가 가능한 거버넌스의 구축을 의미하는 것이기도 하다.

SDG의 지역화에는 사회적 경제 조직들만 참여하는 것은 아니다. 중앙정부를 비롯하여 지방정부와 지역사회의 다양한 민간 비영리 및 영리 조직들이 함께 협력하는 협력 거버넌스를 만들어야 한다. 그동안 많은 사례들을 보면, 선진국과 개발국가를 막론하고 사회적 경제 조직들이 SDG의 지역화를 주도하면서 아직 작은 규모이지만 나름대로의 성과를 내고 있다. 선진국 국가들은 중·소 규모의 도시에서, 개발국가의 경우에는 여성들이 주도하는 마을 조직 및 사회적 경제 조직들이 활발하다. 예를 들면, 농촌지역의 여성들이 주도하여 고유한 자연 또는 문화적 수공업에 기반한 제품들을 생산해서 선진국의 공정무역 사회적 기업들과 네트워크를 만들어 글로벌 시장에 판매해서 자신들과 지역의 소득증대를 가져오고, 일부는

---

7) 최근에 국제사회에서는 기후변화에 대비하고 지속가능발전을 위해 글로벌 수준에서부터 국가경제, 지역경제에 이르기까지 생산에서 소비에 이르는 가치사슬의 모든 단계에서 지속가능발전이 가능하도록 순환경제체제를 재구축할 것을 강조하고 있다(OECD, 2020; OECD/EU, 2022; UNCTAD, 2018; UN ESC, 2021; UNIDO, 2020).

기금화하여 자신들의 지역에 보건의료, 교육 인프라를 구축하는 등 성공사례들을 찾아볼 수 있다. 그 외에 물, 숲, 자연자원, 문화적 유산 등 다양한 지역자산, 즉 커먼즈들을 친환경적으로 활용하여 경제적 수익을 올리면서 지역경제를 순환경제화와 내재적 발전을 지향하는 사례들이 많다.

(2) 주민들의 자발적 참여와 역량강화를 통한 지역발전의 제도화

개발이론에서 주류적 패러다임 중의 하나는 예측 가능하고 질서를 유지시킬 수 있는 공식적인 조직과 법률, 행정 및 집행체제 등을 만드는 제도형성(Institution Building)을 강조하는 관점이다(Gant, 1976; Heady, 1996; North, 2012). 제도형성을 통해 재산권의 보호, 법과 질서의 유지, 계약관계, 자원의 동원, 정부규제 등으로 경제활동을 예측 가능하게 만들면, 경제가 안정적으로 성장할 수 있다는 것이다. 이러한 제도형성의 관점은 제2차 대전 후 서구의 근대화를 강조하였던 비교정치나 비교행정, 그리고 개발학에서 중요한 학문적 관점으로 시작되었다. 현재에도 제도형성의 유효성이 제도경제학과 개발이론에서도 강조되고 있다(North, 2012).

제도형성은 SDGs의 이행에서도 중요하게 강조되고 있다. UN이 별도로 SDG 16으로 제도형성과 거버넌스를 강조한 것도 그 이유 때문이다. 그런데 제도형성은 안정적 작동되는 공식적인 제도형성뿐만 아니라 주민들의 자기주도적으로 새로운 가치와 행동을 변화시켜 참여와 권능부여(Empowerment)된 행위자로서 개발 프로젝트를 수행하는 규범과 관행을 만들어 내는 비공식적인 제도화도 중요하다. 공식적인 제도형성만으로는 개발 프로젝트들이 엘리트 중심의 관점과 이해관계로 진행될 가능성이 높다.

앞에서 사회적 경제의 개념화에서 언급되었듯이, 사회적 경제 조직은 다른 조직들과 달리 자발적 참여와 민주적 거버넌스를 조직의 요건으로 한다. 이러한 혼합조직적 특성은 지역사회의 경제, 사회, 정치적 역량을 증진시키는 효과를 가져온다.

지역사회에서 사회적 경제가 성장하면 지역주민들의 지역의 문제와 개발방식에 좀 더 적극적으로 참여하는 규범과 문화가 형성될 수 있다. 사회적 경제 조직 중에서도 특히 협동조합 형식의 조직형태는 다른 형태의 개발조직보다 구성원들의 민주적 참여를 보장할 가능성이 높다. 물론 아프리카나, 아시아, 남미 등 개발국가들 중에서는 과거 권위주의 정부에 의해 농촌사회를 통제하기 위해 만들어진 관제적인 협동조합이 주류를 이루는 경우가 많다. 그러나 최근에 이들 국가들도 민주화가 진행되고 있고, 세계화로 인해 국내외적 정보교류와 지역구성원들 간에 소통이 활발해지고 있다. 이에 따라 기존의 권위주의적이며 국가통제적인 협동조합들이 조금씩 민주적 협동조합으로 변화하고 있거나, 새로운 형태의 풀뿌리 협동조합을 비롯해 다양한 민주적 사회적 경제 조직들이 성장하고 있다.

현재 UN에서도 강조되고 있듯이, 이제는 경제적인 소득기준의 빈곤 개념을 넘어서 개인의 선택과 자유, 역량의 개념으로 빈곤을 새롭게 조명하고 있다(Sen, 1999; Nussbaum, 2011). 사회적 경제는 이러한 역량개념으로 빈곤과 개발의 새로운 접근을 실현하는 데 매우 적합하다. 특히, 사회적 경제는 조직의 활동에 참여하는 과정에서 궁극적으로 사회구성원의 경제, 사회, 정치적 참여를 증진시킬 수 있는 통합적인 인적 자원개발을 가능하게 한다.

기존의 지역단위 사회개발 프로젝트는 주로 학교, 병원, 보건소 등의 지역사회에서 필요로 하는 인프라 구축에 초점을 두는 경향이 많다. 그런데 이러한 인프라 중심의 개발프로젝트는 프로젝트가 끝나면 지역주민과 단절되는 경우가 많다. 그러나 사회적 경제 접근은 이와 달리 지역사회의 다양한 사회적 수요들을 충족시키면서 지역경제의 생산, 교환, 소비를 내재적으로 순환시키는 경제체제의 형성을 목적으로 하고 있다. 인프라를 구축하는 과정에서도 프로젝트 관리자가 주도하는 것이 아니라 지역주민들의 자발적 참여와 자유로운 소통을 하면서 용도를 결정하고 활용하도록 추진한다. 그리고 다양한 지역문제들을 공동으로 발굴하고 해결을 고민하고 이행하면서 자신들이 할 수 있는 역량 수준에서의 혁신을 유도한다. 즉 상호적 학습을 통하여 인적 자원과 역량을 증진시킨다. 그런 가운데 가능한 지역사회에서 주민들이 주인이 되는 일자리와 소득창출을 도모하여 지역경제의 지속가능성을 추구하는 것이다. 이런 방식의 순환경제 형성을 통해 지역 생산물과 서비스의 가치를 증대시키고 지역 내에서 수요를 자극하고 일자리와 공급을 확대하는 승수효과를 가져오는 기능을 할 수 있다(정무권, 2019, 63).

또한 사회적 차원에서 사회적 경제는 자발적 참여와 학습과정을 통해서 지역주민들의 1차적 결속관계를 넘어서 다양한 구성원들과의 네트워크를 형성하고 사회적 연대와 통합을 강화시키는 교량적 사회적 자본(Social Capital)을 증진시킬 수 있다. 그리고 여성, 노인, 실업자 등 사회적으로 배제된 집단과 취약계층을 포용적으로 참여시켜 이들의 경제적, 사회적 정치적 참여 능력을 증진시킬 수 있다.

결과적으로 사회적 경제는 주민들 주도하에 참여와 소통을 통하여 자신들의 역량을 개발하고 지역사회의 맥락에 맞는 지역발전 모델을 스스로 구축하는 과정의 거버넌스를 제도화시키는 데 기여할 수 있다.

(3) 시민사회의 역할 증대와 민관 파트너십을 강화

국제개발협력의 최근 패러다임인 포스트개발주의에서는 이전의 정부 중심의 국제개발협력에서 시민사회의 역할을 민관 파트너십의 개념으로 강조하고 있다. 물론 이전의 신자유주의 패러다임에서도 국가를 우회하여 시민사회와 기업의 국제개발협력 프로젝트의 참여를 강조하고, 이를 민간협력의 좋은 거버넌스로 규정하였다. 그러나 그것은 정부의 부패와 비효율을 줄이기 위해서 경쟁과 효율성을 강조하는 시장의 원리를 반영하는 '민영화' 관점이었다.

최근 UN의 아젠다 2030에서는 이전의 신자유주의적 '민영화' 방식이 아닌 민주적이고 자주적인 시민사회의 역할을 강조하고 정부와 수평적이며 협력적인 거버넌스를 SDG 16번과 17번에서 강조하고 있다. 지속가능한발전을 위해서는 빈곤 종식뿐만 아니라, 성평등, 기후변화, 농촌과 도시에서의 일자리 창출과 경제성장, 평화와 정의 등 정치, 경제, 시민사회의 다양한 문제들이 복합적으로 얽혀 있는 과제들을 풀어야 한다. 이를 위해서는 국제기구, 정부, 기업, 시민사회 등 다양한 국제사회 구성원들이 다층적으로 서로 협력을 통한 해결을 촉구하고 있다. 그런 가운데, 시민사회의 역할이 더욱 중요하다. 이런 맥락에서 포스트개발주의 관점에서 2008년 아크라 원조효과성고급회의, 2011년 부산 세계개발원조 총회를 통해 시민사회를 '독립적인 개발주체'로 인정하고 국제개발협력에서 그 역할과 중요성을 강조하고 있다(김태균, 2019; 정무권, 2019).

앞으로 국제개발협력에서 시민사회의 역할과 사회적 경제 방식은 더욱 중요해질 것으로 예상된다. 글로벌 경제위기와 저성장 시대가 지속됨에 따라 글로벌 경제는 장기 긴축의 시대(Age of Austerity)로 진입하고 있다. 이에 따라 서구 선진국들의 물량적 차원의 원조의 규모가 계속 늘어나기는 힘들 것이다. 그리고 최근 글로벌 위기들의 문제들은 국가가 일방적으로 해결할 수가 없다. 시민들과 기업, 정부 등 사회의 모든 주체들이 협력하지 않으면 불가능하다. 그런 가운데, 상대적으로 변화에 수동적인 국가와 기업에 정치적 영향력을 줄 수 있는 주체는 시민사회이며, 이에 따라 시민사회의 역할이 점점 중요해지고 있다. 따라서 국제개발협력에서도 지역사회에서 주민들 주도 하에 경제를 활성화시킬 수 있는 사회적 경제에 기반한 민관협력 접근법이 점점 확대될 필요가 있다.

V. 결론: 국제개발협력에서 사회적 경제 접근법의 한계를 넘어 한국형 국제개발협력 모델의 하나로

1. 국제개발협력에서 사회적 경제 접근법의 한계와 극복 방향

지금까지 국제개발협력의 패러다임의 변화를 설명하고 사회적 경제의 다차원적 의미를 제시하면서 사회적 경제가 국제개발협력의 새로운 패러다임에 부합하는 유용한 접근법이 될 수 있음을 살펴 보았다.

최근 다양한 글로벌 위기에 직면하여 기존의 국가 중심의 공공 개발프로젝트나 시장 중심의 신자유주의적 개발프로젝트들의 효과성이 떨어지고 한계를 드러내면서 포스트개발주의라는 수원국 중심과 개발책무성을 강조함에 따라 사회적 경제는 새로운 국제개발협력 패러다임에 걸맞는 대안으로 빠르게 성장하는 영역이다. 또한 사회적 경제는 국제개발협력의 맥락에서뿐만 아니라 미래의 지속가능한발전에 적합한 대안적 발전의 프레임으로서 최근에 전 세계적으로 성장하고 있다. 이미 UN은 글로벌 문제를 해결하기 위한 중요한 대안의 하나로 간주하고 사회연대경제라는 이름으로 다양한 UN 산하 국제기구에서 지역차원에서 경제, 사회, 환경 문제들을 해결하기 위한 접근법으로 활용하고 있다.

그러나 국제개발협력의 모든 영역을 사회적 경제가 담당할 수 있는 것은 아니다. 여전히 한편으로는 대규모의 정부 간 원조사업들과 다양한 형태의 국제개발협력이 필요하다. 또한 사회적 경제 접근법이 기존의 지역단위 개발사업들의 문제와 한계를 대신해서 해결해주는 만병통치약도 아니다. 다양한 형식의 지역단위 개발사업들이 필요하다. 그런 가운데, 국제개발협력에서 사회적 경제를 활용하는 접근법은 아직은 시작 단계로서 미미하지만, 현재 인류가 당면하고 있는 기후변화를 비롯하여 다양한 경제·사회 문제들을 해결하고 미래 사회를 변화시키는 데 큰 잠재력을 가지고 있다. 그러나 사회적 경제를 통한 국제개발협력은 기존의 정부 간 원조에 의한 국제개발협력 방식과 다른 접근법임을 분명히 인식할 필요가 있다. 따라서 기대했던 성과를 내고 지속가능성을 가지려면, 새로운 관점에서 여러 가지 장애물들을 극복해야 한다(정무권, 2019, 65).

첫째로, 사회적 경제 방식의 국제개발협력은 정부주도가 아니라 정부의 지원 하에 시민사회 주도의 방식이라는 것이다. 그리고 그 핵심은 지역사회의 다양한 문제들을 해결하기 위하여 주민주도적이며 민주적인 협력 방식으로 수원국의 지역사회에 대안적 경제시스템을 구축하는 것이다. 기존 개발프로젝트의 플랫폼은 공여국 또는 공여자의 기획에 의해 정해진 기간 내에 인프라를 구축하거나 목표를 달성하고 성과평가를 하는 방식이다. 그러나 개개 주민들의 의식을 변화시키고 역량을 개발하는 것은 단기적으로 쉽지 않은 과정이다. 사회적 경제를 통한 개발 프로젝트는 지역주민들의 의식과 가치, 행동의 변화를 통해 자기주도적으로 지역 문제를 발굴하고 혁신적인 해법을 찾고 실천해 나가는 일종의 사회운동으로서 지역사회에 뿌리를 내리면서 확산되어야 하는 장기 프로젝트이다. 그리고 성과평가에 있어서도 경제적 성과뿐만 아니라 계량화가 어려운 연대, 협력, 사회적 자본을 비롯한 다양한 사회적 가치들과 혁신들을 포함하는 사회적 성과를 기획하고 평가해야 한다.

둘째로, 이에 따라 공여자와 수원자 간의 관계 설정도 다르다. 수원 대상국의 지역에 장기적으로 사회적 경제를 형성하는 것이 목표이므로 공여자와 수원자 간의 수평적 파트너십과 긴밀한 상호적 관계를 요구한다. 그리고 수원국 지역주민들 사이에 긴밀한 협력적 관계를 형성하는 것이다. 공여자의 수원자에 대한 수직적 또는 일방적 관계가 아니라는 것이다. 또한 공여국과 수원국 간의 정부의 역할도 달라져야 한다. 사회적 경제 프로젝트는 순수하게 민간 간의 관계로서 이행될 수 있다. 국제기구나 정부의 원조정책의 하나일 경우에도 필요한 자금과 자원들을 제공해주면서 동시에 공여국과 수원국의 민간조직들 간에 협력하여 스스로 기획하고 집행할 수 있게 하는 기획과 집행의 유연성이 필요하다. 따라서 사회적 경제의 특성에 맞는 새로운 국제개발협력 지원 및 운영과 평가 플랫폼이 필요하다.

프로젝트의 기획을 양자 간에 좀 더 자율적으로 기획하고 집행해나가면서 사업평가도 다양한 경제적, 사회적 가치들의 창출을 통합적으로 평가해야 한다. 그리고 다양한 차원의 지속가능성 평가 기준이 필요하다. 사회적 경제 프로젝트는 기존의 개발 프로젝트처럼 단기적 성과로만 평가하면 실패로 인식될 가능성이 높다. 그러나 이러한 사회적 성과를 포함하는 다차원적 지속가능성 평가지표의 개발은 여전히 논쟁적이며 쉽지 않다. 따라서 새로운 형식의 사회적 경제 프로젝트 플랫폼을 개발하기 위한 연구와 실험들이 지속적으로 필요하다.

2. 사회적 경제의 한국형 국제개발협력 모델의 하나로서 가능성

한국은 2010년에 OECD DAC에 가입하는 것을 계기로 국제사회에서 공식적으로 신흥공여국(Emgerging Donor)이 되었다. 이것은 국제개발협력의 역사에서 매우 큰 의미를 가진다. 한국은 1960년대 초만 해도 국제적으로 최빈곤국 중의 하나였고, 원조수원국에서 산업화와 민주화에 성공하여 공여국으로 전환한 첫 국가이기 때문이다. 이에 따라 많은 개발국가들뿐만 아니라 선진국가들도 한국의 발전모델에 대한 관심이 많다.

우리는 이제 공식적인 원조공여국이 되었지만, 국제개발협력으로 국제사회에 기여하기 위하여 원조정책의 경험은 매우 짧다. 따라서 우리의 국제개발협력은 아직 일관성 있는 철학과 가치, 정책 플랫폼을 만들어내지 못했다고 할 수 있다. 그러나 원조 수원국에서 공여국으로서의 지위의 전환은 우리의 역사적 자부심뿐만 아니라 글로벌 사회에서도 의미 있는 상징적 사건이다. 신흥 공여국으로서 원조의 규모나 경험이 미숙한 가운데 기존의 주류 선진국가들의 원조모델을 답습하는 것은 국제사회에서 비교우위를 가질 수 없고, 존재감이나 영향력을 행사할 수 없다. 따라서 국제개발협력 패러다임의 전환기에 기존의 선진국가들의 국제개발협력 모델과 차별성을 가지는 우리의 독특한 국제개발협력 모델을 개발하여 한국의 국제적 위상을 높이고 글로벌 사회에 새롭게 기여할 수 있다.

예를 들어, 선진 원조국가들 중에서 스웨덴, 노르웨이, 덴마크 등 스칸디나비아 북유럽국가들의 원조 전략은 미국이나 영국, 프랑스와 같이 식민지 지배를 통해 신생국들과의 특수 관계와 국제정치적 이해관계에 기반하여 공여국가의 경제적, 정치적 이익의 관점에서 원조를 제공하는 것과 다르다. 비록 경제규모가 작아 원조의 총량은 적지만 이들 국가는 공여국의 경제적 이익보다는 인도주의적 관점에 초점을 둔 선택과 집중을 하여, 나름 국제적으로 모범이 되는 국제개발협력 모델로 인식되고 있다(김태균, 2019; 정무권 2019, 66).

우리도 우리의 지정학적 특성과 역사적 발전 경험을 바탕으로 우리의 장점을 살려 '한국형 국제개발협력 모델'을 설계하는 작업이 필요하다. 한국의 역사적 경험들은 한편으로는 세계사적으로 시대적 특성들을 두루 경험하면서도, 다른 한편으로는 한국적 특수성이 결합된 발전과정이었다. 이에 따라 우리의 '한국 발전모델', 그리고 이를 반영하는 '한국형 국제개발협력 모델'을 만들기 위해서는 우리의 발전과정에서 발견되는 개발 모델의 보편성과 특수성을 학문적으로 이론화, 객관화하는 동시에 그 과정에서의 교훈들을 시대변화와 국제개발의 패러다임의 변화에 맞게 재구성하면서 동시에 보편성 있는 교훈으로 승화시키는 작업이 필요하다 (정무권, 2019, 66).

특히 한국은 우리 자신의 역사적 맥락에서뿐만 아니라, 국제사회맥락에서도 다른 개발국가들의 문제들을 두루 경험하면서 경제발전과 정치발전을 이룩해 냈다. 20세기 초에는 일본의 억압적이며 직접적인 식민지 지배를 경험했다. 2차 대전 후 1950년대와 1960년대에는 냉전체제 하에서 한국전쟁으로 전 국토와 생산시설이 파괴되었지만 원조를 받으면서 경제를 재건하고 초기 산업화를 추진했다. 1970년대에는 권위주의 체제의 발전주의 국가 모델 하에서 산업화와 중화학공업화를 이루어 내면서, 다른 한편으로 1980년대에는 강한 시민사회의 형성으로 시민주도의 민주화를 이룩해 냈다. 또한 1990년 말에는 재벌중심의 산업구조와 민주화 이후의 신자유주의 정책이 외환위기를 겪었지만, 정부는 빠른 구조조정을 실시하는 가운데 대량실업과 다양한 사회문제를 해결하기 위하여 복지제도를 급속히 확대하였고, 시민사회에서는 사회적 경제 운동이 활발하게 일어났다. 우리는 빈곤국가에서 선진국으로서의 역사적 도정에서의 다양한 문제들을 경험하고 이를 극복하였다(정무권, 2019, 67). 이러한 경로는 어느 선진국가도 개발국가들도 못했던 발전과정의 모델을 보여주고 있다.

특히 민주화를 통해 사회적 경제의 기반인 시민사회가 성장하고 또한 IMF 경제위기를 계기로 사회적 경제가 빠른 속도로 성장하고 있다. 이는 우리가 가지고 있는 강한 공동체 문화와 역사의 시련에 대응하는 사회적 전통 때문이라고 할 수 있다. 최근 급속한 산업화의 결과로 피폐해진 농촌지역과 도시지역에서의 경제·

사회문제들을 극복하기 위해 사회적 경제를 기반으로 하는 다양한 형태의 지역공동체 운동이 활발하게 일어나고 있다. 이에 따라 우리 사회에서 새롭게 성장하는 사회적 경제의 발전양식과 아이디어들을 아직은 미숙하지만 국제개발협력 모델로 발전시킬 필요가 있다.

더욱이 사회적 경제는 SDGs가 지향하는 사회적 정의, 평화, 연대, 거버넌스의 가치들을 보다 잘 실현할 수 있는 접근방법이기도 하다. 최근 한국 학계에서도 사회적 경제를 한국의 국제개발협력의 중요한 대안으로 강조하는 연구들과 의미 있는 사례들이 등장하기 시작하였다(김동욱, 조흥국, 2016; 김동훈, 2009; 오단이, 전종근, 박철, 2016; 이상헌, 2016; 한상일, 김유정, 2013; 충북대학교 사회과학연구소, 2018).

사회적 경제는 수원국과 공여국의 시민사회가 상호 이익과 연대를 강화할 수 있는 다양한 국제개발 플랫폼의 중의 하나가 될 수 있다. 최근에 국제개발의 새로운 패러다임으로서 시민사회의 역할이 강조되는 관점에서 정부간 국제개발협력도 물론 중요하지만, 시민사회간 국제개발협력을 통해 한국이 선진공여국 대열에서 국제적인 위상을 높일 수 있는 방법이 될 수 있다. 한국의 국제개발위상 정립에서 경성파워와 연성파워로 나누어 볼 때, 연성파워를 강화시키는 측면, 이는 한국이 선진공여국의 대열에 초기 진입하는 단계에서 기존의 물리적을 강한 경성파워를 국제시민사회에서의 한국의 인지도를 쉽게 넓힐 수 있는 접근방법이다.[8]

다양한 정부간 국제개발협력의 접근법과 함께 지역단위에서 인도주의적이면서도 지속가능한발전을 지향하는 시민주도의 사회적 경제에 기반한 국제개발협력 플랫폼이 필요한 시기이다.

---

8) 국제개발에서의 연성파워와 경성파워 맥락에 관해서는 김태균(2019) 참조.

‖ 참고문헌 ‖

김동욱·조흥국. (2016). 국제개발협력에서 한국형 사회적기업 ODA 모델에 관한 논의. **사회적기업연구**, 9(2): 85−110.

김동훈. (2009). 국제개발협력과 한국의 사회적 기업. **국제개발협력**, 8: 18−39.

김숙진. (2016). 국제개발협력에서 문화와 발전 논의의 전개와 한계, 그리고 관계적 장소 개념의 필요성. **대한지리학회지**, 51(6): 819−836.

김은미·조희정·박민정·송지선. (2015). OECD DAC 개발협력 주요 이슈 논의동향과 한국 국제개발협력 전략 연계방안. 국제개발협력단.

김지영. (2016). 국제개발협력 레짐 변천사. **개발협력의 세계정치**. 박성우 (편). 서울대학교국제문제연구소. 사회평론아카데미.

김태균. (2016). 국제개발에서 사회발전으로: 한국 사회의 국제개발 정책에 대한 비판적 고찰과 사회발전론의 재조명. **경제와 사회**, 109. 229−261.

김태균. (2019). **한국비판국제개발론**. 빈곤문제국제개발연구원 총서. 서울: 박영사.

김태균·이일청. (2018). 반둥 이후: 비동맹주의의 쇠퇴와 남남협력의 정치세력화. **국제정치논총**, 58(3).

박경환·윤희주. (2015). 개발 지리학과 국제개발협력(IDC)의 부상. **한국도시지리학회지**, 18(3): 19−43.

박지연·문경연·김은영·조동호. (2016). 국제사회의 개발협력 패러다임과 북한개발협력: 새천년개발목표(MDGs)와 지속가능개발목표(SDGs)를 중심으로. **아태연구**, 23(2). 249−275.

손혁상. (2012). 국제개발협력의 역사와 주요 담론. **국제개발협력의 첫걸음**. KOICA ODA 교육원.

오단이·전종근·박철. (2016). 캄보디아 지역사회를 위한 국제개발협력 사회적기업의 지속가능성 연구: 한국 사회적기업을 중심으로. **사회적기업연구**, 9(1): 217−243.

이상헌. (2016). 사회적 경제를 통한 국제개발협력의 진화: 필리핀 타워빌(Towerville) 사례를 중심으로. **민주사회와 정책연구**, 29: 205−241.

이성훈. (2017). 지속가능발전목표(SDGs)와 인권기반 개발협력. **국제개발협력**, 4: 3−38.

이용균. (2015). 서구 중심적 개발담론의 재해석과 지속가능한 개발로서의 포스트개발의 미래. **한국지역지리학회지**, 21(1). 137－152.

정무권. (2019). 국제개발협력에서의 사회적 경제, 사회적 경제를 통한 국제개발협력 프로젝트 성과지표 활용방안, 박종남 외. 한국국제협력단.

정무권, Odkhuu Khaltar 외. (2019). **우리 지역은 SDGs 이행을 어떻게 했는가?: 새로운 협력 거버넌스를 찾아서**. 서울: 박영사.

정무권. (2020). 복지국가의 미래와 사회적 경제의 새로운 역할: 지역공동체복지레짐의 형성. **지역발전연구**, 제29권 제3호. 191－249.

정상화. (2012). **국제정치경제 패러다임과 공적개발원 레짐의 변화**. 세종연구소.

주동주. (2009). 북유럽 국가의 ODA 발전과정과 현황: 덴마크와 핀란드를 중심으로. **국제지역연구**, 13(3): 391－418.

주용식. (2017). 국제개발협력 패러다임 전환과 독자적 레짐의 발전 가능성에 대한 전망. **21세기정치학회보**, 27(1): 129－149.

충북대학교 사회과학연구소. (2018). **사회적경제 기반 국제개발협력사업 사례집**.

한상일·김유정. (2013). 지속가능한 국제개발협력을 위한 사회적 경제 형성전략: 역량개발관점을 중심으로. **창조와 혁신**, 6(3): 1－28.

Bauhardt, Christine. (2014). Solutions to the crisis? The Green New Deal, Degrowth, and the Solidarity Economy: Alternatives to the capitalist growth economy from an ecofeminist economics perspective, *Ecological Economics*. 202: 60－68.

Chambers, Robert. (1999). Responsible Well－Being: A Personal Agenda for Development, *World Development*. 25(11): 1743－1754.

Chilcote, Ronald H. (2018). *Theories of Comparative Politics: The Search for a Paradigm Reconsidered*. New York: Routledge.

Dacheux, Eric, and Goujon, Daniel. (2012). The solidarity economy: an alternative development strategy? *International Social Science Journal*. 62: 205－215.

Defrouny, Jacques, and Nyssens, Marthe. (2012). The EMES approach of social enterprise in comparative perspective. EMES Working Paper Series.

Desai, Vandana, and Potter, Robert B. (eds.). (2014). The Companion to Development Studies. Routledge.

Easterly, William. (2006). *The White Man's Burden: Why the West's Efforts to Aid the Rest Have Much Ill and So Little Good*. New York: Penguin Press.

EU European Commission. (2014). A Stronger Role of the Private Sector in Achieving Inclusive and Sustainable Growth in Developing Countries. http://eur-lex.europa.eu/legal-content/EN/TXT/PDF/?uri=CELEX:52014DC0 263&from=EN

EU. (2012). *The Social Economy in the European Union.*

EU. (2015). Building Strong Development Cooperation: Partnership Opportunities between Cooperatives and the EU.

Evers, Adalbert, and Laville, Jean-Louis. (2004). Defining the third sector in Europe. in Adalbert Evers and Jean-Louis Laville. (eds.). *The Third Sector in Europe.* Cheltenham: Edward Elgar. 11-42.

Guridi, Luis, and Mendiguren, Juan Carlos P. de. (2016). Local Human Development's Economic Dimension: The Social and Solidarity Economy. Bilbao. Hegoa.

Gant, George F. (1979). *Development Administration: Concepts, Goals, Methods.* Madison: The University of Wisconsin Press.

Heady, Ferrel. (1996). *Public Administration: A Comparative Perspective.* New York: Marcel Dekkar, Inc.

ILO. (2014). *Cooperatives and the Sustainable Development Golas: A Contribution to the Post-2015 Development Debate.* ILO.

ILO. (2015). *Social and Solidarity Economy in Asia: A South-South and triangular cooperation perspective.* by Benjamin R. Quinones, Jr. Geneva: ILO.

Kerlin, Janelle A. (ed.) (2009). *Social Enterprise: A Global Comparison.* Hanover: TUFTS University Press.

Langcaster, Carol. (2007). *Foreign Aid: Diplomacy, Development, Domestic Politics.* Chicago: The University of Chicago Press.

Mourlaert, Frank, and Ailernei, Oana. (2005). Social Economy, Third Sector and Solidarity Relations: A Conceptual Synthesis from History and Present. *Urban Studies*, 42(11). 2037-2053.

Myrdal, Gunnar. (1968). *Asian Drama: An Inquiry into the Poverty of Nations.* Corinthian Press.

North, Douglas C. (2012). *Institutions, Institutional Change and Economic Performance.* Cambridge: Cambridge University Press.

Noya, Antonella, Clarence, Emma, and Graig, Gary. (2009). *Community Capacity Building: Creating a Better Future Together.* OECD.

Noya, Antonella, Clarence, Emma. (2007). T*he Social Economy: Building Inclusive Economies.* OECD.

Nussbaum, Martha C. (2011). *Creating Capabilities: The Human Development Approach.* Cambridge: Harvard University Press.

OECD. (2020). *The Circular Economy in Cities and Regions: Synthesis Report.* OECD Urban Studies, OECD Publishing, Paris.

OECD/EU. (2022). *Policy Brief on Making the Most of the Social Economy's Contribution to the Circular Economy.* OECD LEED.

Quinones, Benjamin Jr. (2015). Social and Solidarity Economy in Asia: A South−South and triangular cooperation perspective. ILO.

Quiroz−Nino, Catalina, and Murga−Menoyo, Maria Angeles. (2017). Social and Solidarity Economy, Sustainable Development Goals, and Community Development: The Mission of Adult Educating and Training, *Sustainability*. 9, 2164. https://www.mdpi.com/journal/sustainability

Riddle, Roger C. (2007) *Does Foreign Aid Really Work?* Oxford: Oxford University Press.

Rodriguez−Pose, Adres, and Tijmastra, Sylvia. (2005). Local Economic Development as an Alternative Approach to Economic Development in Sub−Saharan Africa. A Report for the World Bank.

Sachs, Jeffrey. (2005). *The End of Poverty: How We can Make it Happen in Our Llifetime.* New York: Penguin.

Sahakian, Marlyne D., and Dunand, Christophe. (2015). The social and solidarity economy towards greater 'sustainability': learning across contexts and cultures, from Geneva to Manila. *Community Development Journal,* 50(3): 403−417.

Sen, Amartya. (1999). *Development as Freedom.* Oxford: Oxford University Press.

Shuurman, Frans. (1993). *Beyond the impasse: New directions in development theory.* London: Zed Books.

SUSY. (2017). Final Analysis of the SSEDAS research: Transformative Economy: Challenges and Limits of the Social and Solidarity Economy(SSE) in 55 territories in Europe and in the World. EU.

UN (2015). Transforming Our World: The 2030 Agenda for Sustainable Development.

UN ECOSOC. (2015). What is development cooperation? 2016 Development Cooperation Forum Policy Briefs, Feb/2015, No.1. https://www.un.org/ecosoc/sites/www.un.org.ecosoc/files/publications/what_is_development_cooperation.pdf

UNCTAD. (2018). Circular Economy: The New Normal?. Policy Brief. No.61.

UN ESC. (2021). Circular Economy and the Sustainable Use of Natural Resources: Trends and Oppoertunities in the Region of the Economic Commision for Europe. Sixty—nineth session. Geneva, 20 and 21 April 2021.

UN ESCWA. (2014). *Social and Solidarity Economy as a Tool for Social Justice*. Policy Brief/Participation in Public Policy Processes. Issue No. 4.

UN Global Taskforce of Local and Regional governmants and UN Habitat. (2016). *ROADMAP: For Localizing the SDGs: Implimentation and Motitoring at Subnational Level*.

UNESCO (2017). *Education Transform Lives*. UNESCO. Paris.

UNIDO. (2020). Circular Economy. United Nations Industrial Development Organization.

UNRISD. (2016). Policy Innovations for Transformative Change. UNRISD Flagship Report.

UNRISD. (2017). Localizing the SDGs through Social and Solidarity Economy. Reearch and Policy Brief. UNRISD.

UNRISD. (2018). Social and Solidarity Economy for the Sustainable Development Goals: Spotlight on the Social Economy in Seoul. Full Report by UNRISD.

UNTFSSE. (2014). Social Solidarity Economy and the Challenge of Sustainable Development. A Position Paper by the United Nations Inter—Agency Task Force on Social Solidarity Economy (TFSSE).

UNTFSSE. (2018). Mapping of Intergovernmental Documentation on Social and Solidarity Economy(SSE). A Policy Paper in UNRISD.

UNTFSSE. (2022). Advancing the 2030 Agenda through the Social and Solidarity Economy. Position Paper of United Nations Inter—Agency Task Force on Social Solidarity Economy. Geneva.

Utting, Peter. (ed.). (2015). *Social and Solidarity Economy: Beyond the Fringe*. Zest.

Van der Veen, A. Maurits. (2011). *Ideas, Interests, and Foreign Aid*. New York: Cambridge University Press.

부록

| 찾아보기

(ㄷ)

(ㄹ)

(ㅁ)

(ㅂ)

(ㅅ)

저자 약력

한상일
(현) 연세대학교 글로벌창의융합대학 글로벌행정학과 교수
- University of Southern California, 행정학 박사
- 조직론, 지역개발, 사회적 경제 분야 연구
- 한국정책학회 ODA정책위원장 역임, 연세대학교 글로벌행정학과 4단계 BK21 교육연구단장 수행 중

정무권
(현) 연세대학교 글로벌창의융합대학 글로벌행정학과 교수
- Indiana University, 정치학 박사
- 복지정책, 정치경제, 행정이론, 발전이론, 사회적 경제 분야 연구
- 한국사회정책학회 회장, 한국행정이론학회회장, 연세대학교 빈곤문제국제개발연구원 원장 역임

이서현
(현) 연세대학교 글로벌창의융합대학 글로벌행정학과 조교수
- University of Texas, 보건학 박사
- 국제보건, 디지털헬스, 모자보건 분야 연구

조인영
(현) 연세대학교 글로벌창의융합대학 글로벌행정학과 조교수
- University of Oxford, 정치학 박사
- 비교정치경제, 사회정책, 행정이론 분야 연구

조준화
(현) 서울대학교 아시아연구소 아시아-아프리카센터 선임연구원
- SOAS, University of London, 정치학 박사
- 아프리카 정치, 국제정치, 국제개발협력 분야 연구

장인철
(현) 연세대학교 글로벌창의융합대학 글로벌행정학과 연구교수
- University of East Anglia (UK), 국제개발학 박사
- 국제개발정책, 국제교육개발협력, ICT와 교육개발협력, 디지털 리터러시 분야 연구

글로벌 빈곤과 국제개발협력

초판발행   2023년 2월 28일

지은이   한상일 · 정무권 · 이서현 · 조인영 · 조준화 · 장인철
펴낸이   안종만 · 안상준

편 집   장유나
기획/마케팅   손준호
표지디자인   이영경
제 작   고철민 · 조영환

펴낸곳   (주) **박영사**
            서울특별시 금천구 가산디지털2로 53, 210호(가산동, 한라시그마밸리)
            등록 1959. 3. 11. 제300-1959-1호(倫)
전 화   02)733-6771
f a x   02)736-4818
e-mail   pys@pybook.co.kr
homepage   www.pybook.co.kr
ISBN   979-11-303-1703-8   93350

정 가   19,000원